본서는 히브리어 "루아흐"의 다양한 용례들 중에서 하나님의 영을 가리키는 본문들만을 선별하여 연구한 책으로, "하나님의 영"과 관련된 구약성서의 주요 개념들을 한눈에 알게 해주는 가치 있는 연구서다. 저자인 니브는 이 책에서 구약성서의 가장 오래된 본문들로부터 시작하여 포로기 이후 시대의 본문들을 거쳐 묵시적인 종말론이 지배하던 시기의 본문들에 이르기까지 여러 시대의 본문들을 집중적으로 연구, 분석함으로써 하나님의 영을 뜻하는 "루아흐"가 시대별로 어떠한 의미 변화를 겪었고, 그 의미가 어떻게 확대되어갔는지를 통찰력 있게 잘 정리하고 있다. 구약성서의 "루아흐" 개념을 본문 중심으로 공부하고자 하는 목회자들과 신학도들에게 꼭 필요한 연구서다.

강성열 호남신학대학교 구약학 교수

신약에 기반한 개념으로 구약성서를 이해하려는 경향은 우리네 신앙과 신학 곳곳에 광범위하게 침투해 있으며 수많은 오해와 곡해를 불러일으켰다. 그 가운데 대표적인 것이 바로 "성령"에 대한 이해다. 우리는 구약성서 본문에 나오는 "하나님의 영"을 단번에 삼위일체의 한 분으로서 "성령"과 동일시한다. 그러나 이러한 결론보다 우선해야 할 것은 구약성서 자체에서 하나님의 영이 어떻게 표현되고 제시되는가에 귀 기울이는 것이다. 이 작업은 신학적 작업이기 이전에 구약에 쓰인 예들을 찬찬히 세심하게 살피는 것에서부터 시작해야 한다. 본서는 이 작업을 매우 충실하게 보여준다. 특히 본서는 구약성서에 나타난 하나님의 영을 해당 본문들이 형성된 시대별로 구분하여 살피고 있으며, 그를 통해 시대별로 하나님의 영 이해가 어떻게 달라졌는지를 일목요연하게 보여준다. "하나님의 영"은 능력의 영이며, 생명을 주시는 영, 그리고 그 백성 가운데 현존하시는 영이며, 구약성서에서 영의 인격화는 찾아볼 수 없다는 저자의 결론도 흥미롭다. 1972년에 초판이 나왔을 때는 이 주제를 다룬 거의 최초의 책에 속했고, 이후로 여러 책들이 등장했지만, 본서는 지금도 여전히 기본적이면서도 충실한 생각을 담고 있는 책이다. 본서의 내용을 알차게 보완하고 있는 말미에 실린 두 개의 논문도 주목할 만하다.

김근주 기독연구원 느헤미야 학술부원장

이 책은 구약성서에서 묘사되는 하나님의 영의 다채로운 사역을 자세히 검토하고 있다. 오순절 성령론 하나로 성서에 나타난 하나님의 영의 다채롭고 다기한 사역을 축소시키거나 환원시키지 않으면서 성서 본문 각각의 고유한 증언을 부각시킨다. 로이드 니브는 처음부터 독자들이 궁금해 하는 루아흐의 세 가지 의미라든지 영(spirit)과 루아흐의 의미 구분 등을 논의함으로써 주의 깊은 구약성서 독자들의 지적 갈증에도 잘 응답하고 있다. 이 책의 중심내용은 하나님의 영의 중심 역능, 하나님의 영이 덮친 사람들에게 일어나는 실존적이고 객관적인 변화, 그리고 이스라엘 역사의 전개과정에 응답하는 하나님의 인격적인 영적 응답의 궤적을 자세히 검토하는 것이다. 이 책의 특장은 구약에서 일하시는 하나님의 영을 삼위일체론의 틀 안에 무리하게 끼워 맞추지 않고도 얼마든지 하나님의 영의 사역의 독특한 차원을 잘 음미할 수 있도록 해준다는 데 있다. 하나님의 영을 언급하는 구약성서 본문으로 설교하는 목회자들이나 이 분야에 학술적인 글을 쓰는 학자들 모두이 책을 읽고 크게 유익을 누릴 수 있을 것이다.

김회권 숭실대학교 기독교학과 구약학 교수

매우 포괄적인 의미를 담고 있는 "루아흐"라는 히브리어 용어가 있다. 이 단어는 일반적으로 "바람", "인간의 영", "하나님의 영"이라는 세 가지 의미로 사용된다. 이 책은 처음 출간되었을 때 이상의 세 가지 의미 중 "하나님의 영"에 관한 독보적인 연구서였다. 그 후 많은 연구들이 나왔지만 아직도 로이드 니브의 연구는 이 분야에서 중요한 역할을 하고 있다. 니브는 하나님의 영에 관한 본문들을 통시적으로 나눠, 그 본문들을 이스라엘 역사에서 4개의 연대 속에 위치시킨 후 각 주요 본문들을 세밀하게 분석한다. 분석의 목표는 각 시대마다 하나님의 영(루아흐)이 어떤 의미로 사용되고 있는지 밝혀내는 것이다. 비록 "하나님의 영"이 구약성서의 경계 안에서 인격화되지는 않는다는 그의 결론에도 불구하고, 구약의 성령론 연구자들은 결코 이 책을 지나쳐가지는 못할 것이다. 두 편의 부록은 독자들에게 유쾌한 보너스가 되리라 믿는다.

류호준 백석대학교 신학대학원 구약학 교수

이 책은 구약성서에 나타난 "하나님의 영(루아흐)"을 심도 있게 분석한 주석학적 연구서다. 그동안 주로 신약성서를 중심으로 진행되었던 "하나님의 영"이라는 주제에 관한 연구를 구약성서 전반으로 확대시켰다는 점에서 이 책은 특별한 관심을 받을 만한 가치가 있다. 저자는 "하나님의 영"이라는 주제가 구약성서 안에서 충분한 신학적 의미를 지닌 독립된 주제라는 점을 밝혀내었다. 더구나 저자는 철저히 성서 본문에 근거하여 기존의 연구 결과와 일반적 통념을 넘어서는 귀중한 해석의 결과들을 내놓았다. 또한 저자는 오래된 본문에서부터 포로 시대에 이르는 본문들에 이르기까지 연대기적인 연구를 통해 "하나님의 영" 개념의 신학적 발전사를 추적하고 있다. 저자는 각 본문에서 "하나님의 영"이 갖는 단편적 의미에 얽매이지 않고, 이스라엘 역사가 진행됨에 따른 변화된 의미를 파악함으로써 "하나님의 영" 개념의 연속적인 발전사를 재구성하였다. 사실상 독일어권이나 프랑스어권에 비해 영미권에서 "하나님의 영"이라는 주제는 비교적 활발히 논의되지 못했는데 이 책을 통해 폭넓은 비교 연구가 가능해졌다. 번역작업에 참여한 차준희 교수와 한사무엘 박사의 "하나님의 영"에 관한 두 편의 논문이 책의 뒷부분에 실려 있다는 점도 눈여겨볼 만하다. **이희학** 목원대학교 신학대학 구약학 교수

구약성서에서 "영"(靈)만큼 이해하기 어려운 낱말도 없다. 이것은 신약성서를 보아도 마찬가지다. "영"은 그 명칭만큼 파악하기 힘든 실체다. "영"은 히브리 낱말 "루아흐"에 대한 번역인데, 기본적으로 "바람"을 가리키던 낱말이다. 영은 바람처럼 볼 수 없고 붙잡을 수 없으며 통제할 수도 없다. 단지 느끼고 경험할 뿐이다. 이렇게 난해한 "영"의 개념을 저자는 매우 친절하고 이해하기 쉽게 분석한다. 저자는 이 책에서 "하나님의 영"이라는 개념에 집중한다. 그가 "하나님의 영"을 이해시키기 위해 취한 접근법은 구약성서 용례에 대한 연대기적 고찰이었다. 저자는 왕정기 이전 오래된 본문들부터 시작하여 바빌론 포로까지의 왕정기 본문, 바빌론 포로기와 초기 재건의 시기, 그리고 그 이후의 시기 등으로 나누어 "하나님의 영"이 갖는 의미와 역할을 추적한다. 이러한 고찰을 통해 저자는 하나님의 영의 의미와 기능이 무엇이었는지를 분명하게 보여준다. 하나님에 관한 저자의 이해를 다음 세 가지 말로 요약할 수 있을 것이다. 바로 "능력", "생명", 그리고 "야웨의 마음(의지)"이다. 부록으로 첨가된 두 번역자의 논문은 하나님의 영에 대해 더욱 깊고 넓은 이해를 제공하며 이 책을 더욱 풍요롭고 가치 있게 만든다. "하나님의 영"을 이해하고 느끼며 경험하기를 갈망하는 사람에게 이 책은 필독서다.

하경택 장로회신학대학교 구약학 교수

『구약의 성령론』이란 책 제목이 구약신학의 다양한 주제에 관하여 고민해본 신학도의 관심을 끌기에 충분하다. 구약성서의 관련 본문에 집중하면서 이만큼 비중 있게 이 주제를 다루는 책이 없기 때문이다. 이런 점에서 저자는 의미 있는 기여를 했다고 평가할 수 있다. 니브는 먼저 히브리어 단어 "루아흐"의 의미를 세 가지, 곧 하나님의 영, 인간의 영, 바람으로 분류함으로써 "하나님의 영"을 뜻하는 "루아흐"와 다른 의미의 "루아흐"를 구별하고자 한다. 그런 다음에 "하나님의 영"과 연관된 "루아흐" 본문에 초점을 맞춰 분석한다. 체계적인 분석을 통해 독자의 이해를 돕기 위하여 "하나님의 영"에 관한 구약성서 본문을 네 시대, 곧 동화, 혁신, 통합으로 대변되는 장로와 사사와 초기 왕정 시대, 바빌론 포로 이전까지의 예언자 시대, 성찰과 우주적 지평 확장의 포로기 시대, 영의 재발현의 포로기 이후 시대로 나누어 분석한다. 이 과정을 통해 "하나님의 영"은 하나님의 능력, 분노, 생명, 마음, 의지, 현존 등으로 이해될 수 있음을 말한다. 각 시대별로 어떤 의미가 더 강조되고 있는지를 구체적인 예를 들어 명료하게 설명한다. 따라서 본서는 구약성서 본문 속에서 "하나님의 영"의 어떤 점이 묘사되고 강조되는지에 관하여 체계적인 이해를 갈망해오던 신학도에게 귀중한 학문적인 지침이 될 것이다. 일반 신앙인에게도 다양한 역사적 상황에 따른 "하나님의 영"의 이미지에 대한 이해를 통해 신앙의 역동성을 느끼게 해줄 것으로 믿는다.

홍성혁 서울신학대학교 구약학 교수

THE SPIRIT OF GOD
IN THE OLD TESTAMENT

한국구약학연구소 총서 003

구약의 성령론

로이드 R. 니브 지음 | 차준희 · 한사무엘 옮김

Holy
WavePlus

한국구약학연구소 총서 KOTL

Korea Old Testament Library

성서의 모든 말씀은 시공간을 넘어 언제나 유효한 하나님의 계시입니다. 특히 오늘날과 같은 급변하는 시대적 정황 속에서도 성서는 여전히 삶에 대한 해답을 제시합니다.

《한국구약학연구소 총서》(Korea Old Testament Library)는 이러한 시대적 요청에 부응하고자 기획되었습니다. 국내 유수의 구약학자들의 연구 성과는 물론, 세계적인 구약학자들의 저명한 저서를 번역 출간하려고 합니다. 이를 통해 신학생을 위한 교과서를 제공함은 물론, 목회자들의 성서 지평을 확장하는 데 유익을 주고, 나아가서 한국교회 성도들에게 은혜의 말씀이 선포되는 데 기여하기를 소망합니다.

《한국구약학연구소 총서》는 한국교회의 강단에 구약성서의 케리그마가 풍성하게 선포되기를 바라는 "한국구약학연구소"(Korea Institute for Old Testament Studies)의 마음입니다.

한국구약학연구소장 차준희

서문　　　**17**

약어　　　**20**

제1장 서론 _**23**

　Ⅰ. 루아흐(*ruach*)와 영(Spirit)의 차이점 _**27**

　Ⅱ. 루아흐의 세 가지 의미 _**28**

　Ⅲ. 기원과 발전 _**29**

제2장 "주의 콧김에": 가장 오래된 본문들 _**33**

　Ⅰ. 동화(Assimilation) _**36**

　　A. 신적인 바람(출 15:8, 10; 삼하 22:16) _**38**

　　B. 생명을 주는 호흡 _**45**

　　C. 하나님의 영 개념의 기원 _**46**

　Ⅱ. 혁신(Innovation) _**48**

　　A. 지배하는 능력으로서의 영(민 24:2; 11:17, 25, 26, 29) _**48**

　　B. 영의 출현의 격렬한 측면들(삿 6:34; 13:25; 14:6, 19; 15:14; 삼상 10:6, 10;
　　　11:6; 19:20-24) _**56**

　　C. 영의 작용의 외적 영향 _**60**

　Ⅲ. 통합(Consolidation) _**62**

　　A. 신적인 인증(민 11:17-29; 삿 3:10; 삼상 10:10; 11:6; 16:13-14) _**64**

　　B. 과도기 본문(삼하 23:2; 창 41:38) _**67**

제3장 "영의 사람은 미쳤다": 엘리야로부터 바빌론 유배까지 _75

Ⅰ. 역사적인 배경 _77

Ⅱ. 엄청난 침묵 _81

   A. 드문 언급 _81

   B. 영과 황홀경 예언자들(호 9:7) _82

Ⅲ. 영과 위대한 예언자들 _86

   A. 예언자적 운동과의 관련성 _86

   B. 카리스마적인 지도자의 지명 _87

   C. 예언자에게 영감을 주고, 권능을 부여하며, 조종함 _88

Ⅳ. 이스라엘과 함께 하는 야웨의 사역 수단으로서의 영 _95

   A. 야웨의 징계하시는 분노와 구원하시는 능력(사 30:28; 31:3) _95

   B. 야웨의 분노(사 4:4; 11:15; 호 13:15; 미 2:7) _99

   C. 야웨의 마음(사 30:1) _108

   D. 새로운 시대의 카리스마적인 지도력(사 11:2) _112

Ⅴ. 결론 _114

제4장 "이 뼈들이 능히 살겠느냐?": 유배 그리고 초기 재건 _119

Ⅰ. 날줄(Warp): 망명으로부터의 귀환들 _122

   A. 개인의 부각 _123

   B. 내적인 삶 _125

   C. 미래를 향한 전환 _127

   D. 영의 우주적인 활동 _128

Ⅱ. 씨줄(Woof): 생명 그리고 현존, 영의 새로운 패턴들 _129

   A. 창조의 영, 생명의 공급자 _129

   B. 성령 안에서의 야웨의 현존(겔 39:29; 시 139:7) _151

제5장 "심지어 네 종들에게도": 포로기 및 초기 재건과 그 이후 _155

    Ⅰ. 씨줄(Woof): 초기 가닥들의 지속 _157

        A. 예언적 영(사 34:16; 48:16; 59:21; 61:1; 욜 2:28-29; 슥 7:12) _157

        B. 카리스마(출 28:3; 31:3; 35:31; 민 27:18; 신 34:9; 욥 32:8; 사 42:1) _165

        C. 야웨의 인도 의지(시 51:13; 143:10; 사 63:10-11, 14; 겔 36:27; 겔 1:12, 20-
           21; 2:2-3, 12, 14, 24; 8:3; 10:17; 11:1, 5, 24; 37:1; 43:5) _172

        D. 야웨의 마음(사 40:13) _188

        E. 야웨의 능력(학 2:5; 슥 4:6; 6:8) _192

        F. 하나님의 분노(욥 4:9; 사 27:8) _198

    Ⅱ. 영은 어디서 발견될 수 있나?: 영과 전승들 _201

        A. 왕정 _202

        B. 제사장(제의, 법) _203

        C. 지혜 _204

        D. 예언 _207

    Ⅲ. 영과 초기 유대교 _207

**제6장 "영이 아삽의 자손인 레위 사람 야하시엘에게 임했다":
      에스라에서 다니엘까지** _211

    I. 율법 아래의 영 _213

    II. 레위 계열의 "예언자들"(대상 12:18; 대하 15:1; 20:14) _215

    III. 선견자(Seer) 다니엘(단 4:8-9, 18; 5:11, 14) _220

    IV. "그는 그의 바람이 불게 하신다"(시 147:18) _222

    V. 좋았던 옛 시절들(대하 18:23; 24:20; 느 9:20, 30) _224

    VI. 결론 _227

제7장 "영이 어디로 가든지, 그들은 갔다": 영과 야웨와의 관계 _231

I. 인격을 인지하는 방법 _233

II. 영은 홀로 진행하는가? _235

III. 영의 주변 요소들 _238

    A. 동사(Verbs) _238

    B. 형용사(Adjectives) _238

    C. 성(Gender) _239

    D. 관사(The Article) _239

IV. 영이 근심할 수 있는가? _240

V. 결론 _242

참고 문헌   245

루아흐의 용례 분류   254

부록 1. 구약의 영(루아흐) 연구사 _한사무엘   263

부록 2. 구약에 나타난 창조의 영 _차준희   305

서문

영어권에서 구약에 나타난 하나님의 영을 다룬 책이 아직까지 저술되지 않았다는 것은 놀랄 만한 일이다. 최근 수십 년간 이처럼 중요한 주제를 광범위하게 다루었던 유일한 책은 다니엘 리스(Daniel Lys)가 저술한 『루아흐: 구약의 숨결』(*Ruach, Le Souffle dans L'Ancien Testament*)이었다. 1962년에 출간된 이 책은 나에게 헤아릴 수 없는 큰 도움과 용기를 주었다. 1954년 이래, 구약에 나타난 하나님의 영이란 주제는 유니온 신학대학원(Union Theological Seminary) 박사 과정 시절 나의 특별한 연구 영역이었다.

리스(Lys)의 책은 다음과 같은 시도를 하고 있는 내가 올바른 노선을 견지하고 있다는 확신을 주었다. 즉 (1) 특별 연구를 위하여 하나님의 영 본문들(루아흐가 하나님의 영의 의미로 사용된 본문들-역주)을 다른 루아흐(*ruach*) 본문들로부터 분리시키려는 나의 시도(한두 경우를 제외하면 내가 독자적으로 생성한 하나님의 영 본문 목록은 거의 정확하게 그의 목록과 일치하였다), (2) 하나님의 영과 관련된 중요 본문들의 연대를 설정하는 것, 그런데 이 또한 리스(Lys)의 목록과 일치했다. (3) 각 시대 별로 영의 개념에 관한 결론을 이끌어내기 위해 본문들을 네 가지 연대로 구분하여 평가하는 것 등이다. 비록 내가 리스(Lys)의 책을 보기 이전에 이미 내 자신의 기본적인 연구 결과들이 나와 있었지만, 표절이 아님을 밝혀야 할 만큼 너무나도 일치되는 점이 많았다! 그러나 이 책에 등장하는 상당수의 각주들은 내가 그의 책으로부터 꽤 많은 것을 배웠다는 사실을 너무나도 명확하게 보여준다.

나는 본문들을 그것들의 적절한 역사적 문맥 속에 배치하기 위하여 유니온 신학대학원 논문 지도교수의 충고를 따르기로 결정했다. 원래 논문에서 내 지도교수는 하나님의 영이란 주제가 주요 관심 대상이 될 수 있도록 각 본문의 연대 설정은 임의적으로 처리되어야만 한다고 제안했다. 그렇다고 각 본문의 연대가 진지한 고려 없이 산정된 것은 아니다. 하지만 연대(Chronology)에 대한 논쟁이나 본문의 기원에 대한 논쟁은 이 책에서 거의 등장하지 않는다. 어느 한 본문을 특정한 시기의 것으로 간주하는 것은 그 본문에 나오는 영의 개념이 그와 동일한 시기의 개념이라는 뜻이다. 오직 연대와 관련하여 심각한 문제가 있는 곳에서만 각주로 연대 문제를 다루었다.

성서 본문은 RSV(Revised Standard Version)를 인용하였다. 장과 절의 인용은 히브리 성서를 따랐다. RSV와 차이가 나는 곳에서는 RSV의 장과 절을 괄호 안에 기입하였다.

1972년 10월

로이드 R. 니브

구약의 성령론

AB	Anchor Bible (Garden City: Doubleday)
ANET	Pritchard, J. B., *Ancient Near Eastern Texts Relating to the Old Testament* (Princeton, NJ: Princeton University Press, 3d edn, 1969)
ATD	Das Alte Testament Deutsch (Göttingen: Vandenhoeck & Ruprecht)
BDB	Brown, F./Driver, S. R./Briggs, C. A., *A Hebrew and English Lexicon of the Old Testament: With an Appendix Containing the Biblical Aramaic: Based on the Lexicon of William Gesenius as Translated by Edward Robinson* (Oxford: Clarendon Press, 1952)
BK	Biblischer Kommentar (Neukirchen: Neukirchener Verlag)
IB	G. A. Buttrick (ed.), *The Interpreter's Bible* (New York: Abingdon-Cokesbury Press, 1951)
ICC	International Critical Commentary (Edinburgh: T & T Clark)
JBL	*Journal of Biblical Literature*
JNES	*Journal of Near Eastern Studies*
RB	*Revue Biblique*
ZAW	*Zeitschrift für die Alttestamentliche Wissenschaft*

THE SPIRIT OF GOD
IN THE OLD TESTAMENT

제1장

서론

아마도 구약에서 하나님의 영과 같이 이해하기 힘든 주제는 없을 것이다. 그러나 구약에는 기드온을 사로잡았고, 사울에게 강력하게 임했으며, 예언자들에게는 영감을 불어 넣었고, 메시아에게 기름을 부었던, 그리고 장차 새로운 시대에 모든 피조물들을 새롭게 만드는 무언가가 있다. 그것은 평범한 목동을 영웅적인 전사로 만들고, 노예 신분의 한 소녀를 예언자로 만들기도 한다. 또 그것은 메마른 사막에서 풍요로운 낙원을 창조해낼 수도 있다. 더욱 놀라운 것은 그것이 완고하고 고집 센 마음을 움직여서 순종하도록 만들 수도 있다는 것이다.

히브리인들은 이러한 영(the spirit)에 대해서 이야기하고자 할 때 그것을 하나님의 루아흐(רוּחַ, *ruach*)라고 불렀다. 그들은 초기 팔레스타인 문화, 즉 우가리트(Ugaritic)에서 오직 바람만을 의미했었던 이 단어를 사용할 준비를 하고 있었다. 이 단어는 그 영의 활동의 신비로움을 표현하기에 얼마나 적합한 용어인가! 바람은 만질 수도 없고, 보이지도 않는다. 바람의 움직임이 사람의 통제권 너머에 있듯이 그 영(the spirit)의 강림도 오직 기다려질 뿐이지 결코 강요될 수 있는 것이 아니었다(심지어 최고의 권위로 통치의 영광이 절정에 도달하기를 간절히 원하였던 솔로몬에 의해서도 말이다). 마치 생명을 공급하는 수분이 서풍에 의해 이끌리어 오듯이 그 영(the spirit)은 생명과 풍요를 전달할 수도 있었다.

또한 사막으로부터 불어오는 동풍이 거칠고 막심한 피해를 줄 수 있듯이 하나님의 영은 자주 분노와 쓰라린 심판으로 충만할 때도 있었다.

이스라엘 사람들이 하나님의 루아흐(the *ruach* of God)를 이야기할 때, 그들은 고대 근동의 그 어디에서도 찾아볼 수 없는 개념을 사용했다. 물론 메소포타미아 문화권에도 바람이 존재했고, 그것은 신들의 영역에서 특별한 도구로 작용했으며, 심지어 이집트에서는 바람이 신 아몬-레(Amon-re)로 신성시되기도 했다. 그러나 고대 근동의 어떤 다른 민족도 자신들의 신들이 영을 소유했다고는 말하지 않았다. 그것은 유일신을 믿는 특정한 백성들 속에서 사용된 하나의 유일한 개념이었다.

구약의 저자들이 하나님의 루아흐를 언급했을 때 그들은 과연 무엇을 의미하려 했던 것일까? 그들이 이 용어를 야웨께 적용했을 때 그들은 야웨와 그의 활동에 대하여 무엇을 말하려고 했던 것일까?

비록 그들이 루아흐를 바람이라는 기본적인 의미와 함께 사용했고, 그 용어가 대부분의 경우에 있어서 움직임(movement), 힘(power), 그리고 신비(mystery)의 의미를 내포했지만, 그러나 그 용어를 야웨께 적용하면서 그들은 하나님에 대한 매우 분명한 어떤 것을 나타내기 시작했다. 루아흐로 표현되는 하나님의 특성 중에서 가장 명백하게 반복되고 있는 것은 그분이 창조와 관련하여 사용하시는 권능에 관한 것이다 (사 31:3). 그러나 곧 다른 의미들도 이 동일한 단어로 표현되기 시작했다. 하나님께는 생명이 있는데, 그 생명을 그의 피조물에 부여할 때 그 생명 자체도 루아흐라고 불릴 수 있었다(사 32:15). 이스라엘은 자신들을 향한 하나님의 직접적인 분노 또는 자신들을 위해 적들에게 달려드는 야웨의 행동하심을 경험했는데, 그들이 하나님의 분노를 경험했을 때 그들은 그것을 루아흐라고 언급했다(사 30:28). 하나의 민족으로

구약의 성령론

서의 이스라엘 역사 속에서 그들은 야웨의 인도하심과 그들을 향한 야웨의 의지를 인식할 수 있었는데, 그의 백성을 향한 야웨의 의지도 루아흐로 불릴 수 있었다(사 30:1). 이와 관련하여 이스라엘 백성은 야웨를 어떤 마음(לֵב, leb)을 가진 분으로 생각했다. 또한 이것이 야웨의 피조물과 교통할 때에는 하나님의 루아흐로 알려졌다(사 40:13). 결국 적어도 이러한 의미들 중에서 세 가지, 즉 능력, 생명, 분노는 은유적으로 호흡(루아흐)이라고 표현되었다.

구약의 문헌에서 루아흐는 오직 하나님 자신이 세상과 피조물 그리고 그의 백성과 관계하실 때 하나님의 활동을 표현하기 위해서만 사용되었다. 하나님의 능력(power), 그의 생명(life), 그의 노여움(anger), 그의 의지(will), 그리고 그의 현존(presence)은 자기 스스로에 갇혀 있는 분이 아닌, 오히려 세상과 교통하시는 하나님을 묘사하는 이스라엘만의 표현 방식이었다.

I. 루아흐(*ruach*)와 영(Spirit)의 차이점

"영"(Spirit)은 루아흐(*ruach*)를 번역할 때 흔히 사용되는 단어이다. 왜냐하면 영 또는 루아흐는 바람과 동일하게 움직임, 힘, 그리고 보이지 않음이라는 함축적 의미를 가지고 있기 때문에 루아흐를 번역하기에 가장 알맞은 단어가 바로 영이다. 더욱이 "하나님의 영"이라는 문구 속에서 사용된 영은 자신 밖에서 활동하시는 하나님을 제시한다. 이러한 의미에서 영은 루아흐에 대한 좋은 번역이라 하겠다.

그러나 히브리인들에 의해 하나님께 적용된 루아흐에 대한 이 모든 의미들을 영이라는 단어로 번역하는 것이 과연 적절한 것인가를 생각해보아야 한다. 확실히 생명, 능력, 그리고 야웨의 현존을 나타내기 위해 사용된 "루아흐"는 "영"이라는 단어로 번역할 만하다. 또한 영은 야웨의 의지를 나타낼 때 루아흐의 의미를 잘 전달한다. 그러나 분노, 마음, 그리고 호흡은 영어 단어 "spirit" 만으로는 그 뜻이 잘 떠오르지 않는다. 예를 들어 영은 성향(disposition)을 뜻할 수도 있다. 그러나 분노와 같은 어떤 특별한 종류의 성향을 위해서는 더 적절한 단어가 사용되어야 한다. 영은 지적인 능력들을 의미할 수 없다. 또한 영은 호흡을 의미하기 위해 사용될 수도 없다. 루아흐의 이러한 의미들을 위해서는 분노, 마음, 호흡 등과 같은 대체 용어를 사용하는 것이 필요하다. 그러나 명심해야 할 것은 히브리인들에게 있어서 하나님과 관련된 이러한 모든 의미들은 "루아흐 엘로힘"(*ruach elohim*)이라는 한 문구로 표현될 수 있었다는 사실이다.

II. 루아흐의 세 가지 의미

본 연구의 주제는 구약에 나타난 하나님의 영이다. 이는 우리의 연구가 구약에서 사용된 루아흐의 모든 의미에 관심을 두기보다는 오히려 전통적으로 하나님의 영으로 불리던 루아흐의 한 단면, 즉 하나님과 그의 활동을 언급할 때 사용되던 루아흐에 주로 관심을 기울인다는 뜻이다. 그러나 이것이 구약에서 사용된 루아흐의 유일한 의미는 아니다. 루아흐는 바람이라는 원래의 의미를 간직하고 있었고, 추가적으로 인간의 영(human spirit)을 언급할 때에도 사용되었다.

따라서 본 연구는 단순하게 루아흐를 언급하는 본문들을 따로 구분하고, 그것들을 조사하는 수준의 연구가 아니다. 왜냐하면 연구의 주제는 루아흐가 아니라 하나님의 영이기 때문이다. 하나님의 영을 이해하기 위한 적절한 주석학적 연구를 위해서는 바람(ruach), 그리고 피조물의 영(ruach)과는 구별되는 하나님의 영(ruach)을 언급하는 구약의 본문들을 확인하는 작업이 필요할 것이다. 루아흐의 서로 다른 의미들을 구분해내는 것은 흔히 사전들이 하는 것처럼 루아흐를 "호흡"(breath)으로 따로 떼어 분류하는 것과는 차이가 날 것이다. 그러나 분명한 것은 사람의 호흡은 인간의 루아흐에 대한 전체 의미 중에서 오직 한 측면에 불과하다는 사실이다. 그리고 하나님께 적용되는 "호흡"은 단지 하나님의 영을 가리키기 위해 은유적으로 쓰인 것이다. 따라서 이 연구에서 채택하는 의미의 구분은 바람, 호흡, 영이 아니라 바람, 사람 안의 루아흐(호흡이든 영이든), 그리고 하나님의 루아흐이다.[1]

III. 기원과 발전

구약의 후대 문헌에서 영들이나 영 또는 바람과 구분되는 하나님의 영의 존재(existence)와 실체(reality)는 의심의 대상이 아니다. 만일 포로기 이후 이스라엘의 예언자들과 저자들이 하나님의 영을 하나님으로

---

1) J. Scheepers, *Die Gees van God en die Gees van die Mens in die Oud Testament* (Kampen: J. H. Kok. 1960)와 D. Lys, *Ruach, Le Souffle dans l'Ancien Testament* (Paris: Presses Universitaires de France. 1962)는 이와 같은 삼중 분류로 연구를 진행하였다.

부터 오는 능력(power), 실재(reality), 생명(life)으로 말하고 기록했다면, 그리고 그들이 하나님의 영을 새로운 시대에서도 기대하고 있는 것으로 묘사한다는 점에서 하나님의 영을 분명한 하나의 실체로 생각했다면, 하나님의 영이라는 개념이 초기 구약 문헌 어디에까지 소급될 수 있는지를 반드시 질문해야만 한다. 또한 이 개념이 어떻게 발전하였고, 어떤 새로운 의미들을 받아들였으며, 최종적으로 구약 시대 말기에는 어떤 이미지가 되었는가 하는 질문들이 본 연구에서 조사될 것이다.

THE SPIRIT OF GOD
IN THE OLD TESTAMENT

제2장

"주의 콧김에":
가장 오래된 본문들

가장 오래된 본문들[1] 속에 나타난 야웨의 영은 이스라엘 초기 시대의 특징들을 반영하는 용어들에 의해 묘사된다. 이 시기는 동화(assimilation)와 혁신(innovation) 그리고 통합(consolidation)의 시대였다. 이스라엘에게 영향을 주었던 외부적 요인들 중에서 가장 큰 것은 아마도 가나안 땅에서의 새로운 정착 사건이었을 것이다. 그렇기 때문에 영에 관한 이스라엘의 묘사에서 다른 문화들과의 접촉점들을 제공했던 것은 특별히 바로 이 이른 시기였다.

이스라엘은 시내산에서 야웨와 언약을 체결하면서 새롭고 혁명적인 유일신 신앙(monotheism)을 고대 근동에 도입하였다. 그들이 익숙해질 때까지 이 새로운 움직임들은 외견상 거칠고 난폭하게 보이는 요소들을 보여주었다. 나타나는 현상에 있어서 고요하고 온유했던 하나님의 영은 이 시기에 많은 부분 이러한 특징들을 빌려온다.

혁신과 함께 적용과 통합이 이어진다. 이스라엘은 이집트에서의 정착 생활로부터 광야의 반(半)유목 생활로, 그런 다음 가나안에서의 정

---

1) 이스라엘의 가장 이른 초기부터 기원전 9세기 중반의 시기에 속하는 본문들은 다음과 같다: 〈초기 운문(poetry)〉 출 15:8, 10; 민 24:2; 삼하 22:16; 23:2; 〈초기 역사기록〉 창 41:38; 민 11:17, 25. 26, 29; 삿 3:10; 6:34; 11:29; 13:25; 14:6, 19; 15:14; 삼상 10:6, 10; 11:16; 16:13, 14; 19:20, 23.

착 생활로 옮겨갔다. 처음에 이스라엘은 모세의 단일 지도력으로 시작하지만 곧 장로들을 임명하고, 그다음에는 사사 제도를, 그리고 결국에는 왕정 제도를 도입하는 식으로 재조정되어야만 했다. 많은 제도가 시도되었다. 그리고 매번 야웨의 영에 의해 제공되는 궁극적인 증명이 필요했었다. 따라서 이들 본문들이 묘사하고 있는 영은 압도적일 정도로 카리스마적인 영이다.

간단히 말해서 이러한 가장 오래된 본문들 속에서 묘사되는 하나님의 영은 그 시대의 일부분이라고 말하기에 충분하다.

I. 동화(Assimilation)

이스라엘 역사에서 초기 이스라엘의 신앙만큼 외부적 영향들에 대해 열려 있었던 때는 없었다. 특정 부족들의 이집트 체류는 여전히 비교적 최근의 기억에 속했다. 이는 이스라엘의 신앙 형성에 기여한 상당수의 사람들이 이집트의 문화 및 종교와 직접적인 관계를 맺었음을 전제한다.

또한 이 시기는 탄생한 지 얼마 안 된 민족의 전승들이 가장 많이 형성되고 혼합되고 확대되던 시기였다. 이는 제사를 드릴 때에 개별 부족들이 개별 조상들의 전승들을 전체 민족들 앞에서 들려주었음을 의미한다. 그것들이 초기 메소포타미아로부터 나온 것이든 아니면 초기 가나안 문화들이 조상들의 전승들 속에 감추어진 것이든 간에 그것들은 이스라엘의 믿음에 영향을 끼칠 수 있었다.

물론 가나안 땅에서의 정착도 관련이 있다. 그들은 매일 가나안 사람들의 생활양식들과 접촉했다. 예를 들어 가나안의 영향은 이스라엘의 가장 초기의 법 또는 창세기의 족장 이야기에 나오는 비-이스라엘 전통들 속에서 명확하게 나타난다(창 21:15-21). 야웨를 섬기지 않았던 가나안 족속과의 직접적인 만남은 비-이스라엘 족속, 즉 겐 족속과 같은 아무런 관련이 없는 족속들을 이스라엘 안으로 포함시킨 것에 의해서도 확인된다(삿 1:11-20). 이러한 개별 족속들의 문화적인 배경이 이스라엘의 전체적인 종교 유산에 영향을 미쳤을 것이다.

이 시기에 동화 현상이 있었던 것은 단지 외부의 영향들 때문만은 아니다. 그것은 이스라엘도 외부의 영향들을 수용할 준비가 되어 있었기 때문이다. 이스라엘 자신의 제도나 신학은 후대의 제도나 신학처럼 고정되어 있지 않았고, 형성의 초기 단계에 있었다. 심지어 초기 단계의 야웨 신앙은 외부로부터의 영향들을 꺼려했다기보다는 오히려 적극적으로 외연을 넓혀 나갈 수 있는 활력과 생명력을 가지고 있었다고 말할 수도 있다. 즉 초기 단계의 야웨 신앙은 흡수되는 대신 흡수하는 능력이 있었다. 특별히 포로기 이후의 성서 문헌에서 등장하는 이방민족에 대한 적대주의(xenophobia)는 아직 나타나지 않고 있었다.

그러나 동화가 무분별하게 이루어진 것은 아니었다. 사실 동화는 우리가 추측하는 것만큼 많지는 않았다. 반대로 놀랄 만한 것은 이스라엘을 에워싼 이웃들의 사상세계가 이스라엘의 신학 속에 거의 스며들지 못했다는 사실이다. 하나님의 영에 대한 본문들에서 발견되는 예들은 이스라엘이 형성되기 이전의 문화와 막연하게 연관되었거나, 또는 단지 부정적인 반작용의 결과를 보여줄 뿐이다. 실제로 이러한 초기 시대의 대부분의 본문들은 고대 근동 속에서 유래를 찾아볼 수 없으며, 또한 이스라엘의 영의 개념에도 다른 종교들과의 접촉이 전혀 나타나지 않는다.

A. 신적인 바람(출 15:8, 10; 삼하 22:16)

이웃 문화의 유산이었던 신적인 바람(divine wind)[2]이란 개념과의 가장 위대한 접촉을 보여주는 본문들은 출애굽기 15:8, 10 그리고 사무엘하 22:16이다. 이 두 본문은 야웨 종교의 배타적인 유일신 신앙이, 어떻게 공존할 수 없는 것을 흡수하고 변화시켰는지 대략적으로 보여준다.

출애굽기 15:1-18[3]의 "미리암의 노래"는 홍해에서 이스라엘을 구원하신 야웨께 드리는 감사의 찬송이다. 1-3절은 이집트를 상대로 승리를 거두신 야웨를 소개한다. 4-12절은 일반적인 찬양시의 주된 내용으로서 야웨의 행위를 자세히 다룬다. 13-17절은 출애굽 이후의 사건들에 대해 계속해서 이야기하고, 18절은 송영으로 끝을 맺는다.

여기서 논의의 대상이 되는 구절은 8절과 10절이다.

8 주의 콧김(רוח אפיך)에 물이 쌓이되

파도가 언덕 같이 일어서고

---

2) 이스라엘이 태어났던 세상에는 이스라엘의 영 개념과 관련이 있는 두 개의 개념이 존재하고 있었다. 첫 번째 개념은 신들의 세계와 밀접하게 연관되어 있고 전령(messenger) 또는 신적인 조력자 역할을 하고, 그리고 적어도 몇몇 경우에 있어서는 독립적인 신성으로 간주되었던 바람이다. 두 번째 밀접하게 연관된 개념은 바람을 신들의 호흡으로 이해하려는 생각이다. 이 개념에 의하면 바람은 창조의 힘과 생명을 유지하는 힘을 가지고 있으며 생명의 호흡으로서 모든 피조물 속에 거하며 피조물에게 허락된 기한까지 생명과 힘을 주는 것으로 이해되었다. 이러한 두 개의 개념을 보여주는 이집트 또는 메소포타미아의 본문들을 위해서는 다음을 참조하라. J. Hehn, "Zum Problem des Geistes im alten Orient und im A.T.," ZAW 43(1925), 216-225.

3) 참조. F. M. Cross Jr./ D. N. Freedman, "The Song of Miriam," JNES 14(1955), 239-250은 본 찬송의 고대성을 변호한다.

큰물이 바다 가운데 엉기니이다.

9 원수가 말하기를

내가 뒤쫓아 따라잡아 탈취물을 나누리라,

내가 그들로 말미암아 내 욕망을 채우리라,

내가 내 칼을 빼리니 내 손이 그들을 멸하리라 하였으나,

10 주께서 바람을 일으키시매(נָשַׁפְתָּ בְרוּחֲךָ)

바다가 그들을 덮으니 그들이 거센 물에 납 같이 잠겼나이다

(출 15:8-10).

출애굽기 14:21에서 바람이 언급되고 있다는 점은 바람이 실제적
으로 불고 있었다는 것을 전혀 의심하지 않게 한다. 그러나 이 찬양시
의 저자가 출애굽기 15:8-10에서 묘사하고 있는 것이 바람인가? 저자
의 의중에는 은유적으로 바람을 오직 하나님의 호흡(breath)으로 간주
했을 가능성이 있다. 그러나 8절과 10절의 루아흐는 야웨의 능력을 의
미한다는 여러 증거들이 있다.

8절의 루아흐가 "바람"보다는 "호흡"으로 번역되어야 하는데 그
것은 "아페카"(אַפֶּיךָ, 당신의 코)라는 단어 때문이다. 물론 이 단어는 "분
노"(anger)를 의미할 수도 있다.[4] 그러나 야웨의 "분노"는 7절의 이집트
사람들을 향한 것이지, 8절의 큰물에 대한 것은 아니다. 반대로 물은 이
집트 군대에 대항하여 싸우는 우호적인 협력자처럼 보인다. 홍수는 마
치 야웨 군대의 일원인 것처럼 서 있고(נִצְבוּ), 10절에서는 찬양하듯이

---

4) M. Noth, *Exodus* (London: SCM Press, 1962), 124는 "그의 콧김"(blast of
nostrils, 8절)을 "그의 격노하는 분노(his raging anger)로 해석한다.

"아디림"(אַדִּירִים, 강력한, 웅대한)이라는 단어로 묘사된다. 그래서 "아페카"(אַפֵּךָ)는 "분노"(anger)로 번역되기보다는 "코"(nostrils)로 번역되어야 하고, 따라서 8절의 루아흐도 "호흡"(breath) 또는 만일 야웨의 코에서 나오는 호흡의 힘(power)을 강조하기 원한다면 "김"(blast)으로 번역되어야 한다.

10절의 루아흐는 번역하기가 좀 더 어렵다. RSV(Revised Standard Version)의 번역인 "바람"(wind)은 세 가지 점에서 의문의 여지가 있다. 첫째로 구약성서는 그 어디에서도 바람을 내뿜는 야웨에 대하여 이야기하지 않는다. 그는 "이끌어 오시고", "방향을 바꾸시고", 바람이 불도록 "만드시며", "세게 던지시고", "명령하시며", "일으키시고", "앞으로 이끌기도" 하지만, 마치 바람이 부는 것이 야웨의 호흡과 동일한 것처럼 그가 바람을 결코 "내뿜지"(blows)는 않는다. 이는 10절의 루아흐가 "호흡"(breath)으로 번역되어야 함을 나타내고 있는 듯하다. 둘째로 저자가 8절에서 "호흡"(breath)을 의미했기 때문에 아마도 10절에서도 "호흡"을 의미했을 것이다. 왜냐하면 모두가 바다를 향한 동일한 행위이기 때문이다. 마지막으로 출애굽기 14장 이야기에서 바람은 출애굽기 15:10에서 루아흐가 가졌던 임무에 상응하는 임무를 가지지 않는다. 출애굽기 14:26-27에서 물을 뒤로 물러가게 하는 것은 바로 모세의 손이다. 물이 돌아오게 하는 데 바람이 개입되었는지는 명확하지 않다. 이상의 세 가지 이유를 근거로 우리는 저자가 10절에서도 야웨의 "호흡"(breath)을 의미했다고 결론을 내릴 수 있다.[5]

---

5) 8절과 10절 두 절에서 "호흡"으로 번역한 예를 위해서는 다음을 참조하라. G. Fohrer, *Überlieferung und Geschichte des Exodus* (Berlin: Alfred Töpelmann, 1964),

찬양시의 저자는 루아흐를 사용하면서 물을 움직이게 한 것은 단순히 바람이 아니라 야웨의 능력이었다는 것을 나타내고 싶었을 것이다. 여기서 우리는 야웨 자신을 강조하기 위해 다른 문화들에서는 신으로 간주되었던 바람이 야웨의 구원 사역에 참여하는 것이 배제되고, 단지 바람을 야웨의 손에 의한 것, 야웨 자신의 말씀에 의한 것, 또는 야웨 자신의 숨에 의한 수단으로 대체시키려는 과정이 있었다고 추론해 볼 수는 없는 것일까? 물론 바빌론의 마르둑(Marduk) 신화에서도 신적인 바람이 출애굽기 14장의 바람처럼 마르둑의 지배를 받는다. 그러나 마르둑 신화의 문맥에서 볼 수 있는 한 가지 사실은, 다신교(多神敎) 사회에서 바람이 신들의 세상에서 특별한 도구로서 작용하고 존재했었다는 사실이다. 어떤 행위는 자연적인 세상에서는 결코 찾아볼 수 없는 바람 때문에 생긴 것이라고 여겼다. 그 행위는 바람을 자연 세계로부터 제거해서 신들의 신성한 세계로 옮겨 놓는다. 더욱이 이집트에서 바람은 아몬(Amon) 신처럼 자신의 권리를 갖고 있는 신으로 활동한다. 그러나 출애굽기 14:21에서 이스라엘은 바람을 자연의 한 요소로 간주하지 그 이상으로 취급하지 않고 있으며, 동시에 출애굽기 15:8, 10에서도 이집트 사람들을 전복시킨 바다의 움직임을 야웨가 행하신 것이라고 말한다. 야웨의 "호흡"은 다른 문화들 속에서 신적인 바람들에게 주어졌던 기능들을 수행한다. 그리고 8절과 10절의 호흡은 독립된 신성이 결코 아니며, 또한 야웨로부터 독립될 수도 없다. 출애굽기 15:1, 3, 4, 6, 7, 12, 18이 강조하고 있는 것처럼 승리를 성취하신 분은 홀로 행하시는 야웨 자신이다. 그 영광은 모두 야웨의 것이어야 한다.

113-114: 8절 "당신의 콧김을 통하여", 10절 "당신의 호흡으로 바람을 일으키사…"

그 승리는 오직 야웨의 것이다. 어디에도 신적인 조력자는 없다.

이러한 결론은 다음의 관찰들에 의해 더욱 분명해진다. 동일한 초기 시대로부터 유래하며,[6] 어떤 면에서는 출애굽기 15장과 비슷한 상황을 보여주는 시편 18편은 바람을 야웨께서 타고 다니시는 교통수단처럼 말한다(참조. 시 18:10). 시편 18:15에 등장하는 물 위에서 역사하는 루아흐는 결코 바람이 아니다. 여기서 루아흐는 야웨의 호흡, 즉 그의 능력을 나타내고 있다.

둘째로 구약은 결코 바람을 하나님의 호흡(ruach)으로 묘사하지 않는다. 그러나 다른 한편으로 구약은 하나님의 호흡을 하나님의 영과 동일시하기도 한다(참조. 예를 들어 욥 33:4 또는 34:14).[7] 리스(Lys)는 구약에서 바람이 결코 신적인 바람으로 묘사되지 않는다는 것을 증명하였다. 자연 세계에서 바람은 단지 창조된 요소로 간주될 뿐이다. 후대의 구약 문헌에서는 공허함과 무의미함 그리고 덧없음을 나타내기 위해서 바람이 갈수록 더 은유적으로 사용되었다.[8] 따라서 출애굽기 15장에 나타나는 바람에 대한 강등은 유일한 예(example)가 아니라 구약 전체에서 지속적으로 발생하는 과정의 첫 번째 실례다.

8절에서 루아흐를 "코"(nostrils)와 연결하여 사용하고, 10절에서는 "바람을 일으킨"(blew) 것으로 표현하는 것은 자연의 바람이 불었다는

---

6) 각주 9번에서 본 시편의 연대를 참조하라.

7) 사 40:7에서 꽃을 시들게 하는 것은 바람의 자연적인 활동 외에는 다른 것이 없기 때문에 루아흐는 "호흡"으로 번역되기보다는 오히려 "바람"으로 번역되어야 한다. 겔 37장에서 인간의 "호흡"은 네 바람들로부터 오는 것이고, 주(Lord)의 호흡에 대해서는 말하지 않는다.

8) D. Lys, *Ruach, Le Souffle dans l'Ancien Testament*, 337-341.

구약의 성령론

사실에 대한 인정인 동시에(비록 이러한 뉘앙스가 당연한 것은 아니지만), 또한 갈대바다 사건에서 야웨의 통제와 역동적인 능력이 분명하게 나타났다는 성서 저자의 해석을 나타내고 있다. 구약의 문헌들 속에서 이러한 유일한 능력은 갈수록 더욱 일반적으로 "호흡", "폭풍", "영"으로 번역되는 하나님의 루아흐로 알려지게 될 것이다. 하나님의 루아흐는 오해의 여지가 없는 방식으로 모두를 위한 단번의 사건, 즉 야웨의 선택된 백성으로서의 이스라엘의 삶에 있어서 가장 결정적인 사건 속에서 그 모습을 드러냈다.

사무엘하 22:16[9]은 어떤 면에서 출애굽기 15장과 유사한 상황 속에서 루아흐를 언급한다. 그 주제는 어떤 위험한 상황으로부터의 왕의 구원이다. 실제 상황들은 확인되지 않지만, 반(牛)신화적인 용어들과 함께 "큰물"(great water)로부터의 구원이 묘사된다. 고려의 대상이 되는 구절들은 다음과 같다.

> 16 이럴 때에 야웨의 꾸지람과
> 콧김을 인하여(מִנִּשְׁמַת רוּחַ אַפּוֹ)
> 물 밑이 드러나고
> 땅의 기초가 나타났도다.
> 17 저가 위에서 보내서 나를 취하심이여,
> 많은 물에서 나를 건져 내셨도다(삼하 22:16-17).

---

9) 시 18편의 중복에 해당하는 이 시의 연대를 위해서는 다음을 참조하라. A. Weiser, *Introduction to the Old Testament* (London: Darton, Longman & Todd, 1961), 168-169.

루아흐의 의미 결정은 "네샤먀"(נְשָׁמָה)라는 단어 때문에 매우 수월하다, 이 단어는 구약에서 오직 호흡하는 육체적인 활동이란 의미로만 사용된다. 따라서 "민니쉬마트 루아흐 아포"(מִנִּשְׁמַת רוּחַ אַפֶּךָ)라는 문구는 바람을 뜻할 수 없고, 반드시 문자적으로 "그의 콧김의 내쉼으로부터"로 번역되어야만 한다.[10] 이는 위에서 말한 출애굽기 15:8에 대한 해석의 추가적인 증거 역할을 한다. 현재의 본문은 일반적으로 물로부터의 구원이라는 상황을 전제한다. 그러나 출애굽기 15장과는 다르게 야웨의 분노뿐만 아니라 야웨의 능력도 루아흐로 표현되고 있다. 왜냐하면 루아흐는 "꾸짖다"(rebuke)와 평행을 이루기 때문이다. 적들을 신화적 용어인 "바다"로 표현하고 있는 이 본문은 루아흐를 신적인 바람으로 해석할 수 있는 최대의 가능성을 제공한다. 그러나 "아프"(אַף, 코, 분노)와 "네샤마"(נְשָׁמָה, 숨)가 루아흐를 꾸며주고 있기 때문에 이러한 가능성은 배제된다. 더욱이 성서 저자는 결정적으로 사무엘하 22:11에서 바람에게 야웨가 왕을 구원하기 위해 올 때 올라타는 교통수단 정도의 대수롭지 않은 역할을 부여함으로써 바다와의 싸움에서 그것이 어떠한 역할도 담당하지 않도록 배제하고 있고, 승리자와 해방자의 역할은 오직 야웨께로만 돌리고 있다.[11] 따라서 여기서 루아흐는 비록 추가적으로 노여움 또는 분노의 뉘앙스를 지니기는 하지만 출애굽기 15

---

10) 야웨의 개입을 통하여 적으로부터 기적적인 구원을 경험한 왕은 자신의 경험을 갈대바다에서 이스라엘이 경험한 기적적인 횡단(출 15:16ab)의 관점에서 묘사했을 가능성이 매우 높다. 단지 그는 출 15장보다 오히려 바빌론의 창조 신화와 더 직접적으로 연관성이 있는 단어를 사용한다. 예를 들어 "많은 물"(great waters), "꾸짖다"(rebuke). "건져 내셨도다"(יַמְשֵׁנִי)라는 단어는 모세에 대한 언급일 수 있다.

11) 참조. D. Lys, Ruach, Le Souffle dans l'Ancien Testament, 31.

구약의 성령론

장에서와 같이 구원하시는 야웨의 권능을 의미한다. 바람에 대한 어떠한 암시도 배제된다.

B. 생명을 주는 호흡

고대 근동의 본문들 속에서 자주 발견되는 두 번째 중요한 개념, 즉 모든 피조물의 코에 있는 호흡과 같은 생명을 부여하는 신적인 호흡은 이 시기의 성서 본문 어디에서도 발견되지 않는다. 이와 가장 근접한 것이 있다면 창세기 6:3이며, 이 본문은 이와 관련된 본문인 창세기 2:7과 함께 이 시기의 과도기적 본문들로서 간주되어야만 한다. 그러나 창세기 2:7의 창조 이야기(J)에서 루아흐는 전혀 언급되지 않는다. 루아흐는 바람으로도, 야웨의 호흡으로도 또는 인간의 호흡으로도 전혀 언급되지 않는다. 이것은 마치 저자가 모든 코에 신들의 호흡이 있다는 비성서적인 생각, 즉 루아흐를 사용함으로 말미암아 쉽게 제기될 수 있는 사상들을 의식하여 의도적으로 기피하고 있는 것처럼 보인다. 또한 창세기 6:3도 이러한 사상이 이스라엘 문학으로 유입되는 도입점 역할을 하지는 않는다. 하나님의 독특한 영이 이 본문에는 나타나지 않는다. 더욱이 이 본문이 나타내는 바로 그 의미가, 신적인 영과 인간의 영 사이에 연속성이 존재한다는 그 어떠한 생각도 허용하지 않고 있다. 이 본문의 요점은 성서 저자에 의해 사용된, 초기 성서의 신화에 의해 제안된 방식으로 인간이 신성을 공유할 수 없다는 것이다. 하나님이 인간을 창조한 창조자이자 인간의 소유자라는 의미에서 인간의 영은 하나님의 영이다. 사람의 영과 호흡은 그의 원천인 하나님으로부터 발산(emanation)이 아닌 창조(creation)를 통하여 기원한다. 신적인 호흡, 즉 야웨의 영은 자연 세계 안에 있는 바람 또는 모든 피조물의 코의 호흡으로 이 세상에 널리 퍼져 있는 것이 아니다. 결론적으로 창조주와 그의 피조물 사이의 넘을 수 없는 간격에 대한 야웨 신앙의 강조가 이스라엘 내에서 신적인 호흡이 자연 세계의 바람 또는 모든 피조물의 콧김으로 존재한다는 그 어떠한 생각도 발전하지 못하도록 막았다.

C. 하나님의 영 개념의 기원

가장 초기 시대로부터 유래된 매우 많은 성서 본문들이 묘사하는 하나님의 영에 대한 예비적 단계의 개념을 고대 근동에서는 찾아볼 수 없다. 장로들 위에 또는 사사들 위에, 발람 위에 또는 사울 위에 나타난 하나님의 영은 현존하는 그 어떤 고대 근동 문헌에서도 비슷한 유례를 찾을 수 없는 완전히 새로운 것이다. 이스라엘이 분명히 갈대바다에서 하나님의 고유한 권능을 그의 루아흐, 즉 그의 영으로 불렀다고 결론지을 수 있다면, 출애굽기 15:8, 10은 사무엘하 22:16과 함께 성서가 말하는 하나님의 영과 고대 근동의 주변 국가들 속에 있던 유사한 개념들 사이의 관계를 설명해줄 수 있을 것이다. 더욱이 그것들은 하나님의 영에 대한 개념의 기원을 밝히는 데 가치가 있는 단서들을 제공한다. 말하자면 하나님의 영이 계시를 통해 이스라엘에 왔다고 할지라도, 이스라엘은 그들이 태동했던 세계에서 존재하고 있었던 신적인 바람이란 개념을 알게 되면서 이러한 새로운 것을 이해할 준비가 되어 있었다.

구약의 하나님의 영은 신인동형론(anthropomorphism)적으로 파생되었다고 주장되어왔다. 즉 인간은 자신 안에 숨이 있다는 사실을 인식했을 때 그 숨이 하나님으로부터 왔다고 생각했다. 동일한 방식으로 손과 얼굴 등도 하나님께로부터 왔다고 생각했다. 사람 안에 있는 숨이 영으로 간주되면서 하나님의 숨도 영으로 간주되었다. 그러나 하나님의 영이라는 개념이 신인동형론에서 생겨났다는 이론은 아주 설득력이 없는 것으로 취급되었다.[12] 인간의 숨이라는 의미를 포함하는 루아흐는 구약에서 상대적으로 후대의 생각이다. 그리고 루아흐는 항상약하고 불확실한 것을 의미할 때 등장한다.[13] 이 때문에 루아흐가 야웨를 신인동형론적으로 묘사하면서 생겨났을 가능성은 없다. 리스(Lys)는 사람의 루아흐 개념이 인간의 영으로부터 기원한 것이 아니라, 반대로 하나님의 루아흐라는 우선적 개념으로부터 기원했음을 주장하면서 오히려 "테오모르피즘"(theomorphism, 신의 속성을 인간에게 부여함)[14]을 말한다.

신적인 바람에 대한 초기 이스라엘적인 개념과의 명백한 유사성 때문에 출애굽기 15:8, 10은 구약의 하나님의 영에 대한 초기 이스라엘적배경으로서 신적인 바람을 의미한다. 그러나 가장 오래된 구약 문헌이태동한 시대에 "신적인 바람"과 그 기능들은 이스라엘의 하나님의 호흡개념 속으로 흡수된다. 하나님의 영이라는 개념의 근원(the source)이초기 이스라엘의 신적인 바람이란 개념 속에서 발견되긴 하지만, 그럼에도 유일신 신앙(monotheism)의 영향 아래에 있는 언약신앙(covenant faith) 속에서 명백히 발견된다. 그 근원이었던 것은 본질적이고 근본적으로 변형되어 구약이 하나님의 영이라고 묘사하고 있는 것으로 변화되었다.

---

12) 참조. D. Lys, *Ruach, Le Souffle dans l'Ancien Testament*, 335.

13) 참조. D. Lys, *Ruach, Le Souffle dans l'Ancien Testament*, 348ff.

14) D. Lys. *Ruach, Le Souffle dans l'Ancien Testament*, 57에서 그리고 자주 다른 곳에서도.

II. 혁신(Innovation)

안정되지 않았던 초기 단계의 새로운 움직임들은 아직 다듬어지지 않아서 거칠고 과격한 경향이 있다. 당시에 존재하던 종교 세계와는 대조적으로 야웨 신앙(Yahwism)은 거의 혁명에 가까운 혁신적인 종교였다. 초기의 야웨 신앙은 새로운 운동으로서의 자신의 특징을 유지하면서 종종 활력적이고 폭발적인 특징들을 보여주었다. 대개 그러한 과격하고 거친 힘은 하나님의 영의 출현과 관련된 문맥들 속에 집중되어 있다. 영이 그의 대상을 압도하고 지배한다면, 그리고 영의 출현이 거칠고 과격하거나 혹은 영의 강림의 영향이 오직 외적이거나 일시적인 것이라면, 그 하나님의 영은 이 초기 시기의 특징들을 드러내고 있는 것이다.

A. 지배하는 능력으로서의 영(민 24:2; 11:17, 25, 26, 29)

이 시기에 해당하는 대부분의 본문들은 하나님의 영을 비정상적인 형태로 그들의 대상들을 사로잡고 지배하거나 또는 대항하는 자연의 요소들을 압도하는 능력으로 표현한다. 움직임의 자유로움은 온전히 신의 결정에 의한 것이지, 결코 인간에 의해서 통제되거나 강요 또는 지시될 수 있는 것이 아니다. 영은 하나님이 원하는 곳으로 움직인다. 그리고 영이 임하는 것도 결코 예견되거나 방해받을 수 없다. 대상들을 덮치고 지배하는 영의 경향은 이 시기에 속하는 두 본문, 즉 출애굽기 15:8, 10 그리고 사무엘하 22:16에 나타난다. 이 본문들은 위에서 논의한 바와 같이 영을 자연 세계의 세력들과 맞서는 것으로 묘사한다. 이 본문들 속에서 루아흐는 야웨의 호흡으로서 야웨와 매우 밀접히 연관되어 있다. 야웨의 호흡이란 야웨의 충만한 능력이 한편으로는 자신의 백성을 구원하기 위하여, 다른 한편으로는 그의 왕을 구원하기 위하여 물에 대항한다는 사실을 표현하기 위한 상징이다.

그러나 이 시기의 대부분의 본문들은 야웨의 능력, 즉 그의 영을 인간들과 관련하여 말한다. 압도하는 능력으로서의 영의 본질은 매우 다채로운 방식으로 여러 본문들 속에서 나타난다.

이 시기의 가장 이른 본문들 중의 하나인 민수기 24:2[15]은 이러한 영의 측면을 잘 설명해준다. 모압 왕 발락은 이스라엘을 저주하기 위해 메소포타미아의 점쟁이인 발람을 고용한다. 그러나 그는 아무것도 말할 수 없었고, 오직 야웨께서 그의 입에 두신 축복만을 발설할 수밖에 없었다(민 23:12, 26 등등). 민수기 24:2에는 다른 표현이 나온다. "하나님의 영(רוּחַ אֱלֹהִים)이 그 위에 임하신지라." 이 구절은 발람이 발락의 메시지가 아닌 야웨의 메시지를 전했기 때문에 야웨의 영에 의해 영감되었음을 의미하는 것으로 해석될 수 있다. 그러나 민수기 23:5, 12, 16, 17, 26에서는 영의 중재 없이 야웨가 메시지의 근원으로 언급되고 있기 때문에, 구약에서 황홀경 상태를 가장 완벽하게 설명하고 있는 3-4절에서 묘사된 황홀경 상태는 영이 일으킨 것이라고 가정하는 것이 더 바람직하다.

---

15) 이 본문에 대한 초기 연대 설정을 위해서는 다음을 참조하라. A. Weiser, *Introduction to the Old Testament*, 105; F. M. Cross/ D. N. Freedman, "The Song of Miriam," 240은 출 15장과 삿 5장 그리고 발람 신탁 사이에 유사성이 있다고 보고, 이것들을 "12세기 이후의 비슷한 시기에" 생성된 것들로 간주한다. 물론 산문적 도입부는 그보다 더 후대의 것이 되어야 한다. 그러나 이 도입부는 초기시기에 속하는 사무엘 본문들보다는 늦지 않을 것으로 보인다.

이러한 생각은 발람이 전과 같이 점술을 쓰지 않고, "그의 낯을 광야로 향하였다"라고 언급하는 민수기 24:1에 의해 지지를 얻는다. 아마도 이 구절은 황홀경 상태로 나아가는 예비적 단계를 가리킨다고 볼 수 있다. 황홀경 상태가 하나님의 영에 의해 유발된다는 결론은 3-4절이 하나님의 영에 대한 언급 없이 4번째 신탁(15-16절)에서 반복된다는 사실과 모순되지 않는다. 아마도 1-2절은 3번째와 4번째 신탁에 대한 서론일 것이다. 왜냐하면 4번째 신탁 이전에 더 이상의 서론은 존재하지 않기 때문이다.

따라서 여기서 하나님의 영은 발람이 하나님의 말씀을 듣고 환상들을 볼 수 있게 만드는 황홀경적 관찰 상태를 일으키는 것으로 간주된다. 이러한 점에서 2절에서 언급된 하나님의 영은 주요한 예언의 시기 동안에서와 같이 말씀에 영감을 주는 것이 아니라, 오히려 이른 시기를 특징짓는 "열광"(enthusiasm)을 유발한다.

구약에서 유일하게 비종말론적인 문맥 속에서 하나님의 영과 비 이스라엘을 연결 짓고 있는 이 본문에서 하나님의 영은 원하지 않는 주체를 사로잡고, 그를 자신의 의도와는 상반되게 사용한다. 이것은 이른 시기의 하나님의 영이 "지배하는" 성질을 가지고 있었음을 적절하게 보여준다.

영이 갑작스럽게 임하고, 영의 강림을 예측할 수 없다는 점에서 또다시 동일하게 영의 "지배하는" 특징이 드러난다. 주술로 영을 불러내거나 마음대로 조종할 수 없다는 사실을 강조하고 있는 이 요소는 위에서 묘사했던 민수기 24:2에서 특히 분명하게 나타난다. 이 요소는 또한 "예언"(prophesying) 즉 부수적 현상인 황홀경 상태를 묘사하는 본문인 민수기 11:17, 25, 26, 사무엘상 10:6, 10, 19:20, 23에서도 나타난다. 마지막으로 이 요소는 분명한 예고 없이 영이 임하거나 영이 야웨의 선택된 사람을 사로잡는 이야기가 나오는 사사기나 사무엘서의 본문들 속에서도 나타난다(삿 3:10; 6:34; 11:29; 13:25; 14:6, 9; 15:14; 삼상 11:6; 16:13).

이스라엘 역사에서 실제로 일어났던 사건에 대한 묘사로 이해되어야만 하는[16] 민수기 11:16-30(E)은 계획되지 않고(인간적인 입장에서) 또

---

16) 몇몇 학자들은 민 11장이 출 16장과 18장에 묘사된 실제 사건에 대한 후대의 재작성이라고 간주한다. 왜냐하면 엘로힘 자료는 예언자들에게 관심이 있다고 알려져 있기 때문에 그리고 출애굽기에는 예언자들이나 영에 대한 언급이 없기 때문에, 이야기의 이러한 요소들은 역사적인 근거가 없다. 다만 후대에 편집자에 의해 보충된 것으로 간주된다. 예를 들어 D. Lys, *Ruach, Le Souffle dans l'Ancien Testament* (각주 1번), 62는 민 11장을 출 18장에 대한 새로운 편집이라고 부르고, 이 편집을 기원전 8세기의 것으로 연대를 설정하는 것처럼 보인다. W. Eichrodt, *Theology of the Old Testament* I (London: SCM Press, 1961), 310은 영의 사로잡힘(spirit-possession)을 훨씬 더 후대로 연대를 잡는다. 또한 J. Lindblom, *Prophecy in Ancient Israel* (Philadelphia: Fortress Press, 1962), 101-102는 이를 기원론적인 이야기(an aetiological narrative)로 간주하기 때문에 "역사적인 기록으로서 사용될 수 없으며 황홀경적 예언의 진정한 기원에 대해서 아무것도 가르쳐줄 수 없다"고 보았다. 무엇보다도 여기서 변호될 수 있는 유일한 한 가지는 영(spirit)이 명백하게 눈에 보이는 영향들을 수반하여 이스라엘에게 나타났을 때 발생했던 몇몇 사건들에 대한 역사성이다. 이 사건들이 시내산 사건 이전이든 이후이든 그것은 중요하지 않으며, 찬성이냐 반대냐는 논의되지 않을 것이다. 만약에 민 11장에서 영이 편집자의 추가로 간주된다면 다음의 네 가지 질문들이 고려되어야만 한다. (1) 엘로힘 자료가 "예언자들"에게 관심이 있기는 하지만(참고로 예를 들자면 창 20:7; 출 33:11; 민 12:6 이하 그리고 신 34:10), 이러한 본문 어디에서도 영은 언급되지 않는다. 그렇다면 왜 후대의 엘로힘 편집자(8세기)가 민 11장에 영을 추가했다고 추정되어야만 하는가? (2) 황홀경 예언자들과 "예언하는 것"이 악평을 받고 있던 때에 살고 있었던 후대의 편집자는 왜 이러한 눈에 보이는 "예언 행위"를 모세와 장로들에 대한 카리스마의 표적으로 사용하고 있는가(비록 모세는 예언을 하지 않지만, 동일한 영이 그 위에 임한 것처럼 보인다)? 황홀경 예언을 불신하는 과정은 "예언"을 선포하지 않았던

저항할 수 없는 영의 특성을 보여주는 대표적인 본문이다.

이 이야기는 백성을 이끄는 일을 돕기 위해, 모세를 돕는 자로 선택되어 명단에 적힌 이스라엘의 장로들 중에서 70명을 선출하는 이야기와 관련이 있다. 야웨 자신이 권위를 부여하겠다고 약속한다.

17 내가 강림하여 거기서 너와 말하고 네게 임한 영을 그들에게도 임하게 하리니 그들이 너와 함께 백성의 짐을 담당하고 너 혼자 담당하지 아니하리라(민 11:17).

모세는 70명의 장로들을 불러 모았고, 그들은 장막 주변에 모였다.

25 여호와께서 구름 가운데 강림하사 모세에게 말씀하시고 그에게 임한 영을 칠십 장로에게도 임하게 하시니(וַיָּאצֶל מִן־הָרוּחַ אֲשֶׁר עָלָיו וַיִּתֵּן) 영이 임하신 때(נוּחַ)에 그들이 예언을 하다가 다시는 하지 아니하였더라(וַיִּתְנַבְּאוּ וְלֹא יָסָפוּ). 26 그 기명된 자 중 엘닷이라 하는 자와 메닷이라 하는 자 두 사람이 진영에 머물고 장막에 나아가지 아니하였으나 그들에게도 영이 임하였으므로 진영에서 예언한지라. 27 한 소년이 달려와서 모세에게 전하

엘리야와 엘리사 시대에서부터 이미 진행되었을 것이다. 이러한 경향은 아마도 바알 예언자들에 대한 반대의 영향 때문일 것이다(참조. 왕하 9:11). 어쨌든 이미 존재하던 민 11장과 같은 전승이 없이 기원전 850년 이후의 한 편집자가 모세와 장로들에 대한 이러한 종류의 인증을 제공하려고 했다고 믿기는 어렵다. 엘닷과 메닷을 포함하고 있는 민 11:26-30과 같은 이야기를 후대의 작품이라고 믿는 것이 가능한가? 이러한 가정은 문제를 해결하기보다는 오히려 문제를 더 어렵게 만든다. 오히려 이스라엘의 정복 이야기 전에 하나님의 영이 명백하고 완전히 납득할 수 있는 방법으로 이스라엘 가운데에 나타나셨다고 믿는 것이 더 적절해 보인다.

구약의 성령론

여 이르되 "엘닷과 메닷이 진중에서 예언하나이다" 하매 28 택한 자 중 한 사람 곧 모세를 섬기는 눈의 아들 여호수아가 말하여 이르되 "내 주 모세여, 그들을 말리소서." 29 모세가 그에게 이르되 "네가 나를 두고 시기하느냐? 여호와께서 그의 영을 그의 모든 백성에게 주사 다 선지자가 되게 하시기를 원하노라." 30 모세와 이스라엘 장로들이 진중으로 돌아왔더라(민 11:25-30).

이곳에는 영에 대한 몇 가지 정보들이 암시되어 있다. 구약에서 단지 4번 사용된 동사인 "아찰"(אצל)은 "철회하다"(withdraw)의 의미를 가질 수 있다. 그러나 창세기 27:36을 근거로 하면 "보류하다"(withhold)가 더 적절해 보인다. "나를 위하여 빌 복을 남기지 아니하셨나이까"(참조. 전 2:10 "내 마음이 즐거워하는 것을 내가 막지 아니하였으니", 또한 겔 42:6 "그 상층이 하층과 중층보다 더 좁아짐이더라"). 17절과 25절의 동사는 야웨께서 모세에게서 이미 그에게 속했던 자신의 영을 떼어내었다는 것을 말하려는 것이 아니라, 야웨께서 장로들에게 영을 주기 위해 모세에게 지속적으로 허락되었던 영의 일부를 남겨두셨음을 말하고 있는 것이다. 이 동사는 이 루아흐가 모세가 한때 소유했었던 것이거나 또는 자유로운 대행자(free agent)라는 사실을 가리키는 것이 아니라, 지금 그 영이 장로들에게 분여될 것임을 가리키는 것이다. 반대로 이 동사는 다음을 강조한다.

(1) 무엇보다 하나님 자신의 결정에 의해 모세나 장로들과 같이 야웨가 원하는 자들에게 수여되는 것은 바로 야웨의 영이다. (2) 그 영은 어느 누구에 의해서도, 심지어 모세에 의해서도 소유되지 못했으며, 오히려 야웨의 결정에 따라 전체 또는 부분적으로 보류될 수 있는 지속

적으로 갱신되는 은사(gift)다. (3) 모세 위에 임한 것이나 장로들 위에 임한 것은 모두 동일한 영이다. 25절과 26절에서 사용된 "안주하다", "머무르다"를 의미하는 동사 "누아흐"(נוח)는 영의 지속적인 현존을 가리킨다. 그러므로 영이 동반된 "예언"(prophesying)은 중지되었지만 영의 카리스마는 계속되었다.

"예언하는 것"(prophesying)이 어떤 형태를 취했느냐의 문제는 결정하기가 어렵다. 아마도 그것은 말하기(speech)의 형태였거나 또는 다른 사람들의 눈에는 황홀경 상태로 보였을 것이다. 그것은 전염성이 있었으나, 통제되는 것이었다는 점은 26-30절에 나타나 있다. 왜냐하면 엘닷과 메닷은 명단에 기록된 사람들 중의 일부였기 때문이다. 특히 그것은 25절에 나타난 영의 은사와 연관된 것이었다. 민수기 11장에서 영은 결코 폄하되지 않는다. 민수기 11장은 예언이 특별한 시기에 이스라엘에게 영의 실재와 은사의 진정성을 보여주는 과정에서 동반된 이례적인 현상들로서 하나님에 의해 수여되고 계획된 것이라는 결론으로 이끈다.[17]

이와 같은 눈에 보이는 현상이 없었다면 영의 임재를 증명하는 것은 매우 어려웠을 것이다. 특히 이스라엘 역사의 초창기에 개인들 위에 수여되었을 경우에는 더욱 그랬을 것이다. 그러나 그들이 예언을 중단했다는 사실은 그 예언이 단지 권위 있는 은사의 확증으로서 특별한 시기에 주어졌다는 것을 의미하는 것이다. 따라서 영이 계속해서

---

17) J. Calvin, *Commentary on the Four Last Books of Moses* (Grand Rapids: Eerdmans, 1959), Vol. IV, 35는 다음 같이 말한다. "하나님께서는 두 남자를 진영 (Camp) 안에 있도록 하셨다. 왜냐하면 하나님은 성막 밖에 있었던 모든 백성들에게 하나님께서 장로들에게도 위임을 하시고 계심을 보여주기를 원하셨기 때문이다."

구약의 성령론

부수적 현상으로 동반되거나 또는 계속해서 확증을 위해 나타난다고 생각해서는 안 된다. 또한 외적으로 드러나는 현상의 중단은 장로들의 소명이 예언자의 소명이 아니었다는 것과, 그 예언이 사람들 앞에서 그들을 재판관들로서 인증했음을 보여준다.

전체적인 이야기는 그 영이 사람들을 사로잡고 통제하는 하나의 능력인 것처럼 보여주지만, 26-27절에 나타난 분명한 진술은 영의 수여가 특별하게 하나님의 주권에 의해서 일어났음을 강조한다.

민수기 11장에서 29절만 예언하는 것(prophesying)이 아니라 예언자들(prophets)을 언급하고 있기 때문에, 이것은 우리가 논의하고 있는 이른 시기보다는 오히려 고전적 예언자의 시기를 가리키고 있는 것으로 보인다.[18]

---

18) 만일 모세가 칠십 장로들과 엘닷, 메닷이 영의 은사를 동반하고 외부적으로 드러나는 방식으로 "예언했던" 방식과 동일하게 "다 예언자들이 되게 하시기를 원하노라"라고 말하지 않았다면 "예언자"라는 단어는 문맥상 잘 어울리지 않는다. 이 본문 어디에도 예언자들은 없다. 단지 "예언하는" 장로들만이 있을 뿐이다. 그러나 여기서 "예언하는 것"은 고전적 예언자들의 "예언하는 것"을 의미하지 않고, 다만 격렬한 행위를 뜻하는 단어인 "이트나베우"(יִתְנַבְּאוּ)의 번역에 불과하다. 이와 동일한 단어가 왕상 18:29에서는 "미친 듯이 떠드는 것"(raving)으로 번역된다. 그러나 만약에 모세가 "예언자"를 언급하면서 격렬한 의미의 "예언하는 것"을 의미하지 않았다면 이 단어가 여기에 들어가 있는 것에 대한 유일한 다른 설명은 황홀경 예언자(ecstatic nebiim)를 인증할 목적으로 후대에 삽입된 것으로 보는 것이다. 그렇게 되면 이 구절에서 오직 영의 선물에 대해서 이야기하고, 이스라엘에 있는 모든 사람들이 영의 선물을 받는 날을 고대하는 모세만이 남는다.

B. 영의 출현의 격렬한 측면들(삿 6:34; 13:25; 14:6, 19; 15:14; 삼상 10:6, 10; 11:6; 19:20-24)

거칠고, 과격하고, 거의 난폭하기까지 한 이 시기의 영의 특징은 인간을 지배하는 영의 경향과 밀접하게 관련이 있다. 주로 영의 강림을 묘사하기 위해 사용된 단어들 속에서 이러한 경향들이 감지되지만, 인간에게 미치는 영향들 역시 자주 열광적이고 폭발적인 특성을 보인다.

한 예로 사사기 6:34("여호와의 영이 기드온에게 임하시니", וְרוּחַ יְהוָה לָבְשָׁה אֶת־גִּדְעוֹן)[19]은 독특한 동사인 "라바쉬"(לָבַשׁ)를 사용한다. 이 동사는 일반적으로 "위에 입다", "걸치다", "옷을 입다", "옷 입혀지다"를 뜻하는 단어이다.[20] 이 단어는 영이 기드온으로 하여금 군사적 기량을 발휘할 수 있도록 몰아가기 위해 그를 사로잡았던 것과 같은 영의 사로잡음(possession)의 격렬함(violence)을 나타낼 뿐만 아니라, 개인들이 야웨의 영에 의하여 도구나 수단으로서 사용되었다는 사실을 알려준다.[21]

---

19) 삿 3:10; 6:34; 11:29; 13:25; 14:6, 19; 15:14의 연대에 관해서는 다음을 참조하라. A. Weiser, *Introduction to the Old Testament*, 149-153. 소위 "신명기적 구성"(Deuteronomic Framework)에서뿐만 아니라, 모든 경우의 이야기 본문에서도 그리고 특히 모든 이야기에서 야웨의 영이 발견되지 않기 때문에(만일 편집상 삽입되었다고 말한다면 논리적일 수 없는 에훗 또는 삼갈 또는 드보라에서도 영은 발견되지 않는다) 하나님의 영의 개념은 그 이야기 자체와 같은 시대의 것으로 추정된다. 그것들은 아마도 실제 사건과 근접한 시기에 생겨났을 것이다.

20) 70인역(LXX)인 ἐνδυναμόω가 눅 24:49에서 사용되었다. "볼지어다! 내가 내 아버지의 약속하신 것을 너희에게 보내리니 너희는 위로부터 능력으로 입혀질 때까지 이 성에 유하라 하시니라"

21) BDB, 528은 이것을 "그리고 여호와의 영이 기드온으로 옷을 입었다"라고 번역하고, G. F. Moore를 언급하면서 "그를 취했다"(took possession of him)로 설명한다. M. Buber, *The Prophetic Faith* (New York: Harper and Row, 1949), 60은 다음과 같이 말한다. "그의 격렬한 호흡, 즉 '여호와의 루아흐'가 그가 선택한 자 위에 밀

삼손의 경우, 사사기 13:25은 그의 초자연적인 탄생 이야기 후에 "소라와 에스다올 사이 마하네단에서 여호와의 영이 그를 움직이기 시작하셨더라"(וַתָּחֶל רוּחַ יְהוָה לְפַעֲמוֹ)라고 말한다. 이때의 동사 "파암"(פַעַם)은 구약 전체에서 오직 네 번만 사용된 단어이다. 그런데 이 동사는 항상 "번민하다"(to trouble)라는 의미로 사용된다(창 41:8; 시 88:5; 단 2:1, 3). 여기서 이 동사는 영의 번민, 즉 육체적 용맹스러움 뒤에 이어질 격렬한 행동들을 예상하면서 생겨난 불안감을 말하고 있음이 틀림없다. 다음의 세 구절인 사사기 14:6, 19, 15:14 모두 동일한 형식을 취하고 있다. "여호와의 영이 그에게 강하게 임하니"(וַתִּצְלַח עָלָיו רוּחַ יְהוָה). 문자적으로 "강하게 임하다"(rush upon)라는 동사는 영이 임재할 때 나타나는 과격한 징후를 다시 한번 가리킨다. "옷 입다"라는 동사와 마찬가지로 이 동사는 영이 삼손 안에서 역사함으로써 그를 변형시키신 것이라기보다는 오히려 외적인 방법으로 삼손을 사용했음을 의미한다. 각각의 경우에 있어서 삼손은 사자를 두 쪽으로 찢고, 아글론 사람 삼십 명을 치며, 자신을 포박하는 데 사용되었던 가죽 끈을 끊음으로써 그에게 영이 임했다는 증거를 제시한다.

사무엘상 10:6, 10[22]은 사무엘에 의해서 사울이 최초로 기름 부음

려들었고 그를 붙잡았다. '임하다'(삿 6:34) 그리고 그의 검은 곧 여호와 자신의 검이다.…" J. M. Myers, *I Chronicles* (Garden City: Doubleday, 1965), 97은 이와 동일한 동사를(대상 12:29에서 아마새와 함께 사용된) 다르게 번역한다. "'한 영이 아마새를 옷 입혔다'는 구약의 영감과 계시에 대한 가장 중요한 개념이다.…그리고 성육신 사상의 선구자일 것이다."

22) 사무엘상 본문들(삼상 10:6, 10; 11:6; 16:13-14; 19:20, 23)의 연대를 위해서는 A. Weiser, *Introduction to the Old Testament*, 162-167을 참조하라.

을 받는 장면을 묘사하는 부분이다. 사무엘상 10장은 기름 부음으로
시작한다(1절). 그런 다음에 사무엘은 사울에게 그가 찾고 있던 나귀들
과 관련하여 사울이 음악을 동반하여 예언하는 예언자 무리를 만나게
될 것이라고 설명한다.

> 6 네게는 여호와의 영이 크게 임하리니(וְצָלְחָה) 너도 그들과 함께 예언을
> 하고(וְהִתְנַבִּיתָ עִמָּם) 변하여 새 사람이 되리라(삼상 10:6).

7-8절에서 그 이후의 행동에 대한 지시를 한 다음에 9절 이하가 이
어진다.

> 9 그가 사무엘에게서 떠나려고 몸을 돌이킬 때에 하나님이 새 마음을 주셨
> 고 그날 그 징조도 다 응하니라. 10 그들이 산에 이를 때에 선지자의 무리
> 가 그를 영접하고 하나님의 영이 사울에게 크게 임하므로 그가 그들 중에
> 서 예언을 하니(וַתִּצְלַח עָלָיו רוּחַ אֱלֹהִים וַיִּתְנַבֵּא בְּתוֹכָם) (삼상 10:9-10).

여기서 사용되고 있는 표현은 사사기 14:6, 19에서 삼손에게 (그리
고 또한 삼상 16:13에서 다윗에게) 사용된 것과 동일하며, 영에 의한 동일
한 사로잡힘과 언제 출현할지 알 수 없는 영의 예측 불가능성을 나타
내고 있다는 점이 꼭 언급되어야만 한다. 그러나 사울의 경우 사사들
에게서는 나타나지 않았던 "예언하는 것"(prophesying)이 추가된다. 아
마도 백성들로 하여금 사울이 사사들의 방식에 따라서 그들의 지도자
가 될 뿐만 아니라, 왕정이 이스라엘의 새로운 제도로서 시작되었음을
확신하도록 만들기 위해서는 "예언하는 것"과 사무엘상 11:6에 묘사되

어 있는 군사적 능력의 발휘가 모두 필요했을 것이다.

사무엘상 11:6을 보면 다음과 같다. "사울이 이 말을 들을 때에 하나님의 신에게 크게 감동되매(תִּצְלַח) 그 노가 크게 일어나서." 사울은 암몬 사람들에 의해 포위된 길르앗-야베스를 돕기 위해 이스라엘 사람들을 불러 모은다. 사사들의 이야기들과 유사한 점은 명백하다. 이에 대해서는 위에서 모두 언급되었다. "이러한 하나님의 능력의 갑작스러움과 인간의 인격성을 압도하는 다급함, 그리고 인간을 통제하는 완전한 다스리심"[23]이 특히 분명하다.

마지막으로 사무엘상 19:20-24에는 좀 더 낯선 이야기가 등장한다. 사울이 다윗을 잡아들이기 위해 신하들을 보냈을 때 그들은 예언자 무리를 만나게 되는데, 그때에 "하나님의 영이 사울의 전령들에게 임하매 그들도 예언을 하였다." 이러한 일은 두 번째 신하들에게도, 그리고 세 번째 신하들에게도 일어났다. 최종적으로 사울 자신이 라마로 갔을 때 "하나님의 영이 그에게도 임하시니 그가 라마 나욧에 이르기까지 걸어가며 예언을 하였으며 그가 또 그의 옷을 벗고 사무엘 앞에서 예언을 하며 하루 밤낮을 벗은 몸으로 누웠다."

이 단락은 영과 관련한 사울 시대의 일반적인 경향, 즉 하나님의 영이 임하면 황홀경 상태를 유발하거나 또는 "예언하는 것"(20절, יִתְנַבְּאוּ)이라 불리는 비정상적인 상태를 유발한다는 것을 보여준다. 사울의 행동에 대한 묘사는 이른 시기에 일어난 영의 사로잡음이 과격했다는 느낌을 강조한다.

---

23) W. Eichrodt, *Theology of the Old Testament* I, 315.

C. 영의 작용의 외적 영향

외적 영향(Externality)이란 단어는 상대적인 용어이다. 영의 작용의 외적 영향에게 대하여 말하기 위해서는 영이 임하면서 인간과 자연 모두에 깊고도 원대한 변화를 일으켰던 후대의 시기들과 비교를 해야만 한다. 이 시기에는 이러한 것들이 결코 명확하지 않다. 하지만 그렇다고 해서 영의 작용이 외관적이었다고 말하는 것은 아니다. 영의 작용은 왕성하면서도 강력하고 통렬했다. 거대한 물들도 영에 대항하여 맞설 수 없었다. 발람이 공들여 준비한 이스라엘에 대한 저주는 야웨의 영의 강림에 의해 휩쓸려 나갔다. 사사들은 그 영에 의해 사로잡혔고 그리고 강력한 군사적 행동을 실행하기 위해 움직였다. 그렇기 때문에 영이 임했을 때의 특징은 피상적이지도, 약하지도, 그리고 소심하지도 않았다.

그러나 외적 영향은 영의 강림이 거의 예외 없이 일시적인 현상이었음을 나타낸다. 그리고 영에 의한 사로잡힘은 지속적인 것이 아니었고, 인간과 그의 환경 속에서 내적인 변화를 일으키지도 않았다.

발람의 이야기(민 24:2)에서 등장하는 영의 강림은 분명히 일시적인 것이다. 영이 기드온과 삼손 위에 임했을 때 사용되었던 이례적인 동사들(감동하고, 옷 입히고, 강하게 임하고)은 그것이 영원한 은사가 아니었음을 알려준다. 영의 사로잡힘의 폭발적인 영향들은 4명의 사사들뿐만 아니라 사울에게도 동일하게 임했던 것으로 보인다. 그러나 사무엘상 16:14의 분명한 진술인 "여호와의 영이 사울에게서 떠나고"는 적어도 사울이 이스라엘의 초대 왕으로서 그의 능력에 있어서 지속적인 재능으로서의 영을 받은 것으로 간주되었음을 알려준다. 오직 영이 지속적인 은사로 간주되었을 경우에만 영이 그를 떠났다는 사실을 언급할 필요가 있었을 것이다.

비록 예언하는 것이 분명히 순간적인 것으로 묘사되고 있음에도 불구하고, 민수기 11장에서 모세뿐만 아니라 장로들은 지속적인 은사로서의 영을 받는다. 결국 창세기 41:38에서 요셉과, 사무엘상 16:13에서 다윗 위에 임했던 카리스마적인 영은 지속적인 선물이었다. 사무엘상 16:13에 나오는 특별한 언급인 "이날 이후로 [계속해서]("계속해서"라는 표현이 우리말 개역개정에서는 누락됨-역주) 다윗이 여호와의 영에게 크게 감동 되니라"는 말은 이전에(사사들 위에) 임했던 영은 일시적이었지만, 지금은 반대로 지속적인 것임을 가리키고 있다. 그러나 이러한 예외에도 불구하고 이른 시기에 속하는 대다수의 영과 관련된 본문들은 영이 지속적인 은사라기보다는 일시적인 것이었음을 말함으로써 영의 외적 영향에 대해 증언한다.

구약 역사 초기에 나타나는 또 다른 특징은 영이 사람이나 자연 속에서 결코 본질적인 내적 변형을 일으키지는 않는다는 점이다. 이러한 특징은 물과 맞서는 영을 묘사하고 있는 두 본문인 출애굽기 15:8과 사무엘하 22:16에서 명백한 사실로 나타난다. 많은 후대의 본문들은 영과 물을 연관시킨다. 그러나 이것은 거의 항상 자연 세계에서 발생하는 지속적인 번성과 함께 번식력이 엄청나게 증가하는 상황을 배경으로 한다. 이러한 상황은 가장 이른 시기에는 결코 묘사되지 않는다.

영이 내적인 변화를 일으키지 않는다는 사실은 삼손 이야기에서 가장 명확하게 나타나는 듯하다. 그의 특성을 극도로 변화시켰던 것은 영의 강림이 아니라, 오히려 블레셋 사람들의 손에 붙잡혔던 당시의 노예화와 굴욕이었다. 영은 그뿐만 아니라 다른 사사들도 비인격적인 객체를 다루는 것처럼 사용하였다. 영의 강림의 결과로 인식될 수 있는 삼손의 항구적인 기질의 변화는 찾아볼 수 없다.

민수기 11장의 이야기는 영이 장로들에게서 내적인 변화를 일으켰는지 명확히 말해주지 않는다. 뿐만 아니라 다윗을 언급하는 본문들도 이와 마찬가지다. 만일 민수기 31:16의 내용을 살펴본다면, 발람은 근본적으로 바뀌지 않은 채로 바알 브올을 섬기는 한 이방인으로 남아 있었다.

겉으로 보기에 사무엘상 10:9인 "하나님이 새("다른", 히브리어―역주) 마음을 주셨고"에서 언급되는 사울의 마음의 변화는 영의 작용 때문이었다(삼상 10:10). 그러나 구절의 순서는 그 변화가 사무엘의 훈계 이후에 온 것이며, 따라서 사울에게 영이 임하기 전에 일어난 사건임을 보여준다.

이 시기의 본문들로부터 얻게 되는 일반적인 인상은 영이 어떤 근본적인 변형에 영향을 주지 않는 상태에서 사람들을 붙잡고 또 사용한다는 인상을 남긴다.

III. 통합(Consolidation)

이스라엘은 이집트를 나온 날로부터 다윗 왕조가 최종적으로 솔로몬에 이르러 확립되는 시기까지 적응과 통합의 긴 시간을 보냈다. 자신의 역사의 처음 3세기 동안 이스라엘은 스스로의 존속을 가능케 할 만한 것을 찾기 위해 많은 제도들을 시도했다. 시내산에서 확립된 신정정치(theocracy)의 틀 속에서 이스라엘은 언약의 중재자인 모세의 통솔 하에 그 여정을 출발하였다. 그러나 그의 지도력은 산처럼 쌓인 업무의 압박으로 도전을 받게 된다(출 18:13-26). 민수기 11:16에서 야웨의 직접적인 명령에 따라 70명의 장로들이 통솔의 무거운 짐을 덜어주기 위해 임명된다.

이스라엘이 광야에서의 반(半)유목 생활로부터 가나안 정착 생활로 옮겨 가고, 모세와 여호수아가 죽게 되자 지도력의 방식에 있어서도 더 많은 변화가 요구되었다. 사사기는 지극히 평범한 삶의 현장에서 군사적인 지도자로, 그리고 암픽티오니(amphictyonic) 지도자로 갑작스럽게 소명을 받게 되는 카리스마적인 지도자들을 묘사한다. 사사 제도는 150년 이상 지속되었다. 그러나 이러한 막연한 지도력의 방식으로는 신생 국가의 종교-정치적 독립을 유지하기가 점점 더 어려워졌다. 또한 사사기 17-21장은 좀 더 지속적으로 중앙집권화된 통치를 요구했던 이스라엘에 심각한 도덕적 무질서의 시기들이 있었음을 보여준다. 사무엘의 지도하에 종교적인 상황들은 개선되어 나갔지만, 군사적인 상태는 모호한 채로 머물러 있었다.

백성들의 내부로부터 커져만 가는 아우성에 대한 응답으로서 사무엘은 다시 한번 야웨의 특별한 인도하심에 의지하여 사울을 찾아내었고, 그를 이스라엘의 첫 번째 왕으로 기름 부었다. 이로 인하여 이스라엘은 자신들의 지도체제에 있어서 또 한 번 완벽하고도 과감한 변화를 이루어냈다. 그러나 이 제도의 카리스마적인 특성은 여전히 한시적인 것이었다. 사울 왕조를 이스보셋을 통해 보전하려는 시도가 있었음에도 불구하고(삼하 2:8-10), 다윗의 카리스마가 우세하였고, 곧 이어 다윗은 온 이스라엘의 왕으로 기름 부음 받게 된다. 솔로몬이 기름 부음을 받고서야 비로소 왕조 형태의 왕국 제도가 이스라엘에서 확립되었으며 적어도 포로기 전까지 유다에서 지속되었다.

이러한 변화와 통합의 시간 속에서 각각의 새로운 제도 또는 체제의 변화에 대한 신적인 인증이 아주 명백하게 요구되었다. 신적인 인증은 분명하고도 때로는 아주 가시적인 방식으로 하나님의 영의 은사를 통해 제공되었다. 이러한 이른 시기의 하나님의 영은 무엇보다도 언약을 섬기기 위한 카리스마적인 영이었다. 우리는 하나님의 영에 대하여 말하고 있는 본문들을 통하여 이스라엘의 제도 변화를 추적해볼 수 있다.

A. 신적인 인증(민 11:17-29; 삿 3:10; 삼상 10:10; 11:6; 16:13-14)

민수기 11:17이 영과 모세를 연결 짓고 있지만("네 위에 임한 영의 조금을"), 영이 실제로 모세 위에 임하는 것에 대해서는 결코 묘사되지 않는다.

동일한 문맥인 민수기 11:22-26도 새롭게 지명된 장로들에게 허락된 영에 대해 묘사하고 있다. 모세를 돕기 위해 선택된 장로들을 승인하기 위해 영이 수여되었다. 왜냐하면 이스라엘에서 새로운 제도가 허용될 때에는 신적인 인증이 필요했기 때문이다. 그러나 영이 이러한 역할에만 국한된 것은 아니다. 민수기 11:17은 영이 장로들에게 주어졌기 때문에 그들이 "백성의 짐과 관련하여" 모세를 도울 수 있게 될 것임을 암시하고 있는 것 같다. 영의 은사는 신적인 카리스마요, 지도의 책임을 담당하는 자들에게 필요한 추가적인 은사이다.

사사 시대에 이스라엘이 또다시 새로운 제도의 도입을 위해 적응해야만 했을 때 카리스마적인 영이 재차 옷니엘, 기드온, 입다, 그리고 삼손 위에 임했던 것으로 묘사된다. 야웨의 영은 네 명 모두에게 군사적인 용맹스러움의 은사를 허락했다. 그러나 사사기 3:10의 "여호와의 영이 그에게 임하셨으므로 그가 이스라엘 사사가 되어 나가서"라는

구약의 성령론

표현은 전쟁을 위한 용기와 물리적인 힘뿐만 아니라, 민족을 재판하고 우상숭배를 제압하는 능력과 지혜도 영의 은사로 간주되었음을 알려준다. 그러나 이상하게도 사무엘은 예언자요(삼상 3:20; 9:9), 제사장이요(삼상 2:11; 2:18; 3:1a), 그리고 사사(삼상 7:3-14)였음에도 불구하고 영과는 관련되지 않는다. 그러나 사무엘과 관련된 본문들 속에서 영이 등장하지 않는다고 해서 승인의 패턴이 깨어진 것은 아니다. 왜냐하면 사무엘이 비록 유명한 인물이었음에도 불구하고 그가 새로운 종교 또는 정치적인 제도를 대변하지 않기 때문이다.

최초의 왕으로서 사울은 카리스마적인 영을 통하여 확증받을 필요가 있었다. 그리고 그는 이것을 한편으로는 사사의 방식으로(삼상 11:6), 다른 한편으로는 예언을 행함으로 이행했다(삼상 10:10).

반면에 다윗은 어떠한 새로운 제도의 도입을 대변하지 않았다. 그래서 그에게 허락된 영의 역량 안에는 이러한 것이 없었다. 아마도 카리스마적인 방법으로 각각 차례대로 지명된 왕권은 영의 은사에 내포된 신적인 인증을 얻으려 노력했었을 것이다. 그래서 다윗도 영을 받는다(삼상 16:13). 그러나 다윗 왕조의 후계자인 솔로몬은 그렇지 못했다.

사무엘상 16:13은 다윗에게 임한 카리스마적인 은사에 대하여 옛 용어를 사용하지만, 그럼에도 새로운 내용과 새로운 해석을 사용한다.

13 사무엘이 기름 뿔 병을 가져다가 그의 형제 중에서 그에게 부었더니 이날 이후로 [계속해서]("계속해서"라는 표현이 우리말 개역개정에서는 누락됨-역주) 다윗이 여호와의 영에게 크게 감동되니라(וַתִּצְלַח רוּחַ־יְהוָה אֶל־דָּוִד מֵהַיּוֹם הַהוּא וָמָעְלָה)(삼상 16:13).

여기서 처음으로 영의 강림이("예언하는 것" 없이) 기름 부음의 결과로서 미래에 대한 모범을 제시한다. "예언하는 것"처럼 눈에 보이는 현상, 즉 카리스마의 존재를 증명해주는 영의 작용에 의해 특별히 외적으로 동반되는 효과들은 더 이상 지도자의 인증을 위해 필요하다고 여겨지지 않았을 것이다. 대신에 카리스마적인 은사의 표시를 통한 신적인 지도자 선택은 제의적 기름 부음을 통한 신적인 선택에 의해 대체될 것이다(또는 그 안에 포함되어 있다고 간주될 것이다). 값없이 주어지는 영의 은사는 제도화되었고 프로그램화되었다. 그리고 그 결과로서 영의 은사는 당분간 왕정 제도로부터 사라지고, 메시아의 시대에 다시 나타나게 된다.[24] 어떠한 방식으로든 그것은 솔로몬 또는 뒤이어 나오는 왕들과 연관되지 않는다. 하나님의 영은 거의 전적으로 이 시대와 관련된 사람들, 즉 이스라엘의 지도자들과 연결되어 있고, 그다음 시대에는 예언자들에게서 나타난다는 것이 중요한 것 같다.

계속해서 영이 지속적으로 다윗과 함께한다는 점이 분명하게 확인된다. 이 "찰라흐"(צָלַח)라는 단어는 이전에 삼손의 경우나 사울의 경우에 있어서 단지 일시적인 또는 과도기적인 영의 현존을 의미했었다. 따라서 동일한 용어의 사용을 통해 카리스마적으로 선택된 사사들과의 연관성은 유지되고 있으나, 그 내용은 계속적·지속적인 사로잡힘을 의미하는 것으로 바뀌었다. 이것이 여전히 지도자에 대한 카리스마

---

24) 사실 이는 영의 선물이 신성한 기름 부음의 예식의 결과라고 말하는 유일한 본문이다(사 61:1은 은유적으로 또한 종말론적으로 간주되어야만 한다). 구약에서 기름 부음과 영의 주어짐은 단지 느슨하게 연결된다. 이것은 영의 도래는 자유로우며, 영의 도래를 보장하려는 제의적인 행위에 의해 제어되거나 또는 포함될 수 없음을 보여주기 위함이다. 하나님은 영을 주시는 능력을 값없는 은혜의 행위로서 간직하고 있다.

구약의 성령론

적인 선출을 의미한다는 것은 사무엘상 16:14의 "여호와의 영이 사울에게서 떠나고, 여호와의 부리신 악신이 그를 번뇌케 한지라"에 의해 계속 유지된다. 지도력을 위해 필요한 은사들을 수여하는 야웨의 영은 두 사람, 즉 두 명의 최고 지도자들에게 동시에 수여되지 않는다. 사무엘상 15:26에 의하면 사울은 야웨에 의해 거부당했다. 비록 그가 아직 왕의 이름으로 계속해서 다스리고 있었지만, 사실은 다른 사람이 이스라엘의 왕이 되었다.

이 본문과 아래에 나오게 될 사무엘하 23:2과의 관계는 간과되어서는 안 된다. 이 두 구절 모두 다윗과 관련이 있다. 하나는 다윗의 공적인 삶의 처음에, 그리고 다른 하나는 공적인 삶의 마지막 부분에서 등장한다. 사무엘하 23:2은 다윗 위에 임한 영의 은사가 계속되었다는 사무엘상 16:13의 언급을 강조한다. 또한 이 구절은 영에 의해 허락된 카리스마가 왕으로서의 다윗에 대한 하나님의 임명을 넘어서 찬송작가(a hymn writer)로서의 은사까지도 포함한다는 사실을 보여준다.

B. 과도기 본문(삼하 23:2; 창 41:38)

사무엘하 23:2과 창세기 41:38은 이 이른 시기에 닻을 내리고 있지만, 그럼에도 불구하고 앞으로 다가올 시대를 앞서 가리키고 있다.

사무엘하 23:2에 나오는 "다윗의 마지막 말"은 굉장히 다른 방식으로 기능하는 영을 소개한다.[25] 중요한 본문은 2절이다.

---

25) 이 시의 이른 연대에 대해서는 A. Weiser, *Introduction to the Old Testament*, 169. 이 시의 고대성에 대한 자세한 변론을 위해서는 O. Procksch, "Die letzten Worte Davids," *Beiträge zur Wissenschaft von Alten Testament 13*(1913), 112-125를 참조하라.

2 여호와의 영이 나를 통하여 말씀하심이여(רוּחַ יְהוָה דִּבֶּר־בִּי)

그의 말씀이 내 혀에 있도다(삼하 23:2).

전치사 "베"(בְּ)를 동사 "다바르"(דבר)와 함께 사용하는 것이 일반적인 것은 아니지만, 그렇다고 희한한 것도 아니다. 비록 전치사 "베"(בְּ)가 스가랴서에서 자주 사용되고 하박국 2:1과 호세아 1:2에서도 발견되기는 하지만, 예언서들에서 사용되고 있는 일반적인 형태는 "엘"(אֶל)이다. 또한 "베"(בְּ)는 모세와 말씀하시는 민수기 12:2, 6, 8에서도 사용되고, 열왕기상 22:28에서 미가야에게도 사용된다. 이처럼 일반적이지 않은 형태를 검토했던 드라이버(Driver)는 이것의 의미를 "안에"(in) 또는 "통하여"(through)라고 해석하는 것도 가능하지만, 결국은 높은 사람이 낮은 사람에게 하듯이 "누구와 이야기하다"로 결론을 내렸다.[26] 이러한 해석은 "그 말씀이 내 혀에 있도다"라는 구절에 의해 지지를 얻는다.

"베"(בְּ)와 "다바르"(דבר)의 일반적이지 않은 조합과 이것이 고전 예언자들에게서 거의 사용되지 않았다는 점은 이러한 영감의 형태가 예언자들보다 오래된 것임을 알려준다.

그러나 다윗이 예언적인 영감 또는 시적인 영감을 야웨의 영으로부터 기원한다고 생각했는지의 여부는 결정하기 어려운 문제이다. 일반적으로 예언은 선포를 위해 예언자가 받은 심판의 말씀 혹은 격려의 말씀이다. 그러나 이 시는 예언자적 신탁을 포함하지 않고 있다. 비록 많은 예언자의 메시지들이 그러하듯, 1절이 하나의 신탁(oracle)이라고

---

26) S. R. Driver, *Notes on the Hebrew Text of Samuel* (Oxford: Clarendon, 1913), 357-358.

구약의 성령론

불릴지라도 그것은 "다윗의 신탁"이지 "하나님의 신탁"은 아니다.[27] 또한 이것은 선포되는 예언자적 "메시지"의 특징을 가지고 있지도 않다. 오히려 이 시는 다윗의 언약에 집중하고 있는 왕권에 대한 담화일 뿐이다(참조. 4-5절). 또한 이 시는 영이 예언적 영감(prophetic inspiration) 이외의 다른 무언가를 준다는 것을 암시한다. 시적인 특징, 그리고 그것이 "하나님의 신탁"이 아닌 "다윗의 신탁"으로 불린다는 사실을 감안할 때 이것을 시적인 영감(poetic inspiration)으로 지칭하는 것이 가장 좋을 것 같다. 다윗은 그를 "이스라엘의 감미로운 시편 저자"로 만든 능변의 은사(the gift of eloquence)를 야웨의 영에 의한 것으로 돌린다. 그러나 야웨의 영은 능변의 은사 외에도 다윗의 생각 속에서 다윗과 세우신 하나님의 영원한 언약을 내용의 핵심 주제로 삼도록 영감을 주었다. 다윗은 언약이 하나님의 영을 통하여 그에게 계시되었음을 말하고자 하는 것일까? 비록 명확하게 언급되고 있지는 않지만, 전체적으로 보았을 때 이 시는 그것을 말하려고 하는 것 같다.

다윗이 발람과 차별된다는 점에 있어서 다윗에게 임한 영의 영향들도 발람에게 임했던 영의 영향들과는 차이가 났을 것이라고 기대해볼 수 있다. 그 영향들은 황홀경적인 행동에서가 아니라 지적인 고무에서 인식된다. 왜냐하면 이 시기가 아직 이른 시기이기 때문에 예언자 안

---

27) O. Procksch, 앞의 글, 114는 "이새의 아들 다윗의 신탁"과 솔로몬 시대의 것으로 보이는 민 24:3에 나오는 "브올의 아들 발람의 신탁" 사이의 유사성을 제시하였다. 신탁의 진술이 시의 유절 구조(Strophic Structure)의 일부에 속하는 이러한 독특한 형식은 예언자 문학의 전형적인 글쓰기가 아니다. 예언 문학에서 이것은 오히려 표제어로 나온다. 다른 곳에서는 오직 시 110:1과 잠 30:1에서만 발견된다. Procksch는 이것을 오래된 예언 이전의 형식(an old, pre-prophetic form)이라고 제안한다.

에서 또는 위에서 나타난 바와 같은 영의 유사성들은 아직 기대할 수 없다. 그러나 이러한 이른 시기의 본문들(예를 들면 민 11장, 삿 그리고 삼상)에서 공통적으로 나타나는 "열광적인" 특성들이 사무엘하 23:2에서는 그렇게 명확하게 드러나지 않는다. 이 본문은 이 시기에 증거되는 것과 같은 영으로부터 예언자들의 영으로 옮겨가는 과도기 역할을 한다. 다시 말하자면 영과 관련된 실제적 "열광"(enthusiasm)은 사라지고 있었고, 예언적인 영감은 아직 드러나지 않았다는 것이다.

또 다른 과도기 본문인 창세기 41:38(E)[28]은 이집트의 영 개념보다는 오히려 이스라엘의 영 개념을 반영하는 전승으로 이해될 수 있다. 이 구절은 요셉이 바로의 꿈을 해석하고서 그에게 흉년을 위하여 곡물을 저장할 것을 충고한 후에 바로의 입에서 터져 나온 놀라움의 감탄이며 요셉을 감독관으로 선택하기 위한 제안이다. "바로가 그의 신하들에게 이르되 '이와 같이 하나님의 영에 감동된 사람을 우리가 어찌 찾을 수 있으리요' 하고."

요셉 안의 그 무엇이 사람들로 하여금 요셉에게 하나님의 영이 있다고 간주하도록 했던 것일까? 몇몇 주석가들은 이것을 예언의 영으로 해석했다. 왜냐하면 엘로힘 문서(E)는 예언자들과 예언을 선호한다

---

28) 엘로힘 자료가 문서화되었던 시기에 대한 논의 없이도 엘로힘 문서에 포함되어 있고, E문서가 형성되기 이전에 자기 자신의 역사를 가지고 있는 전승 중의 하나인 요셉 이야기를 고찰하는 것이 가능해 보인다. 따라서 이것의 연대는 분명히 가장 이른 시대의 경계 안에 속한다. W. McKane, *Prophets and Wise Men* (London: SCM Press, 1965), 49-50에 의해 이 단락이 이스라엘이 가지고 있었던 하나님과 영에 대한 개념을 반영하고 있음이 확인되었다. 그는 이 본문에 나타난 하나님의 영의 현현 속에서 "옛 지혜의 용어에 대한 재해석과 이스라엘의 경건에 대한 지혜의 적용을 본다." 이 본문과 다니엘서와의 관계를 위해서는 아래 제6장 III. 선견자 다니엘을 보라.

고 잘 알려져 있기 때문이다. 그러나 오히려 지혜 전승과 관련된 카리스마적인 영에 대한 암시들이 존재한다. 요셉은 예언자로서가 아니라 이집트의 현자들을 능가하는 한 지혜자로 등장한다(8절). 폰 라트(von Rad)는 요셉 이야기가 이집트의 지혜와 잠언의 특정한 요소들과 유사성을 가지고 있다고 지적하였다.[29] 요셉은 수사학(rhetoric)과 상담 훈련을 받았고, 그에 대한 능력을 발휘했는데, 이는 지혜 학파의 이상(ideal)을 잘 대변한다. 그래서 요셉은 지혜 학파가 그를 묘사할 법한 방식으로 이상적인 통치자의 역할을 맡게 된다(참조. 왕상 3:8). 그러나 여기에 지혜보다 더 중요한 무엇인가가 있다. 이집트의 왕에게 조리 있고 설득력 있는 말로 조언을 하는 그의 재능과 조직력의 위대한 은사는 하나님의 영이 그 안에 있다는 증거로서 이해되었다. 이러한 재능과 은사는 보통의 현자를 초월하고, 하나님으로부터 부여받은 비범한 은사로 간주된다. 창세기 41:38에서 언급되는 영은 하나님의 선물로서 특별한 재능과 능력으로 이해된다. 요셉이 이러한 은사들을 사용할 수 있었던 것은 바로 하나님의 영을 통해서다.

이 본문들을 과도기 본문이라고 말하는 것은 본문이 뒤이어 오는 시대와 유사하기 때문이 아니라, 이 시기의 다른 본문들과 차이가 나기 때문이다. 유일하게 영을 족장들 중의 한 사람과 연결시키고 있는 이 본문에는 이른 시기의 카리스마적인 영의 전형이 들어 있다. 그러나 이 시기에 흔하게 나타나는 과격한 요소들은 전혀 나타나지 않는다. 또한 영의 은사도 일시적이거나 간헐적이지 않다. 이것은 영속적이고 지속적인 재능으로 보인다. 이것은 많은 면에서 사무엘하 23:2에서

---

29) G. von Rad, *Gesammelte Studien* (München: C. Kaiser, 1958), 272.

묘사되고 있는 다윗에게 주어진 능력과 유사하다. 이런 점에서 그것은 가장 이른 시대의 영의 특징들을 입증한다기보다는 오히려 그다음 시기를 가리킨다.

구약의 성령론

THE SPIRIT OF GOD
IN THE OLD TESTAMENT

"영의 사람은 미쳤다":
엘리야로부터 바빌론 유배까지

I. 역사적인 배경

엘리야가 갑작스럽게 사마리아에 있는 궁정에 나타남으로써 하나님의 영과 관련하여 새로운, 그리고 이전과는 다른 단계가 시작된다(왕상 17:1). 무엇보다 이 시기는 이스라엘의 양심인 동시에 야웨의 중단 없는 사랑과 임박한 심판을 목격했던 사마리아와 예루살렘의 위대한 예언자들의 시대에 속한다. 이 시기의 예언자들은 영과 관련된 자들이었다.

오므리 왕조의 출현과 예루살렘 멸망 사이의 3세기 동안에 영을 언급하는 성서의 본문들은[1] 이 시기의 3가지 중요한 정점들 가운데 두 부분에서 무리지어 나타난다. 하나는 아합의 통치 기간 동안인 엘리야-엘리사 시대(기원전 869-850년)이다. 또 다른 하나는 북왕국에서는 아모스와 호세아가 활동하고, 남왕국에서는 이사야와 미가가 활동하던 8세기 후반이다(이 시기는 기원전 722년에 일어난 북왕국의 와해와 몰락을 포함하고, 아하스와 히스기야의 통치하에 있던 유다에 대한 아시리아의 위기 시기를 포함한다). 7세기 말엽 세 번째 위기의 시기인 요시야의 종교개혁(기

---

1) 이 시기의 본문들은 다음과 같다. 왕상 18:12; 22:24; 왕하 2:16; 호 9:7; 13:15; 사 4:4; 11:2, 15; 30:1, 28; 31:3; 미 2:7; 3:8.

원전 622년)과 여호야김의 통치 그리고 첫 번째 예루살렘 함락(기원전 597년)을 포함하는 예레미야의 시대에는 영에 대한 언급이 전혀 없다.

북왕국의 야웨 신앙(Yahwism)은 그 존재의 핵심이 위협받고 있었다. 왜냐하면 이세벨이 아합의 통치 기간에 바알종교를 공식 국가 종교로 도입하려고 시도하였기 때문이다(왕상 18:19). 비록 사마리아 왕실에서도 야웨 신앙에 동조하는 자들이 있었고(왕상 18:1-4), 바알종교로 개종하는 것을 강경하게 거절하는 신실한 사람들이 있었지만 이세벨에게 가장 위협적인 적들은 예언자들과 그 무리들이었다.

의심의 여지없이 이 시기는 언약 백성들에게 있어서는 위기의 시기였다(왕상 19:14). 이 위기는 군사적인 정복의 위협에 의한 것도 아니었고, 경제적인 재난에 의한 위기도 아니었다. 그와는 반대로 오므리 왕조의 시기 동안에 북이스라엘은 외적의 침입으로부터 자신의 국경을 방어할 능력이 있었을 뿐만 아니라, 추가적으로 페니키아 및 유다와의 결혼 동맹들을 통하여 자신의 국경을 모압 쪽으로 확장하였으며, 상대적으로 높은 수준의 번영을 유지할 능력이 있었다.

오히려 이스라엘은 내부적인 믿음의 위기로 인하여 고통을 받았다. 배교 행위는 일반적인 것이었고, 그래서 처음으로 기록된 언약의 역사에서 예언자들이 자신의 의사를 강하게 표명하게 되면 예언자가 위험해지는 것으로 묘사되었다.

예언자들에게는 시내산 언약에 기반을 두고 있는 야웨 신앙을 방어하는 임무가 남겨졌다. 그들은 말씀으로 무장하였고, 영으로부터 힘을 부여 받았다. 이제부터 이 시기에 하나님의 영이 어떤 형태를 취했는지가 제시될 것이다. 오므리 왕조 시기와 관련된 본문들은 열왕기상 18:12, 22:24, 열왕기하 2:16이다. 포로기 이전의 본문 중에서 영을 언급하고 있는 본문들은 많지 않은데 그중 3개의 본문이 오므리 시대의 사건들 주위에 무리지어 나타난다는 사실은 시사하는 바가 매우 크다. 이 영은 항상 언약 사건들과 밀접하게 관련된다. 그리고 영의 출현은 예언자들에 의해 시내산 언약이 재확인됨을 의미하고, 야웨는 유일한 분으로서 자신의 백성을 통치하시는 주님이라는 사실이 재천명됨을 의미한다.

한 세기 동안 성서 본문들 속에서 영은 다시 언급되지 않다가 8세기 후반까지 활동했던 호세아, 미가, 그리고 이사야의 예언적 신탁에서 다시 나타난다. 그런데 이 시기는 언약 백성들이 다시금 심각하게 억압을 받던 시기였다. 아시리아는 세계적인 세력이 되었고, 지중해 연안을 경계로 하는 소국가들의 존립을 위태롭게 하는 지속적인 위협이 되었다. 이스라엘은 역사상 처음으로 스스로의 자원만으로는 결코 해결할 수 없는 군사 방위적인 문제에 직면했다. 이스라엘은 한편으로는 야웨가 예언자들을 통하여 베푸시는 보호하심을 신뢰해야 했다. 그러나 이 보호하심은 이스라엘이 자주 충족시키지 못했던 야웨와 그의 언약에 대한 절대적인 순종을 전제로 하는 것이었다. 다른 대안으로는 지중해 서쪽 연안 국가들 특히 이집트와의 군사적인 동맹에 참여하는 것이었다. 그러나 이집트와의 군사 동맹은 예언자들에 의해 야웨에 대한 이스라엘의 신뢰가 부족함을 나타내는 증거로 해석되었고, 그렇기 때문에 비난 받았다.

이집트와의 군사적 동맹에도 불구하고 이러한 대안들이 실패했기 때문에 이스라엘의 운명은 아시리아에게 항복하거나 정복되는 것뿐이었다. 북 왕국은 후자의 경우로 기원전 722년에 아시리아에 의해 정복 당하였고, 하나님의 공동 백성으로서의 자격을 상실했다. 유다는 아하스의 통치기간(기원전 735-715년)에 아시리아의 봉신국가가 됨으로써 이러한 운명을 피해갈 수 있었다. 이사야는 이러한 유다의 행위를 배교라고 비난하였다. 기원전 701년 히스기야는 엄청난 양의 공물을 바치고서야 사마리아가 당했던 굴욕을 피할 수 있었다.

예언자들은 이러한 군사적 위협과 이방 민족과의 동맹 및 배교와 언약에 대한 회상 등을 배경으로 하나님의 영에 대해 말했다. 보호하시는 (또는 벌주시는) 하나님의 능력을 나타내는 것은 무엇보다도 영이었는데, 이사야는 이를 다음과 같이 아주 생생하게 표현한다.

> 3 애굽은 사람이요 신이 아니며
> 그 말들은 육체요 영이 아니라(사 31:3).

또다시 특이한 점은 영에 대하여 말하는 포로기 이전 예언자의 본문들이 오직 이 반세기에 활동했었던 호세아, 미가, 그리고 이사야의 신탁에 집중되어 있다는 점이다.

포로기 이전에 세 번째로 사건들이 집중되었던 때는 7세기 말엽이다. 이 시기는 바빌론이 세계의 권력으로 등장했고(기원전 633년), 요시야의 개혁이 있었으며(기원전 622년), 여호야김의 배교로 말미암아 예루살렘의 멸망과 바빌론 유배가 있었다(기원전 587년). 이 시기의 문헌에서는 하나님의 영이 전혀 언급되지 않는다.

II. 엄청난 침묵

A. 드문 언급

이 시기의 가장 놀라운 특징들 중 하나는 특정 문헌에서 영에 대한 언급이 완전히 결여되어 있고, 영의 출현이 상대적으로 아주 드물다는 점이다. 실제로 가장 초기에 해당하는 시기에는 영이 총 25회 언급되는 반면, 이 시기에는 단지 13회만 언급된다. 이때가 전통적으로 하나님의 영과 관련이 있는 고전 예언자들의 위대한 시기라는 점을 감안한다면 이는 놀라운 일이 아닐 수 없다.

위에서 언급된 바와 같이 영은 단지 기원전 9세기 중반의 특정한 이야기 전승들과 8세기 후반에 활동했던 예언자인 호세아, 미가, 그리고 이사야에게서만 발견된다. 이것은 기원전 700년 이후부터 첫 번째 포로기인 기원전 597년까지(만일 에스겔이 영을 포로기에 사용했다면) 하나님의 영을 말했던 예언자가 한 명도 없었고, 심지어 예레미야, 스바냐, 하박국, 나훔도 하나님의 영을 언급하지 않았으며, 신명기에서도 하나님의 영이 사용되지 않았음을 의미한다(신 34:9의 P자료를 제외하고).

또다시 이 시기에는 영의 특정한 측면들이 완전히 회피되고 있다. 어떠한 예언자도 자신의 영감이 영으로부터 왔다고 직접적으로 주장하지 않는다. 미가 3:8의 "오직 나는 여호와의 영으로 말미암아 능력과 정의와 용기로 충만해져서"는 예외일 수 있다. 그러나 "여호와의 영으로 말미암아"라는 단어들은 오히려 난외주(gloss)라고 보는 것이 더 적합할 것 같다.[2] 기원전 9세기 본문의 하나인 열왕기상 22:24은 하나님

---

2) 참조. S. Mowinckel, "The 'Spirit' and the 'Word' in the Pre-exilic Reforming

의 영에 의한 영감을 암시하지만, 다만 미가야는 모호하게 그러한 영
감을 주장한다.

이른 시기에 영과 관련되었던 황홀경 상태 또는 괴이한 행동들도
이 시기의 영 관련 본문에서는 거의 자취를 감추고 있다. 다만 호세아
9:7에서 당대의 사람들이 일반적으로 그렇게 생각했다고 믿게 하는 방
식으로만 암시될 뿐이다. 즉 예언자들은 영에게 붙들리고 괴이한 행동
을 하는 사람으로 보는 방식을 말한다. 그러나 포로기 이전 예언자 중
에서 어느 누구도 그들 스스로 영이 황홀경을 유발했다고 주장하지 않
을 뿐만 아니라(미 3:8은 예외), 이 시기의 어떤 본문들 속에도 그러한 개
념이 포함되어 있지 않다.

B. 영과 황홀경 예언자들(호 9:7)

이러한 특별한 침묵에 대하여 몇 가지 가능한 설명들이 있다. 개별적
인 전승들과 관련해서 논하자면 아마도 아모스는 영에 대해 말하지 않
았을 것이다. 왜냐하면 아모스는 스스로를 직업적으로 농민 계층에 속
한다고 생각했지, 예언자 계열에 속한다고 여기지 않았기 때문이다(암
7:14). 그러나 이것은 순전히 추측에 불과하다. 왜냐하면 예언자 계열
에 속하거나 예언자적 소명으로 수년을 보낸 사람들만이 하나님의 영
이란 개념을 사용할 수 있는 권한을 부여 받았다고 말하는 언급이 전
혀 없기 때문이다.

하나님의 영이 이 시기의 통치자들과 전혀 연관되지 않고 있다는
것은 왕조의 시작과 함께 카리스마를 부여하는 영이 왕을 합법화하는

Prophets," *JBL* 53(1934), 205.

일에 더 이상 필요하지 않았고, 그래서 영이 통치자들과 더 이상 연관되지 않았다는 식으로 설명될 수 있다. 그러나 왕조가 연속되기도 하고, 단절되기도 하였으며, 많은 경우에 있어서 왕좌를 지켜내기 위해서는 예언자들의 지원이 필요했던 북왕국에서는 반드시 그렇지 않았다는 점은 영이 왕정으로부터 예언자들에게로 이동한 것이 카리스마적인 지도자의 선택을 제도화하는 것 이상을 의미한다는 점을 말해준다. 또한 이것은 언약 신앙으로부터의 배교, 그리고 하나님의 영의 사역에 둔감하도록 만드는 체제로서의 군주제 속에서 영의 경직화(a spiritual hardening)를 의미할 가능성도 있다. 적어도 한 주석가는 이사야 11:2에서 오직 메시야가 도래해야만 치유될 수 있는, 역사적 왕들 사이에서 일어난 영의 경직화에 대한 언급을 보았다.[3]

그러나 이것은 오직 부분적으로만 이 시기의 하나님의 영의 부재를 설명할 수 있을 뿐이다. 아마도 주된 원인은 황홀경 예언자들[4]의 과도함에 대한 반발 때문이었을 것이다. 일반 대중들은 영이 주로 황홀경 예언자들과 관련이 있다고 생각했다. 이러한 반발이 엘리야와 엘리사 때에도 이미 존재했다는 몇몇 증거가 있다. 그러나 그들이 "예언했다"(וַיִּתְנַבֵּא)[5]고는 한 번도 언급되지 않는다. 이와는 반대로 열왕기

---

3) V. Herntrich, *Der Prophet Jesaja* (ATD; Göttingen: Vandenhoeck & Ruprecht, 1950), 210.

4) 이에 대해서는 Mowinckel, "The 'Spirit' and the 'Word' in the Pre-exilic Reforming Prophets," 199-227에 의해 자세하게 묘사되었다. 그러나 적어도 1904년에 W. R. Schoemaker, "The Use of רוּחַ in the Old Testament and πνεῦμα in the New Testament" *JBL* 23(1904), 20에 의해 이미 지적되었다.

5) 비록 변화가 없는 것은 아니지만 일반적으로 *nabi*의 히트파엘 형은 예언적 말씀 선포를 나타내기보다는 황홀경적인 상태를 나타낸다. 참고, BDB, 612. A. Jepsen, *Nabi*

제3장
"영의 사람은 미쳤다": 엘리야로부터 바빌론 유배까지

83

하 3:15은 엘리사가 연주자의 음악을 들었을 ·때에 "하나님의 손(ㄱ?)
이 그 위에 임하셨다"고 보도한다. "영"이 아닌 "손"이 사용된 것은 유
사한 상황에서 사울 위에 임하여 황홀경 상태를 유발했던 영과의 연
관성을 고의적으로 피한 것임을 보여준다(삼상 10:5-6, 10). 열왕기상
18:29에서 "헛소리를 말하는 것"(raving)이라고 불리기도 하는 "예언
하는 것"(prophesying)이 바알 예언자들에 의해서도 행해졌다는 사실
은 이러한 회피의 가능성을 뒷받침한다. 그리고 일반적으로 헛소리와
관련된 영은 나쁜 평판을 받았다. 적어도 호렙산에서 일어난 엘리야
의 이야기(왕상 19:9-12) 속에서 이러한 평가에 대한 하나의 단서를 발
견하게 된다. 왜냐하면 비록 "바람"이 야웨의 현존으로 오해될 수 없음
에도 불구하고, 그 세대에게 있어서 "예언"을 유발하는 루아흐가 있었
던 곳에 야웨가 계시지 않았다는 사실은 사라지지 않았을 것이기 때문
이다. 이것은 열왕기상 22:24에서 분명하게 나타난다. 이 구절에는 "헛
소리 하는 것"을 유발하고(왕상 22:10), 거짓 예언하는 자들과 연관된(왕
상 22:12) 루아흐를 야웨의 참 예언자들에게 영감을 부여하는 하나님의
영으로부터 구분 지으려는 시도가 기록되어 있다.

느비임(nebiim) 즉 황홀경 예언자들에 대한 반발은 계속되었고, 이것
이 기원전 8세기와 7세기에 강화되었다는 것은 예언서의 본문들이 이러
한 루아흐(공허한?) 예언자들을 경멸조로 언급하고 또 자주 신랄하게 비
아냥거리는 점에서도 나타난다. 미가 2:11이 바로 그러한 본문이다.

(München: C. A. Beck, 1934), 7-8은 이 시기에 히트파엘 형은 단지 "헛소리하는 것
또는 미친 것"을 의미했고, 일반적으로 야웨의 말씀을 선포하는 것을 의미했던 니팔
형태와 의도적으로 구분되었다'고 언급한다.

구약의 성령론

11 사람이 만일 허망하게(*ruach*) 행하며 거짓말로 이르기를

"내가 포도주와 독주에 대하여 네게 예언하리라" 할 것 같으면

그 사람이 이 백성의 선지자가 되리로다(미 2:11).

미가는 말하기를 "그들은 영을 불러일으키기 위해 영들(강하게 술에 취함)을 사용한다. 그러나 그 결과는 오직 바람(*ruach*) 뿐이다." 예레미야 또한 예레미야 5:13에서 루아흐-예언자들에 대해 비슷하게 언급한다.

13 선지자들은 바람(*ruach*)이라.

말씀이 그들의 속에 있지 아니한즉(렘 5:13).

영(*ruach*)으로 가득 채워지기를 요청하는 이러한 예언자들은 오히려 자신들과 백성들을 미혹하는 바람(*ruach*) 같이 허무하게 될 뿐이다. 호세아 9:7b의 "선지자는 어리석고, 영의 사람은 미쳤나니"가 황홀경 예언자들에 대한 호세아의 직접적인 탄핵이라면 이는 그러한 사람들에 대한 동일하고도 통렬한 비판을 말하고 있는 것이다. 만일 이 구절이 호세아를 향해 야유를 퍼부을 때 청중들로부터 나오는 개탄(interjection)이라면, 이 말들은 보통 이스라엘 백성들에 의해 행해진 영과 예언자에 대한 모욕적인 연결을 반영한다고 볼 수 있다. "어리석다"와 "미쳤다"는 말들과 연관된 이 비우호적인 문맥 속에서 "영의 사람"이 존경을 나타내는 의미로 사용되었다고는 결코 가정할 수 없다. 또한 "어리석다"와 "미쳤다"는 말들은 어떤 예언자 그리고 모든 예언자들에 대한 대중들의 평가를 나타낼 가능성도 있다(참조. 왕하 9:11; 렘 29:26). 이러한 예언자들에는 최소한 이상한 행동으로 말미암아 혐오스

러운 평가를 불러일으켰을 황홀경 예언자들이 포함된다.

만일 이 본문들이 루아흐 예언자들의 대중적인 이미지를 정확하게 알려주고 있다면(거칠고 이상한 행동을 하고, 술에 몹시 취한 상태에서 영에 의한 영감을 주장하며, 그리고 지속적으로 [돈을 위하여 기분 좋은 신탁을 반복하는 예언자]), 이 시기의 고전 예언자들의 신탁 속에서 하나님의 영에 대한 언급의 부재를 이해하는 것은 쉬운 일이다. 영은 대중적으로 황홀경 예언자들과 연결되면서 불명예스러운 것이 되었다. 분명 이러한 상황은 예레미야 시대에도 동일했을 것이다. 그래서 예레미야도 자신의 동시대 예언자들인 스바냐와 나훔 및 하박국이 했던 것처럼 영에 대한 언급을 완전히 회피하는 것이 낫다고 느꼈을 것이다. 이 시기의 참 예언자 중에서 어느 누구도 자신의 영감을 야웨의 영에 의해서 비롯된 것이라고 주장하는 예언자가 한 명도 없었다는 것은 상당히 이해가 된다. 오직 에스겔과 같이 새로운 환경으로 옮겨질 수만 있었다면 그 예언자는 아주 자유롭게 하나님의 영에 대해 다시 말할 수 있었을 것이다.

III. 영과 위대한 예언자들

A. 예언자적 운동과의 관련성

영이 특정한 문맥들에서 예언자들에 의해 의도적으로 회피되고 있다는 사실에도 불구하고, 이 시기의 모든 언급은 직접적이든 간접적이든 변함없이 예언자적 운동과 관련이 있다. 열왕기상 18:12 및 열왕기하 2:16에서 엘리야라는 사람을 통제하는 것은 영이다. 열왕기상 22:24 및 미가 3:8에서 예언자들에게 영감을 주는 것도 영이다. 호세아 9:7에서

구약의 성령론

영은 예언자의 호칭에 대한 대용으로 사용되기도 한다. 이 시기의 나머지 본문들, 즉 이사야 4:4, 11:2, 15, 30:1, 28, 31:3, 호세아 13:15, 미가 2:7은 예언자의 인물됨이나 사역과 직접적으로 관련되지는 않더라도, 예언자적 신탁에서 그들이 차지하고 있는 자리에 의해서 예언자 운동과 연관된다. 하나님의 영에 대하여 말하는 자는 오직 예언자뿐이다.

B. 카리스마적인 지도자의 지명

앞 장에서 설명된 가장 이른 시기에 이스라엘의 카리스마적인 지도력의 과정은 영의 은사라는 수단을 통해서 파악될 수 있었다. 이 영의 은사는 모세로부터 장로들, 사사들, 그리고 마지막에는 초기 왕들에게로 옮겨갔다. 사무엘상 16:13-14은 영이 사울로부터 다윗에게로 넘어갔음을 명확히 하고 있다. 그러나 솔로몬 시대부터 통치 군주와 영은 결코 다시는 연결되지 않았고, 왕의 후계자도 영의 은사에 의해 지명되지 않았다. 군주제가 왕조의 형태로 정착되자 왕권을 계승하는 통치자들은 더 이상 카리스마적으로 지명되지 않았다. 왕조 제도가 영의 은사를 몰수한 것이다.

솔로몬의 통치가 끝난 직후에 엘리야-엘리사 본문들은 카리스마적인 영이라는 주제를 다시 다룬다. 당대의 본문들이 직간접적으로 예언자 운동과 연관된다는 사실은 아마도 예언자들이 이런 식으로 지명된 이스라엘의 새로운 카리스마적인 인물들로서 정치적인 것이 아니었어도 최소한 야웨의 뜻과 목적을 언약 백성들에게 전달하는 영적인 지도자였음을 알게 해준다. 야웨의 영이 왕에게서 예언자적인 운동으로 옮겨간 것이다.

영에 의한 카리스마적인 지명은 시내산 언약과 아주 긴밀하게 연관되어 있다. 만약 예언자들이 오래된 암픽티오니 지도자들의 계승자였다면, 그것은 그들이 갈수록 세속화되고 혼합주의로 변해가는 사회 속에서 야웨의 유일한 주 되심(Lordship)을 강조했기 때문일 것이다. 언약 전승을 지지하고 수호하는 것은 그들의 소명이자 임무였다. 그들은 야웨의 영에 의하여 이 임무를 위해 부르심을 받았고, 영의 능력 안에서 그들의 임무를 완수하였다.

C. 예언자에게 영감을 주고, 권능을 부여하며, 조종함

야웨가 단지 언약 공동체 안에서 자신의 도구가 될 사람들을 선택할 때에만 영이라는 수단을 통해 그들을 지명한 것은 아니었다. 또한 야웨는 영이라는 수단을 통하여 예언자들 안에서 그리고 그들을 통하여 역사했다.

1. 말씀에 영감을 줌(왕상 22:24)

열왕기상 22:24은 영을 통해 예언자가 영감을 받는다는 것을 말하고 있는 유일한 포로기 이전 본문이다. 이 구절은 아합에 의해 소집된 400명의 예언자들이 만장일치로 아합의 대(對) 시리아 전투에 대한 호의적인 결과를 예언하는 이야기의 일부이다. 여호사밧의 도발로 인하여, 기분 좋게만 말하는 신탁이 불안했던 아합은 화(禍)신탁(oracles of woe)을 말하는 자로 알려져 있던 미가야를 호출한다. 미가야는 전쟁에 대한 처참한 최후를 예언한 후 자신의 환상을 거짓말하는 영을 보내어 예언자들의 입에 거짓말을 집어넣기로 결정하는 천상회의(the divine council)와 결부시킨다. 400명의 예언자들 중 하나인 시드기야는 미가야의 뺨을 때리고, 다음과 같은 말로 미가야를 공격한다.

24 …여호와의 영이 나를 떠나 어디로 가서 네게 말씀하시더냐?

(אֵי־זֶה עָבַר רוּחַ־יְהוָה מֵאִתִּי לְדַבֵּר אוֹתָךְ)(왕상 22:24)

미가야는 뒤이어 발생하는 사건들이 주께서 자신에게 말씀하셨고, 시드기야에게는 말씀하지 않으셨음을 증명할 것이라고 대답한다. 이 일로 인해 미가야는 감옥에 감금된다. 그러나 길르앗-라못 전투에서 아합이 죽음으로 말미암아 미가야의 말이 옳았음이 증명된다.

그런데 이 본문에서 미가야는 야웨의 영을 통하여 자신이 신탁을 받았다고 분명하게 주장하지 않았다. 그러나 영에게 사로잡힘이 비난을 불러오는 상황 속에서 미가야의 그런 억제는 이해할 수 있다. 사실 이러한 상황 속에서는 미가야와 같이 함축적으로 주장하는 것이 대놓고 말하는 것보다 오히려 더 호의적인 반응을 이끌어낼 수도 있다.

이 본문은 적어도 3가지 방식으로 예언자의 말씀이 하나님의 영에 의해 영감 된다고 생각하는 대중들의 견해가 존재했음을 보여준다. 아합의 예언자 무리들은 24절에서 그들의 대변자인 시드기야를 통하여 다음과 같이 말한다.

나를 떠나 어디로 가서 네게 말씀하시더냐?

미가야는 자신의 환상을 진술하면서 야웨의 영이 예언자들을 통하여 말씀하신다는 사람들의 가정을 인정한다. 다만 그것이 야웨의 진실된 영이라고 믿는 믿음에 대해서만 이의를 제기한다. 따라서 말씀이 영에 의해 영감 된다는 믿음은, 심지어 "형통"을 말하는 예언자의 경우에도 유효한 채로 남는다. 결론적으로 미가야가 시드기야로부터 공격

을 받았다는 사실은 미가야도 은연 중에 진짜 하나님의 영에 의한 영
감을 주장하고 있음을 보여준다.

이 시기의 다른 본문들 가운데 어떠한 본문도 야웨의 영에 의한 예
언자의 영감을 보여주는 본문은 없다. 그러나 민수기 11:29의 "여호와
께서 그의 영(spirit)을 그의 모든 백성에게 주사 다 선지자가 되게 하시
기를 원하노라"가 이 시기의 본문이 될 가능성은 있다(참조. 제2장 각주 19
번과 본문). 그러나 이 본문을 기원전 9세기의 본문으로 연대를 설정하기
위해서는 민수기 11:24-26의 문맥으로부터 이 구절을 떼어내야 하고,
또한 거기에서 영의 기능을 불분명하게 해야 한다. 그러나 여전히 그것
이 황홀경 상태를 유발하는 영을 말하는 것인지, 또는 예언자에게 영감
을 불어넣는 영을 말하는 것인지, 아니면 신적인 능력을 의미하고 있는
것인지는 결정할 수 없다.

열왕기상 22:24에서와 같은 진정한 예언적 영감에 대한 주장이 기
원전 8세기 및 7세기까지 계속 이어졌는지는 어떤 본문에 의해서도 분
명하게 증명될 수 없다.

2. 능력으로 충만케 함(미 3:8)

8 오직 나는 여호와의 영으로 말미암아 (וְאוּלָם אָנֹכִי מָלֵאתִי כֹחַ אֶת־רוּחַ יְהוָה)
권능과 공의와 재능으로 채움을 얻고
야곱의 허물과 이스라엘의 죄를 그들에게 보이리라(미 3:8).

이 본문은 예언적 영감을 이야기하고 있을 가능성이 있다. 이러한
가능성은 이익을 위해서는 좋은 것만 예언하고, 반면에 만일 아무것도

사례를 받지 못하면 저주를 퍼붓는 거짓 예언자들에 대한 비난을 담고 있는 문맥인 미가 3:5-7에서 찾아볼 수 있다. 이 구절이 거짓 예언자들의 신탁이 전적으로 주관적인 특성을 갖고 있음을 밝히고 있다는 사실은 7절의 마지막 부분인 "하나님이 응답하지 아니하심이거니와"에 의해서 강조된다.

자신들의 신탁을 야웨로부터 받았음을 조금도 주장할 수 없는, 형통을 말하는 예언자들을 향하여 미가는 자기 자신의 신임장을 8절에서 제시한다. 그러나 그가 자신의 신탁이 진정한 신탁임을 주장할 수 있었던 그 지점에서, 그는 자신이 백성들의 죄를 비난하는 데 필요한 능력으로 충만하게 채워져 있음을 밝힌다. 더 나아가 이 능력은 야웨의 영으로도 규정된다. 비록 이 문맥이 야웨의 영에 의한 예언자 신탁의 영감을 말한다고 해도 아직까지 이 본문이 담고 있는 것은, 사실 결과에 관계없이 진실을 선포할 수 있는 능력을 가졌다는 예언자 측의 주장일 뿐이다.[6]

비록 "여호와의 영으로 말미암아"라는 구절이 편집자의 주해(an editorial gloss)라고 할지라도, 야웨가 그의 종들인 예언자들의 임무 완수를 위해 허락한 도덕적 용기를 가리키기 위해 영이 사용되고 있다는 사실은 바꿀 수 없다. 이러한 점에서 이는 사사들 및 사울의 능력 부음을 말하는 본문들에 나타난 영과 유사하다.

---

6) 미 3:8은 능력이라는 단어 또는 하나님의 능력을 함축하는 비슷한 단어가 루아흐와 함께 사용되는 유일한 곳이다. 루아흐의 주된 의미들 중의 하나가 능력이라는 점에서 이는 놀라운 일이다. 아마도 "코아흐"(כח)는 일반적으로 인간의 능력과 연관되었다. 만일 그렇다면 이것이 성서 저자들로 하여금 하나님의 루아흐와 그것을 동등하게 놓는 것을 피하게 만들었을 수도 있다(כח가 하나님의 루아흐와 대조적인 것이 아니라면). 참조. 슥 4:6; 사 31:3.

3. 야웨의 절대적인 조종 아래(왕상 18:12; 왕하 2:16)

열왕기상 18:12은 아주 놀랍고 새로운 방식으로 영을 제시한다. 엘리야의 말 때문에 북왕국에 3년 동안 가뭄이 임했을 때 아합 왕과 하나님을 경외하는 궁중 관리 오바댜는 물과 동물들을 위한 꼴을 찾기 위해 각각 길을 떠난다. 오바댜는 도중에 엘리야를 만나게 되고, (엘리야로부터) 이 사실을 아합에게 알리라는 요구를 받는다. 이에 오바댜는 "내가 당신을 떠나간 후에 여호와의 영이 내가 알지 못하는 곳으로 당신을 이끌어 가시리니(וְרוּחַ יְהוָה יִשָּׂאֲךָ) 내가 가서 아합에게 고하였다가 저가 당신을 찾지 못하면 내가 죽임을 당하리이다. 당신의 종은 어려서부터 여호와를 경외하는 자라"고 말하면서 엘리야를 만난 사실을 아합에게 알리기를 거부한다. 왜냐하면 이는 자신의 생명을 걸어야 했기 때문이다.

만일 오바댜가 "공중부양"(levitation)이나 단순히 한 장소에서 다른 장소로의 "공간이동"(transportation)을 이야기하고 있는 것이라면, 루아흐에 대한 적절한 번역은 "바람"일 것이다. 그러나 본문은 허리케인이나 회오리바람 같은 것 중 어느 것도 암시하지 않는다. 또한 문자 그대로 사람이 바람에 의해 이동될 가능성이 있다는 생각은 구약에서는 찾아볼 수 없다. 엘리야의 승천을 말하는 열왕기하 2:11도 당시 백성들의 생각을 분명하게 나타낸다고 볼 수 없다. 사실 그것은 "공중부양"이나 일반적인 의미의 공간이동과도 관련성이 없다. 오바댜는 마음속으로 공간이동과는 다른 무언가를 생각하고 있었다. 하나님을 경외하는 궁중의 종은 오로지 야웨의 절대적인 다스리심의 결과인 엘리야의 신비스러운 사라짐을 떠올리고 있는 중이다(왕상 18:10, "여호와의 영이 당신을 내가 알지 못하는 곳으로 데리고 가실 것입니다"). 그는 엘리야가 이스라엘의 주님을 완벽하게 섬기는 삶을 산다는 것을 알고 있다(참조. 10절, "당신의 하나님 여호와의 사심을"). 그래서 여기서 강조점은 한 장소에서 다른 장소로 예언자가 물리적으로 옮겨지는 것에 있다고 보기보다는, 야웨가 그와 함께 원하시는 것을 할 수 있다는 사실에 있는 것이다. 오바댜가 말하기를, 엘리야는 한 장소에 얼마나 오랜 시간 동안 계속해서 머무를 수 있는지를 보장할 수 없는 하나님의 의지와 능력에 전적으로 순종한다. 물리적인 공간이동 그 이상의 것, 즉 야웨의 인격과 야웨의 직접적인 의지 그리고 엘리야와의 관계 속에서의 통제 같은 표현을 포함한다면, 공간이동은 "바람"[7]이기보다는 분명히 "야웨의 영"이어야만 한다. "바람"이라는 단어는 야웨가 엘리야에게 행사했던 직접적인 능력 및 다스리심을 표현할 수 없었다.

  "영"에 대한 이러한 번역은 "루아흐 야웨"가 구약성서에서 단지 이사야 40:7과 59:19에서만 "바람"을 언급할 때 사용된다는 점에 의해 확증된다. 그것은 자주 등장할 때마다 예외 없이 하나님의 영을 의미한다(때때로 은유적으로 하나님의 호흡으로서 표현되는). 결론적으로 열왕기상 18:46이 하나님이 엘리야에게 행했던 것과 비슷한 행동들을 말하고 있다는 것은(여기서는 하나님의 "손"이란 표현을 사용한다), 그 힘이 바람의 능력이라기보다는 인격적으로 야웨와 더욱 관련된다는 것을 나타낸다. 그것은 분명 야웨의 영이 틀림없다.

  이 본문은 하나님을 섬기는 예언자를 다스리는 하나님의 영의 능력

---

7) N. Snaith, *The First and Second Books of Kings*, in IB Vol II, 150-151과 R. C. Dentan, *I and II Kings, I and II Chronicles* (London: SCM Press, 1964), 60-61. 그러나 D. Lys, *Ruach, Le Souffle dans l'Ancien Testament*, 31-32는 루아흐를 하나님의 영으로 이해한다. 또한 A. Jepsen, *Nabi*, 22도 마찬가지다.

있는 역사를 강조한다. 그럼에도 불구하고 이러한 다스림이 어떤 외부적인 통제 그 이상의 것이라는 단서는 없다. 영은 엘리야를 한 대상으로 취급한다. 그러나 본문의 어떠한 것도 그의 내적인 존재에 영향을 주었는지 나타내지 않는다. 출애굽기 15:8은 생명이 없는 물체를 향한 하나님의 능력을 묘사한다. 그러나 여기서 그 행위는 사람을 대상으로 하고 있다.

열왕기하 2:16은 열왕기상 18:12과 비슷하다. 엘리야가 회오리바람에 의해 하늘로 올라간다. 예언자 생도들은 엘리사에게 허락을 받고 엘리야를 찾아 나선다. 왜냐하면 "여호와의 영이 저를 들어 가다가 어느 산에나 어느 골짜기에 던지셨을" 수도 있기 때문이다. 열왕기상 18:12의 경우처럼 그 언급은 "공중부양"을 의미하기보다는, 야웨의 의지와 능력이 엘리야 위에 전적으로 임하여 다스리셨음을 말하고 있다. "바람"이라는 번역보다 "영"이라는 번역이 열왕기상 18:12에서보다 여기서 더 분명하다. 열왕기하 2:1과 2:11에서 엘리야를 하늘로 운반한 것은 회오리바람(סְעָרָה)이었다. 그런데 이 단어는 자주 야웨 및 그의 현현과 관련이 있다(참조. 겔 1:4). 그러나 그것은 명확히 바람이나 회오리바람 또는 폭풍우를 의미했다. 만일 열왕기하 2:16에서의 언급이 엘리야의 승천 사건을 말하고 또 바람을 뜻한다면 "세아라"(סְעָרָה)가 사용되었을 것이다. 그러나 야웨의 영에 대하여 말하기를 원한다면 그들은 반드시 모호한 단어인 루아흐를 사용했어야만 한다. 그 의미는 "야웨의 영"이다.[8] 위의 열왕기상 18:12에서 언급한 의견이 여기서도 똑같이

---

8) 왕하 2장에는 흥미로운 언급들이 많다. 신적인 바람을 뜻하는 아카드어 "사루"(saru)와 연관된 단어인 회오리바람을 뜻하는 "세아라"(סְעָרָה) 외에도 엘리사가 엘리야의

구약의 성령론

적용된다.

IV. 이스라엘과 함께하는 야웨의 사역 수단으로서의 영

포로기 이전 시기에 영은 매우 드물게 언급되고, 기원전 9-8세기에 영과 관련된 본문들은 2가지 매우 구체적인 점에서 구분되며, 이 시기의 모든 본문들은 다른 전통들을 대부분 전적으로 거부하는 예언자적 운동과 관련되어 있고, 마지막으로 아주 적은 수의 9세기 본문들이 예언자 자신과 직접적으로 관련이 있다는 점이 이미 앞에서 언급되었다. 이제 남아 있는 많은 수의 본문들은 예언자가 아닌 이스라엘과 함께하시는 하나님의 사역과 관련된 본문들이다.

A. 야웨의 징계하시는 분노와 구원하시는 능력(사 30:28; 31:3)

포로기 이전의 다른 예언자들이 영이라는 개념을 거의 전적으로 기피하고 있을 때 왜 이사야는 이러한 영의 개념을 사용했는지의 문제는 쉽게 답변될 수 있는 것이 아니다. 이사야는 포로기 이전에 새로운 시대의 영에 대해 선포한 유일한 사람이다(사 4:4; 11:2, 15). 아마도 미래에 투영된 야웨의 영은 루아흐-예언자들에게 달린 꼬리표와 같은 혐오스러운 뜻을 담고 있지는 않았을 것이다. 오히려 이 영의 개념은 야

영적인 후계자가 되기를 원하는 것과 관련하여 엘리야의 루아흐에 대한 언급이 등장한다(왕하 2:9과 2:15). 엘리야의 영의 나타남, 즉 엘리사가 요단강을 갈랐을 때(왕하 2:14) 사람들은 엘리사가 그의 유업을 받았다고 생각했던 것은 야웨의 루아흐에 의해 갈대바다가 나누어진 것에 대한 암시인 것 같다(출 15:8, 10).

웨의 주권적 능력을 강조하면서 이사야의 신탁에 등장한다. 갈대바다 사건과 사사들에게 능력을 부여하는 것을 뒷 배경으로 하는 이 루아흐는 야웨의 압도하는 능력과 저항할 수 없는 주권을 나타내는 핵심 용어로 사용된다.

이사야는 그 이전 또는 이후의 어떤 예언자들보다도 유다의 왕들과 가장 가까운 관계를 맺고 있었다. 이사야는 군사력, 동맹, 요새화, 그리고 아시리아의 위협에 대한 모든 것과 관련해서 결정을 내려야만 할 때 왕의 조언자 역할을 했다. 서쪽 지중해 연안 민족들과의 동맹에 반대하고, 또 어떠한 형태로든지 군사적인 능력에 의지하는 것을 반대하면서 히스기야에게 조언하는 이사야의 지속적인 주제는 야웨가 가진 능력의 압도적인 우월성이었다. 전통적인 표현으로는 이사야 31:3이 있다.[9]

> 3 애굽은 사람이요 신(God)이 아니며,
>
> 그들의 말들은 육체요 영(*ruach*)이 아니라.
>
> 여호와께서 그의 손을 펴시면 돕는 자도 넘어지며
>
> 도움을 받는 자도 엎드러져서 다 함께 멸망하리라(사 31:3).

유다는 기원전 705년 히스기야 통치 때 이집트와의 동맹을 거부하도록 요청을 받았고(사 30:1-5), 오직 야웨만 신뢰할 것을 요청받았다.

이사야 31:3은 이스라엘이 의지하고 있는 이집트의 군사적 능력이

---

9) 사 4:4; 11:2, 15; 30:1, 28; 31:1의 진정성 문제를 위해서는 다음을 참조하라. D. Lys, *Ruach, Le Souffle dans l'Ancien Testament*, 66, 각주 1.

구약의 성령론

실제로는 연약함을 분명히 말하고 있다. 왜냐하면 그것은 야웨의 영에 의해 영감된 것이 아니기 때문이다. 야웨의 능력 이외에는 다른 어떤 능력도 없다.

이 구절에 나타난 대조는 육체적인 것과 영적인 것 사이의 대조가 아니다. 여기서 진정한 대조는 하나님과 그의 영이 나타내는 능력과, 하나님의 영과는 동떨어진 인간의 근본적인 연약함 사이의 대조이다.

여기서 루아흐는 하나님과 동떨어진 어떠한 실체나 존재로서 해설될 수 없다. 루아흐는 3a절의 "하나님"과 동격으로 사용되고, 그리고 3cd절의 "여호와께서 그의 손을 펴시면 돕는 자도 넘어지며 도움을 받는 자도 엎드러져서"라는 부연설명을 고려하면 루아흐는 야웨와 떨어질 수 없는 관계이다. 그것이 인간 안에든, 창조의 때이든, 또는 하늘에 든지, 루아흐가 아닌 하나님의 루아흐가 존재한다고 말할 수 있다. 그러므로 이사야 31:3에 언급되는 루아흐는 "능력"을 의미하는 일반적인 단어가 아니다. 루아흐는 오직 모든 능력의 근원인 하나님과 관계하고, 또 하나님 자신으로부터 유래하기 때문에 능력인 것이다. 하나님과 상관없는 루아흐는 단지 바람일 뿐이다.

반면에 "바사르"(육체)가 인간의 특징을 나타내듯, 루아흐가 하나님의 특징을 나타낸다고 할지라도 여전히 예언자는 하나님이 곧 영이라고는 말할 수 없었다. 3절에서 동격의 용어들에 근거하여 이집트 사람들이 말들(horses)과 동일시될 수 없는 것처럼, 하나님도 영과 동일시될 수 없다. 따라서 이 본문을 근거로 하나님과 영 사이의 완전한 일치성이 도출될 수 없으며, 또한 하나님이 영이라고 규정될 수도 없다.

또 다른 신탁인 이사야 30:28에서 이사야는 열방을 상대로 하는, 측량할 수도 없고 저항할 수도 없는 야웨의 능력을 표현하기 위해 루

아흐를 사용한다. 이스라엘이 구원을 위해 의존할 수 있는 루아흐는
이스라엘의 적들에게 굴레를 씌우고, 또한 징벌할 때에도 효과적일 수
있다.

> 27 보라, 여호와의 이름이 원방에서부터 오되
> 그의 진노가 불붙듯 하며 빽빽한 연기가 일어나듯 하며,
> 그의 입술에는 분노가 찼으며,
> 그의 혀는 맹렬한 불같으며,
> 28 그의 호흡(רוחו)은 마치 창일하여
> 목에까지 미치는 하수 같은즉,
> 그가 멸하는 키로 열방을 까부르며,
> 여러 민족의 입에 미혹하는 재갈을 물리시리니(사 30:27-28).

27-28절은 문학적으로 독립적인 단락으로서 전후 단락과 아무
런 연관을 가지고 있지 않다. 레슬리(Leslie)는 27-28절을 30절과 합
치고, 또 이사야 30:17과 연결시키면서 "예언자는 아시리아에 대한 주
님의 심판의 도구로서 뇌우의 이미지를 사용한다"[10]고 언급했다. 포러
(Fohrer)는 좀 더 설득력 있게 27-28절을 아시리아가 강하고 넘쳐흐
르는 하수처럼 에브라임을 파괴하는 것으로 묘사하는 이사야 8:7-8과
연결시키거나, 또는 아시리아를 묘사하기 위해 뇌우와 분노한 급류가
사용되고 있는 이사야 28:2과 연결시킨다.[11]

---

10) E. Leslie, *Isaiah* (Nashville: Abingdon, 1963), 78.
11) G. Fohrer, *Das Buch Jesaja* (Zürich: Zwingli Verlag, 1962), 107-108.

구약의 성령론

여기서 야웨의 루아흐는 바람을 의미할 수 없다. 왜냐하면 루아흐는 바람과 어울리지 않는 것들 중 하나로 등장할 뿐만 아니라(이름, 코, 입술, 혀, 호흡), 바람(28c절)뿐만 아니라 하수(28b절)로도 비유되기 때문이다.[12] 여기서 루아흐는 이방을 향한 야웨의 능력이다.[13] 루아흐는 그의 이름, 콧김, 입술이나 혀처럼 야웨와 밀접하게 연관되어 있다. 이 모든 것들은 야웨의 강력하고도 분노가 넘치는 사역에 동참하는 것들이다. 열방의 파괴에 대한 이유는 제시되지 않는다.

B. 야웨의 분노(사 4:4; 11:15; 호 13:15; 미 2:7)

이사야 31:3과 30:28은 야웨의 위대한 능력을 나타내기 위해 루아흐를 사용한다. 이사야 31:3에서는 그가 하나님이시지 사람은 아니라는 의미에서, 그리고 이사야 30:28에서는 파도처럼 밀려오는 사나운 강의 모습이라는 의미에서 루아흐가 사용된다. 이러한 무한한 능력을 의미하는 또 다른 이사야의 신탁들도 있다. 그러나 그 신탁들 속에서 루아흐는 능력이 아니라 하나님의 분노를 뜻하기 위해서 사용된다.

비록 예언자가 사무엘하 22:16에서 사용된 은유를 사용하고 있지만(출 15:7에서 야웨의 분노는 이집트인들에게 향하고 있지만, 삼하 22:16에서는

---

12) 지금까지 루아흐는 항상 물에 대항하는 입장에 서 있었다. 이러한 입장은 창조신화에서 신적인 바람과 태고의 물들 사이의 옛 대립을 암시한다. 여기에서 처음으로 물이 루아흐를 묘사하는 형상으로 사용되었다. 더 나아가 물과 루아흐 사이의 적대적 관계를 포기함으로써 비신화화(demythologization)를 시도한다.

13) F. Delitzsch, *Isaiah* Vol. 2, 40은 이 구절들이 야웨를 한 인간처럼 묘사한다고 말한다. 그의 "호흡은 파괴를 위협하는 콧김이다. 그것이 야웨로부터 나올 때 강물을 솟구쳐 오르게 하여 사람의 목의 절반만 볼 수 있을 정도로 사람을 덮는다."

물을 향한다), 이사야 11:15에서 예언자는 갈대바다와 맞서는 야웨의 행동(출 15:8-10)을 염두에 두고 있다.[14] 이 구절은 야웨께서 아시리아, 이집트, 그리고 모든 민족으로부터 그의 남은 백성들을 고향으로 인도하실 새로운 출애굽을 묘사한다(사 11:12).

> 15 여호와께서 애굽 해만을 말리시고
>
> 그의 손을 유브라데 하수 위에 흔들어
>
> 뜨거운 바람을 일으켜(בְּעְיָם רוחו)
>
> 그 하수를 쳐 일곱 갈래로 나누어
>
> 신을 신고 건너가게 하실 것이라.
>
> 16 그의 남아 있는 백성
>
> 곧 앗수르에서 남은 자들을 위하여 큰 길이 있게 하시되
>
> 이스라엘이 애굽 땅에서 나오던 날과 같게 하시리라(사 11:15-16).

히브리 단어 "아얌"(עְיָם)의 의미는 문맥상 "뜨거운"으로 유추할 수도 있지만, 사실 그 의미는 분명하지 않다. 70인역(LXX)은 이 단어를 "아참"(עָצַם)으로 읽기를 선호한다.[15] 사무엘하 22:16에서와 같이 루아

---

14) 출 15장에서 야웨의 손과 야웨의 영이 모두 등장함을 주목하라(8절, 10절, 12절). 비록 실제 출애굽 사건을 언급하는 것은 아니지만 이집트에 대한 언급이 다시 등장하는 사 31:3도 주목하라. 사 31:3에는 "영"으로 번역되는 능력의 범주가 존재하는데, 왜 사 11:15에는 동일한 루아흐의 범주가 발견되지 않는가? 비록 기본 의미가 능력이지만 사 31:3에서 루아흐를 "영"으로 번역하는 데 별 어려움이 없다. 출 15:8, 10의 루아흐를 사 31:3의 경우와 같이 야웨의 영으로 번역해야 할 더 중대한 이유는 두 본문 모두에 있어서 사실상의 적대자는 야웨의 능력과 상대가 되지 못하는 이집트이기 때문이다.

흐의 의미는 "바람"이 아니고 "영"이다(은유적인 관점으로 호흡). 이러한 결론은 루아흐가 "손"과 나란히 등장하고 있기에 오직 "호흡" 또는 "영" 만이 신인동형론적으로 평행을 이룰 수 있다.[16] 야웨가 어떠한 대행 자의 도움 없이 스스로 행동하고 있는 이 구절에서(15a절), "바에얌 루 호"(בְּעָיָם רוּחוֹ)는 야웨가 자기 백성을 위해 뜨거운 분노로 역사하신다고 해석하기보다는 심리적인 감정을 의미하는 것으로 해석하는 것이 더 바람직해 보인다.[17] 따라서 평행 단락은 그의 분노의 열정을 표현한 사 무엘하 22:16이다(아마도 겔 3:14의 "분한 마음으로"와 유사한).[18] 여기서 루

---

15) 이 단어에 대한 논의를 위해서는 다음을 참조하라. F. Delitzsch, *Isaiah* Vol. 1, 292와 H. Hummel, "Enclitic *mem* in Early Northwest Semitic, Especially Hebrew," *JBL* 76(1957), 95-96.

16) 참조. D. Lys, *Ruach, Le Souffle dans l'Ancien Testament*, 82-83. 루아흐는 단어 의 한 의미에 있어서 신인동형론(anthropomorphism)이지, 실제로 그것과 동일하 다는 뜻이 아니다. Lys는 누구도 인간을 모델로 삼아 하나님을 묘사할 수 없기 때문 이라고 설명한다. 왜냐하면 호흡은 본질적으로 불안정하고 미약하기 때문이다. Lys 는 테오모르피즘(theomorphism) 이라는 단어를 선호한다. 이미 가장 오래된 본문 들에서 시작되었던 바람에 대한 강등의 과정이 이사야의 시대에 이르러 더 발전되어 서 심지어는 이사야가 바람을 상징적으로나 문자적으로 단지 창조된 자연의 한 요소 로 말하기에 이르렀다(D. Lys, *Ruach, Le Souffle dans l'Ancien Testament*, 77-79). 물론 여기에는 바다와 일곱 머리를 가진 용과 같은 배경에 숨어있는 신화적인 암시가 있다. 그러나 이사야가 신화적인 바람과의 혼동의 가능성을 피하기 위하여 "바람" 보다는 "영", "호흡", 또는 "분노"를 염두에 두고 있었다고 생각할 충분한 이유 가 있다. 단어의 미묘한 역할은 유일신 신앙이 증명하듯, 그의 청중들에게 있어서 상 실되지 않았다.

17) 참조. G. Fohrer, 앞의 글, 156은 "그의 영의 충만한 능력 안에서…"로 번역하고, T. K. Cheyne, *The Prophecies of Isaiah* (London: C. Kegan PauI, 1880), 77은 "그 의 격렬한 돌풍"(his violent blast)으로 번역한다.

18) 만약 루아흐가 바람으로 번역되어야 한다면 이 번역은 손과 바람의 동시 발생으 로 인해 생겨난 어려움을 제거해준다. 야웨의 손만으로도 충분한데 왜 야웨는 바람

아흐는 하나의 감정 즉 능력이 충만한 감정이요, 야웨의 백성을 구원하기 위해 물과 맞서서 대응하는 야웨의 행동에서 발견되는 감정이다.

그러나 호세아 13:15은 야웨의 루아흐를 자신의 백성을 겨냥한 하나의 파괴적인 능력으로서 말한다.

> 15 그가 비록 형제 중에서 결실하나
>
> 동풍이 오리니
>
> 곧 광야에서 일어나는 여호와의 바람이라(רוּחַ יְהוָה יָבוֹא קָדִים).
>
> 그의 근원이 마르며 그의 샘이 마르고
>
> 그 쌓아 둔 바 모든 보배의 그릇이 약탈되리로다.
>
> 16 사마리아가 그들의 하나님을 배반하였으므로
>
> 형벌을 당하여 칼에 엎드러질 것이요 그 어린 아이는 부서뜨려지며
>
> 아이 밴 여인은 배가 갈라지리라(호 13:15-16).

호세아 13:15-16은 광야로부터 불어오는 맹렬한 동풍의 모습으로 침략하는 아시리아의 침공을 예언한다. 사마리아는 박탈당할 것이며, 가장 무시무시하고 잔인한 행위들을 견뎌야 할 것이다(15e절, 16b절).

을 필요로 하거나 또는 중복된 무기로서 바람을 사용해야만 하셨는가? "바에얌 루호"(בְּעָיִם רוּחוֹ)를 야웨가 그의 손을 어떻게 흔드셨는지를 묘사하는 부사구로 번역을 한다면 이러한 어려움이 제거된다. "바에얌"(בְּעָיִם)에 대한 다양한 모든 해석들은 이 문구의 의미를 거의 변화시키지 않고도 이 해석에서 사용될 수 있다. "그의 분노의 능력 안에서", "그의 분노의 열기 속에서" 또는 H. Hummel("Enclitic *mem* in Early Northwest Semitic, Especially Hebrew," 95-96)처럼 "끓어오르는 그의 분노" 모두 가능하다.

루아흐 야웨(*ruach Yahweh*)를 "여호와의 바람"으로 번역하는 RSV의 번역은 의문의 여지가 있다. 15절의 주어는 사실 문자적인 바람과 가뭄이 아니라 아시리아의 공격과 그에 따르는 사마리아에 대한 약탈이다. 물론 이것은 맹렬한 바람의 모양으로 나타나지만, 야웨의 분노의 결과라고 간주된다(14e절, 16ab절). 그러므로 여기서 "동풍"과 동격으로 사용된 "루아흐 야웨"는 바람을 의미하기 위해서가 아니라 불순종한 사마리아를 겨냥한 야웨의 정의로운 분노의 표현으로서 야웨가 그의 분노의 지팡이인 아시리아를 데리고 온다는 사실을 표현하기 위해 사용되었을 가능성이 매우 높다.

이러한 설명은 다음과 같은 고려들을 통해 지지를 얻는다. 호세아는 다른 곳에서 바람을 단지 무익함에 대한 상징으로 사용한다(호 4:19; 8:7; 12:1). 여기서 호세아가 과연 바람에게 중요한 의미를 부여할 의도가 있었는지가 의심의 대상이다. 만일 그랬다면 "야웨의 바람"이라고 언급되었을 것이다. 또한 호세아서뿐만 아니라 구약 전체를 통하여 오직 두 번만 바람이 "야웨의 바람"으로 언급된다(사 40:7; 59:19). 바람의 의미를 강등시키려는 구약 저자들의 경향으로 볼 때에, 호세아가 이러한 경향과는 반대로 "야웨의 바람"이라는 표제를 사용하면서 바람의 위치와 중요성을 강조했다고는 거의 믿을 수 없다.

이는 루아흐 야웨가 "야웨의 바람"을 뜻하는 것이 아니라 "야웨의 영"을 뜻하고 있음을 암시하는 것이며, 또한 그의 분노를 언급하기 위해 사용된 것이라고 볼 수 있다. 이런 식으로 해석되면 이 단락은 사무엘하 22:16과 비슷하게 된다. 비록 사무엘하 22:16에서 야웨의 분노가 자신이 택한 왕을 위해 물을 겨냥한다는 차이점이 존재하기는 하지만 말이다. 좀 더 가까운 평행은 이사야 27:8에서 발견된다.

8 주께서 백성을 적당하게 견책하사 쫓아내실 때에

동풍 부는 날에 폭풍으로 그들을 옮기셨느니라(사 27:8).

또한 의미상의 유사성들은 예레미야 13:24과 18:17에서도 발견된다. 그러나 예레미야는 결코 루아흐를 "영"의 의미로 사용한 적이 없다. 오히려 예레미야는 유다에 대한 야웨의 징계를 나타내기 위해 1인칭 대명사를 사용한다.

리스(Lys)[19]는 이 구절에 숨겨진 아이러니를 지적한다. 마치 아모스가 이스라엘이 자신들의 구원을 기대하고 있었던 야웨의 날을 심판의 날로 바꾼 것처럼, 호세아도 다른 날들에는 바다로부터 야웨의 백성의 구출을 의미하던 루아흐 야웨를 여기서는 이스라엘을 겨냥한 파괴적인 힘으로 바꾸어 놓는다.

마지막으로 하나님의 응징이라는 동일한 문맥에서 미가 2:7은 기분이나 심정을 의미하기 위해 루아흐를 사용한다. 다만 "짧은"(קצר)이라는 형용사가 그것을 수식하고 있다. 이는 "편급"(short-tempered) 또는 "급한"(petulant)과 같은 뉘앙스를 제공한다.

6 그들이 말하기를 "너희는 예언하지 말라.

이것은 예언할 것이 아니거늘

욕하는 말을 그치지 아니한다" 하는도다.

7 너희 야곱의 족속아, 어찌 이르기를

"여호와의 영이 성급하시다" 하겠느냐(הֲקָצַר רוּחַ יְהוָה),

---

19) D. Lys, *Ruach, Le Souffle dans l'Ancien Testament*, 74.

구약의 성령론

"그의 행위가 이러하시다" 하겠느냐?

나의 말이 정직하게 행하는 자에게 유익하지 아니하냐(미 2:6-7).

또다시 이 본문은 호세아 9:7과 같이 예언자의 답변과 함께 청중들의 야유가 담긴 문자 기록으로 보인다. 6절은 미가의 심판 선포에 대한 백성들의 저항 그리고 심판은 결코 오지 않을 것이라는 백성들의 확신을 기록하고 있다. 이에 대하여 미가는 7절에서 그의 청중들이 방금 말한 것은 말한 대로 그렇게 되지 않을 것이라고 답변한다. "여호와의 신이 편급하시다 하겠느냐"[20]는 "여호와가 심판을 가지고 오는 것이 화를 잘 내거나 편급하기 때문인 것인가?"를 의미한다. 여기서 납득될 수 있는 대답은 "아니다"이다. 왜냐하면 야웨의 영은 사람의 영과 다르기 때문이다. 미가는 야웨께서 악한 심정으로 어떤 사람을 치는 것 같은 인간적인 방식으로 행동하시지 않는다고 역설한다. 그와는 반대로 그는 출애굽기 34:6의 약속에 따르면 참을성 있고, 인내하시는 분이다. 심판의 사역은 그의 유일한 사역이 아니다. 또한 그는 정직한 자에게는 선하신 분이다.

---

20) "카차르 루아흐"(קְצַר רוּחַ)의 뜻이 "제한된" 또는 "짧은"을 뜻하기보다는 오히려 "야웨의 영이 편급하겠느냐"를 의미한다는 사실은 동일한 히브리 문구가 등장하는 성서의 다른 세 개의 본문들에 의해서 확인되는 것 같다(출 6:9; 욥 21:4 그리고 무엇보다도 잠 14:29). "카차르 루아흐"(קְצַר רוּחַ)는 "에레크 아파임"(אֶרֶךְ אַפַּיִם, 화내기를 더디 하는])과 대조를 이룬다. 출 6:9에 대한 RSV의 번역은 "상한 영"이라기보다는 "성급함"이다. 왜냐하면 야웨와 모세를 향한 지속적인 불만을 드러내는 자들과 함께 이스라엘은 상한 심령이 아닌 다른 어떤 것처럼 보이기 때문이다. "제한된"이란 번역을 위해서는 R. Wolfe, *Micah*, IB, Vol. VI, 913을 보고, "짧은"이라는 번역을 위해서는 N. Snaith, *Amos, Hosea, and Micah* (London: Epworth, 1956), 87을 보라.

여기서 야웨의 영은 심리적인 특성을 의미하는 것으로 이해될 수 있다. 그러나 질문하는 방식에 있어서 미가는 야웨의 영이 성급하지 않다고 주장할 뿐만 아니라, 사람의 영 또는 사람의 행위와 같은 용어로 하나님의 영을 묘사할 가능성을 부인하고 있는 것 같다. 그 반대가 진실이다. 즉 하나님의 영은 근원(source)이지, 인간의 영의 반영(reflection)이 아니다.

이사야 4:4에서 루아흐는 그의 능력보다는 야웨의 분노를 말하고 있는 것으로 보인다. 이 단락은 영의 새로운 역할을 소개한다. 왜냐하면 이 단락이 시작하는 이사야 4:2이 "그날에"로 그 시간을 설정하고 있기 때문이다. 이는 이러한 사건들이 미래의 새로운 시대에 일어나게 될 것을 알려준다.

이사야 3:13-4:1에서 심판과 탄핵을 선포한 후, 예언자는 갑자기 자신의 청중들에게 정화된 예루살렘의 미래의 날(사 4:2)에 대해 다음과 같이 말한다.

4 이는 주께서 심판하는 영과 소멸하는 영으로(בְּרוּחַ מִשְׁפָּט וּבְרוּחַ בָּעֵר)
시온의 딸들의 더러움을 씻기시며
예루살렘의 피를 그중에서 청결하게 하실 때가 됨이라(사 4:4).

이 구절은 의심할 필요도 없이 이사야 3장, 즉 예루살렘 여인들의 죄(사 3:16-24)를 지칭하는 예루살렘의 딸들의 더러움(문자적으로 인간의 배설물)과 장로들 및 고관들의 부정한 행위들을 의미하는 예루살렘의 핏자국(사 3:14-15)과 관련이 있다. 심판의 루아흐와 불타는 루아흐는 하나님의 영을 의미해야만 한다. 왜냐하면 바람은 청결하게 하거나 씻을 수 없으며,[21] 인간 안에 있는 영은 이러한 심판을 수행할 권한과 능력을 갖추고 있지 못하기 때문이다. 따라서 청결하게 하는 이는 야웨이시며, 그의 도구인 루아흐가 야웨의 소유가 아닌 다른 무엇이 된다는 것은 상상할 수 없는 일이다.

이사야 4:2의 "싹"(צֶמַח)은 2-6절에서 언급되는 미래 시대가 메시아의 시대임을 확인해준다(참조. 렘 23:5; 33:15; 슥 3:8; 6:12; 시 132:7). 메시아의 왕국에서는 메시아적 왕이 통치할 것이고(2a절), 자연은 놀라울 정도로 비옥하게 될 것이며(2b절), 예루살렘에 남은 자들은 정결하고 거룩하게 될 것이다(3절). 그리고 야웨가 친히 그들 중에 거할 것이다(5-6절). 그러나 "임"(אִם)이 4절 맨 앞에 등장하는 이런 문장 구조는 4절로 하여금 2절, 3절, 5절, 6절에 묘사되는 상황에 대한 서문(prelude)이 되게 한다. 주님은 메시아 왕국의 도래를 준비하고, 남은 자들로 거룩하다고 칭함을 받게 하며, 그들로 하여금 시온산에 임하실 하나님의 영광 앞에서 소멸되지 않고 견딜 수 있게 만들기 위해 예루살렘 도성과 그 거주민들을 정결하게 할 필요가 있었다.

하나님의 영은 야웨가 이러한 정화를 위해 사용하는 도구가 될 것이다. 야웨는 심판하고 책망하며 정결케 하는 그의 영을 사용해서 예루살렘 지도자들의 범죄들과 거주민들의 악의와 교만의 범죄들로 인해 더러워진 예루살렘을 정결하게 씻어야만 했다. "심판"(מִשְׁפָּט)은 법

---

21) 참조. F. Delitzsch, *Isaiah* Vol. 1, 155; G. B. Gray, *The Book of Isaiah* (New York: Scribner's, 1912), 80; V. Herntrich, *Der Prophet Jesaja*, 71; J. Mauchline, *Isaiah 1-39* (London: SCM Press, 1962), 76, 그리고 많은 다른 사람들은 "하나님의 영"으로 이해한다. J. Skinner, *Isaiah* (Cambridge: University Press, 1922), 31 은 루아흐를 "신적인 힘"으로 적절하게 묘사한다.

적인 결정[22]과 야웨의 영에 의한 책망을 의미한다. "소멸하다"(בָּעַר)는 씻어냄과 제거함을 말한다(참조. 신 13:5; 왕상 22:46; 그리고 사 6:13). 그러나 이것이 예루살렘 거주민들의 완전한 멸절을 의미하는 것은 아니다. 오히려 야웨가 함께하시는 메시아 왕국에서의 삶을 위한 정결함의 준비를 의미한다. 이사야 11:2에서 사용된 소유격에서와 같이 "심판" 및 "소멸"과 같은 단어들은 영의 특성을 나타내기보다는 영이 도래할 경우의 영향들을 나타낸다.

이 단락에서 영은 야웨와 매우 밀접한 것으로 확인된다. 왜냐하면 정결하게 하는 이가 야웨 자신이기 때문이다. 여기서 영은 신적인 능력 그 이상을 의미한다. 왜냐하면 영은 야웨의 거룩한 현존으로부터 그의 백성을 분리시키는 악에 대한 야웨의 분노와 격렬한 반대를 나타내기 때문이다. 이 단락은 처음으로 인간 안에서 내적인 변화를 일으키는 영을 보여준다. 또한 이 본문은 그 영이 윤리적으로 거룩하다는 것을 보여줌과 동시에 그 영을 언약, 즉 왕의 언약(2절) 및 시내산 언약(5절)과 연결시킨다("구름", "연기", "화염", "영광"). 그러나 정결하게 하는 영의 사역을 포함하고 있는 이 전체 단락은 단지 미래에 대한 기대에 불과하다.

C. 야웨의 마음(사 30:1)

구약에서 사용된 야웨의 루아흐는 대부분 그의 능력이나 신적임 힘 또는 그의 분노를 일컫는다. 그러나 이사야 30:1에서는 가장 특이한 의미가 루아흐에 덧붙여진다. 그것은 보통 히브리어 "레브"(לֵב)로 표현되

---

22) 참조. G. Fohrer, *Das Buch Jesaja*, 74.

는 것으로 야웨의 "마음"(mind)이다.

이 구절에서 야웨는 예언자를 통하여 아마도 기원전 705년 아시리아의 왕 산헤립에 대항하기 위해 체결된 이집트와의 동맹을 비난한다.

> 1 여호와께서 이르시되 "패역한 자식들은 화 있을진저,
>
> 그들이 계교를 베푸나 나로 말미암지 아니하며
>
> 맹약을 맺으나 나의 영(רוּחִי)으로 말미암지 아니하고
>
> 죄에 죄를 더하도다.
>
> 2 그들이 바로의 세력 안에서 스스로 강하려 하며
>
> 애굽의 그늘에 피하려 하여 애굽으로 내려갔으되
>
> 나의 입에 묻지 아니하였도다"(사 30:1-2).

기원전 705년 아시리아 왕 사르곤의 죽음과 함께 유다는 아시리아의 통치에 대한 반항을 목적으로 제안된 이집트와의 동맹(1절 "계교", "맹약")과 관련된 외교적인 논의에 연루된다. 히스기야를 포함한 유다의 정치 지도자들은 자신들이 정치-군사적으로 이집트에 의존하려는 계획을 이사야가 반대한다는 사실을 분명히 알고 있었다. 그래서 그들은 이사야와 상의하지 않았다(2절). 이사야는 자기와 상의하지 않은 것은 야웨로부터 조언을 받지 않은 것과 다름없다고 말한다. 야웨는 아마도 예언자에 의해 주어지는 조언을 통해 이스라엘의 외교정책을 인도하기를 원했을 것이다.[23] 야웨의 신탁을 듣지도 않고, 심지어 묻지도

---

23) 통치자들이 예언자들을 통하여 야웨의 조언을 구하였던 경우에 관해서는 다음을 참조하라. 사 37장; 왕상 22:5-28; 왕하 3:11-27; 또는 렘 38:14-28.

않으려는 이스라엘의 완고함은 야웨의 인도하심에 대한 반역으로 간주된다("패역한 자식들").

1절의 영의 의미는 마치 2절이 단순히 1절에 대한 재진술인 것처럼, 단지 2절에 의해서만 결정될 수는 없다. 적어도 1절에서 루아흐의 의미는 3가지가 가능하다.

1) 루아흐는 예언자의 영감을 뜻할 수 있다. 이는 2절에 의해 쉽게 연상할 수 있다. 이 경우에 루아흐는 예언자의 메시지의 근원, 즉 이스라엘이 듣기 거부했던 이사야의 조언의 말씀을 고취시킨 영이다. 이러한 의미는 1절과 2절의 연결을 통하여 쉽게 간파된다. 그러나 이사야가 어느 곳에서도 자신의 신탁이나 다른 예언자의 신탁의 근원이 영이라고 말한 적이 없기 때문에 이러한 해석에 이의가 제기될 수 있다.

2) 루아흐는 이사야 40:13에서와 같이 야웨의 의지 또는 야웨의 마음을 의미할 수 있다.[24] 이 의미는 평행법에 의해 지지를 받는다. "나로 말미암아…나의 신으로 말미암아." 여기서 하나님의 영은 신적인 존재의 한 부분처럼 보인다. 이것은 이 문구로 하여금 이집트와의 동맹이 하나님의 뜻에 의한 것이 아니라는 의미를 갖게 한다. 그러나 이러한 해석에 대한 주된 걸림돌은 이 표현이 구약에서 굉장히 드물다는 것이고, 이 표현은 예루살렘의 이사야에 의해서 다시는 어느 곳에서도 사용되지 않는다는 점이다.

---

24) A. Jepsen, *Nabi*, 16의 각주 4에서 그렇게 해석한다. G. Fohrer, *Das Buch Jesaja*, 86-87은 "나의 생각에 있지 않다"로 번역하면서 "그렇기 때문에 그들은 세상을 다스리시는 하나님의 뜻에 상응하지 않는 계획을 꾀한다. 왜냐하면 그는 다른 의도를 마음에 두고 있기 때문이다"라고 언급한다.

구약의 성령론

3) 마지막으로 루아흐는 능력을 의미할 수 있다. 유다가 이집트와의 동맹을 결정한 것은 야웨의 능력에 의한 것이 아니다. 이러한 해석은 근접한 문맥에 의해 쉽게 제안되지 않는다. 그러나 이집트가 연루된 비슷한 문맥들 속에서 이집트의 약함과 대조를 이루는 것이 야웨의 능력이라는 것은 주목할 만한 점이다. 가장 확실한 실례가 바로 이사야 31:1-3이다. 예언자가 이 개념을 자주 사용하는 것으로 판단해보았을 때 예언자가 루아흐의 뜻으로서 마음에 품고 있었던 것은 바로 하나님의 능력인 듯하다.

그러나 세 번째 대안에 대한 증거의 무게에도 불구하고 루아흐의 의미는 궁극적으로 근접한 문맥에 의해서 결정되어야만 한다. 만약에 1b절과 1c절이 평행이라면, 루아흐의 의미는 그와 평행한 "민니"(מִנִּי)에 의해서 결정될 것이다. 만일 이스라엘이 이행하고 있는 계획이 "나로 말미암지 않은" 것이라면, "그 계획(계교)이 야웨로부터 권능을 부여받지 못했다"라고 말하는 것이 불가능한 것은 아니다. 그러나 보다 더 명확하고 더 적절한 것은 그 계획 자체가 야웨로부터 기인한 것이 아니라고 해석하는 것이다. 따라서 평행 문구인 1c절이 1b절을 바꾸어 말한 것이라면, 이사야는 그 동맹(맹약) 또한 야웨로부터 기인한 것이 아님을 말하고 있는 것이다. 그것은 그분의 의지가 아니다. 그것은 이스라엘을 향해 그가 마음에 품고 있는 것과 완전히 반대되는 것이다.

만일 이러한 해석이 옳다면 이사야는 구약에서 단 한 번 발견되는 야웨 자신의 의지의 중심을 의미하기 위해 루아흐를 사용하고 있는 것이다.

D. 새로운 시대의 카리스마적인 지도력(사 11:2)

언약 공동체 내에서 카리스마적인 지도력의 특징이었던 영의 은사가 다윗과 함께 갑자기 종결되었다는 사실은 이미 위에서 언급되었다. 이 것은 모세로부터 시작해서 장로들과 사사들을 지나서 사울 그리고 다 윗으로 이어지는 카리스마적인 "계승"이 왕조와 함께 끝났음을 의미한 다. 그 당시 뒤이어 발생한 예언자들에게로의 영의 이동은 예언자들이 이스라엘의 카리스마적인 지도자가 되었음을 의미하는 것으로 해석될 수 있다. 예언자들 이후에 누가 되었든, 실제로 카리스마적인 지도력의 바통을 어떤 이가 물려받았는지를 결정하는 것은 쉬운 일이 아니다.

그러나 이사야 11:2에서 이사야는 영에 의한 카리스마적인 임명의 주제를 다시 집어 들고, 그것을 새로운 시대로 투영시킨다. 이 본문(사 11:1-9)은 이미 이전에 끊긴 왕조로부터(1절 이새의 줄기) 돋아나는 미래 의 다윗 왕의 도래를 묘사한다. 그의 도래는 정의와 의로운 심판으로 특징지어지는 통치의 시작(3-5절)과, 타락 이전에 존재하던 본래의 낙 원을 떠올리게 하는 특징들이 존재하는 낙원 같은 왕국의 시작을 나타 낼 것이다(6-9절).[25] 그러나 그 그림의 중앙에는 하나님의 영으로 축복 받은 통치자가 서 있다.

> 2 그의 위에 여호와의 영,
> 곧 지혜와 총명의 영이요,
> 모략과 재능의 영이요,

---

25) V. Herntrich, *Der Prophet Jesaja*, 209는 사 11:6-9의 낙원의 회복이 메시아에게 임한 영의 현현의 결과라는 점에서 창 1:2와 사 11:2 사이의 관계를 본다.

지식과 여호와를 경외하는 영이

강림하시리니(사 11:2).

이 구절에서 이사야는 오래 전 이스라엘의 과거에 있었던 카리스마적인 인물들을 언급한다. 하나님이 주신 임무를 일시적으로 수행하기 위해 각기 다른 시대에 선택된 개인들 위에 부여되었던 은사들이 메시아적인 왕에게도 허락된다.[26] 지혜(חָכְמָה)와 총명(בִּינָה)은 분별력 있고(נָבוֹן) 현명했던(חָכָם) 모범적인 통치자 요셉에게 임했던 하나님의 영의 영향력을 일컫는 것이다(창 41:39).[27] 모략(עֵצָה)의 영은 모세가 백성을 심판할 때 그를 돕던 장로들에게 "임했던" 영을 일컫는 것이다(민 11:17). 육체적인 능력과 용맹을 의미하는 재능(גְּבוּרָה)의 영은 메시아적인 지도자로 하여금 용감하고 과감한 행동을 할 수 있도록 영에 의해 감동되었던 초기 암픽티오니 동맹의 사사들과 같은 존재들로 만든다.[28] 지식의 영과 주를 경외하는 영은 하나님의 영에 의해 다윗에

---

26) J. A. Alexander, *Isaiah Translated and Explained* (New York: John Wiley, 1851), 163은 다음과 같이 말한다. "소유격들은 영의 질이 아닌 영향들을 나타낸다.…이것은 마지막 절에서 분명해진다. 마지막 절에서 야웨에 대한 두려움은 야웨의 영에 대한 속성이 아니라 그의 영향력의 열매임에 틀림이 없다."

27) W. McKane, *Prophets and Wise Men*, 110은 다음과 같이 말한다. "이상적인 다윗 왕은 현자와 같은 지혜의 어휘로 묘사된다. 그의 지혜는 카리스마적 재능으로부터 나오는 것이며(야웨의 루아흐가 그에게 임할 것이다), 경건(또한 법적인 경건) 즉 야웨를 두려워하는 것과 연관된다."

28) W. Eichrodt, *Theology of the Old Testament* I, 309는 용사의 특징들이 구원하는 군주(Savior Prince) 이미지 속에 포함되어 있다는 사실은 초기의 사사들과 같은 사람들이 야웨의 통치의 도구들로 간주되었고, 구속사의 신정한 참여자로 간주되었다는 것을 보여준다.

게 주어진 특별한 은사인가(참조. 삼하 23:3의 "하나님을 경외함으로 다스리는")? 영의 카리스마는 솔로몬 왕정 때부터 사라졌다. 이것은 왕이 더이상 최고의 통치자인 야웨에게 종속되지 않음을 의미한다. 왕은 신적인 지명에 의해서가 아니라 출생의 권리로 다스렸다. 그러나 지금 영의 은사는 새로운 다윗에게서 완전히 새롭게 갱신된다. 이 카리스마적인 지도력의 갱신은 야웨가 사실상 지도자요 왕임을 의미한다. 왜냐하면 그는 지금 카리스마적인 영을 통하여 지상의 부(副) 통치자(vice-regent)를 선택하실 권한을 가지고 있기 때문이다.

처음으로 여기서 주님을 "알고" 그를 두려워하는 경건과 믿음의 은사가 하나님의 영의 속성이 된다. 그래서 재능이 부여되는 것 이외에 내면의 도덕적인 변화가 발생한다. 비록 다시금 영이 은사이고, 강요될 수는 없을지라도, 여기서는 영에 의한 인간의 격렬한 "사로잡힘"(possession)은 사라졌다. 격렬한 사로잡힘은 조용하게 "임하는 것"으로 대체되었다. 그러나 이러한 하나님의 영의 활동이 이사야의 시대에는 실현되지 않았고, 단지 미래에 대한 비전으로서 그에게 보인 것이라는 사실을 상기할 필요가 있다. 새로운 시대의 도래는 무엇보다 메시아적 지도자와 함께하시는 하나님의 영의 현존으로 특징지어진다.

V. 결론

영에 대한 예언자들의 명확한 침묵에도 불구하고 이 시기의 본문들은 그 이전 시기와 비교했을 때 중요한 변화를 보여주는 방식으로 영을 언급한다.

무엇보다도 이전 시기의 전형적인 특징이었던 영의 과격한 측면들이 더는 분명하게 나타나지 않는다. 다시 한번 영은 이스라엘 초창기의 암픽티오니 지도자들로부터 이 시기의 예언자 운동으로 대부분 이동했다. 예언자들과 관련하여 영은 그들의 신탁에 영감을 주고, 그들로 하여금 그들의 임무를 완수할 수 있도록 능력을 부여하는 것으로 묘사된다.

초기 시대에 영은 이스라엘을 위해 행동하시는 야웨의 구원하는 능력이었다. 이와 동일한 뉘앙스가 이 시기에도 이어지기는 한다. 그러나 영이 야웨의 백성을 겨냥하여 징벌하시고 파괴하는 능력이 되었다는 점에 있어서 중요한 변화가 생겨났다.

영의 카리스마적인 특성은 유지된다. 그러나 왕들에 대한 카리스마적인 선택의 종결과 함께 영의 카리스마적인 특성은 단지 하나의 방식, 확실하게 말하자면 이스라엘의 가장 이른 시기의 카리스마적인 지도자들을 상기시키는 유형으로서 메시아적인 왕을 위한 하나의 가능성으로 간주된다.

결국 이 시기의 영은 야웨의 마음과 심리적인 감정의 용어로 다시 정의된다.

앞을 보면 이 시기의 성서 저자들은 영에 대한 제한된 개념을 가지고 있었음을 볼 수 있다. 인간이라는 대상 속에서 영의 사역은 여전히 대체적으로 외면적이다. 여전히 영을 부여받은 사람 안에서 일어나는 도덕적이고 영적인 깊은 변화들에 대한 증거는 나타나지 않는다(새 시대의 메시아적 왕을 제외하고).

어찌 되었든 영은 회중(congregation)을 구성하는 평범한 사람들의 매일의 삶과 연결되지 않고 있다. 여전히 영의 도래는 이스라엘 내에서 특별한 임무를 위하여 임명된 선택된 사람을 위한 것이다.

마지막으로 창조된 세상과 영의 관계는 여전히 부정적이다. 영은 야웨의 구원 행동들을 방해하는 자연의 요소들과 맞서 대항한다. 아직 어떠한 본문도 영을 창조의 동인(agent)으로 묘사하지는 않는다.

THE SPIRIT OF GOD
IN THE OLD TESTAMENT

제4장

"이 뼈들이 능히 살겠느냐?":
유배 그리고 초기 재건

이스라엘의 유배는 이스라엘을 존재하게끔 만드는 생명의 피와 같은 것으로서 이스라엘의 믿음을 넓히고 또 깊게 하는 최후의 일격(coup de grace)이었다. 기원전 587년에 예루살렘은 죽음의 도시가 되었고 유다는 생명이 없는 송장이 되었다. 백성들이 그들의 절망을 다음과 같이 표현한 것은 놀랄 만한 일이 아니다. "우리의 뼈들이 말랐고, 우리의 소망이 없어졌으니 우리는 다 멸절되었다"(겔 37:11). 그러나 영에 의하여 깨어난 이스라엘이 유배라는 죽음으로부터 일어설 수 있었듯이(겔 37:14), 하나님 앞에서의 삶을 언어와 문학으로 표현하는 이스라엘의 사상적인 삶도 갱신, 즉 기원전 587년의 치명적인 재난의 결과로 생겨난 문예부흥(renaissance)을 경험하게 되었다.

유배가 영 개념의 사용을 자극하였다는 것은 이 시기의 대다수 본문들이 포로기의 저자들(예를 들어 제2이사야, 에스겔, 그리고 제사장 자료)에 의해 기록된 책들 속에서 나타난다는 사실에 의해 입증된다. 추가적으로 여러 개의 영 본문들을 포함하고 있는 학개서와 스가랴서도 포로지에서 귀환한 자들에 의해 기록된 것들이다. 아마도 예루살렘의 멸망과 많은 옛 형식들이 파괴되었던 바빌론 포로기는 하나님의 영의 활동에 대한 자유로운 표현을 다시금 허락해주었을 것이다.

I. 날줄(Warp): 망명으로부터의 귀환들

직조공의 베틀 위에서 날줄과 씨줄이 서로 얽히듯 포로기의 문예부흥의 효과가 영의 사역의 모든 범주에서 일어나고 있음이 관찰된다. 분명히 새로운 의미들이 이 시대에 언급될 것이다. 즉 창조의 대행자로서의 영, 그리고 야웨의 현존을 상징하는 영이다. 그러나 포로기 이전에 있었던 영에 대한 묘사들에서뿐만 아니라 이 시기의 새로운 범주에서도 바빌론 유배의 영향들, 즉 전대미문의 재앙이 가져다준 충격이 관찰된다. 그렇기에 이제 바빌론 포로기 동안 하나님의 영에 대한 묘사에 있어서 지대한 영향을 끼쳤던 이러한 개념들, 특별히 바빌론 포로기의 특징들을 기술할 필요가 있다.[1]

---

1) 대략적으로 기원전 593-460년의 본문들은 다음과 같다. 창 1:2; 출 28:3; 31:3; 35:31; 민 27:18; 신 34:9; 사 27:8; 32:15; 34:16; 40:13; 42:1; 44:3; 48:16; 59:21; 61:1; 63:10, 11, 14; 겔 1:12, 20, 21; 2:2; 3:12, 14, 24; 8:3; 10:17; 11:1, 5, 24; 36:27; 37:1, 14; 9:29; 43:5; 욜 2:28-29; 학 2:5; 슥 4:6; 6:8; 7:12; 욥 4:9; 26:13; 32:8; 33:4; 34:14; 시 33:6; 51:11; 104:30; 139:7; 143:10. 역사 문헌의 본문들은 모두 제사장적 자료에서 온 것들로서, 일반적으로 이 시기의 것으로 추정된다. 사 27:8을 포로기 이후의 본문으로 보는 견해를 위해서는 S. R. Driver, *An Introduction to the Literature of the Old Testament* (New York: Meridian Library, 1956), 221을 참조하라. 사 31:15의 연대에 관해서는 S. Mowinckel, "The 'Spirit' and the 'Word' in the Pre-exilic Reforming Prophets," 201, 각주 8을 참조하라. 사 34:16에 관해서는 A. Weiser, *Introduction to the Old Testament*, 193을 참조하라. 제2이사야의 본문들은 일반적으로 포로기의 것으로 간주된다. 사 59:21; 61:1 그리고 63:10; 11:14은 주저함 없이 포로기 곧 포로기 이후 초기로 분류된다. 에스겔의 신탁들은 기원전 593년-571년 사이다. 요엘에 관해서는 S. R. Driver, *Joel and Amos* (Cambridge: University Press, 1915), 25를 참조하라. 학개와 스가랴 모두 성전을 재건축하던 시기인 기원전 520년-516년에 속한다. 욥기에 대해서는 A. Weiser,

A. 개인의 부각

개인에 대한 강조는 이미 야웨와 예레미야 사이의 지극히 개인적인 대화를 옮겨놓은 예레미야의 고백록(Jeremiah's confessions, 예레미야의 신탁 여기저기에서 발견됨, 11-20장) 속에서 인지될 수 있다. 그러나 연합하여 예배하는 회중으로부터 평범한 개인이 부각되기 시작했다는 것은 기원전 587년에 언약 공동체가 와해되었고, 예루살렘에 중심을 둔 제의가 중단되었으며, 하나님과 백성 사이를 중재하는 제사장이 포로로 끌려갔음을 추론하게 한다. 다시 말해서 개인적인 죄와 집단적인 죄의 문제는 엄밀히 말해서 파괴와 유배라는 채찍의 끈이 믿는 자나 믿지 않는 자 모두를 내려치는 무차별적인 방식으로 제시되었음에 틀림없다.

포로기 이전의 영 본문들에서는 볼 수 없었던 이러한 개인주의 경향은 이 시기의 영 본문들 속에서 아주 명확하게 나타난다. 엘리후는 욥기 33:4에서 "하나님의 영이 나를 지으셨고, 전능자의 기운이 나를 살리시느니라"라고 말하면서, 그는 다른 사람들과 같이 육체요 피라고 주장한다. 또 다른 창조 본문, 즉 영이 생명의 기부자로 나타나는 이사야 44:3은 다음과 같이 말한다.

Introduction to the Old Testament, 291이나 S. Terrien, *Job*, IB, Vol. III, 890을 참조하라. 개별 시편들의 연대를 확실하게 측정하는 것은 불가능하다. 시 33:6은 이 시기로 연대가 측정된다. 왜냐하면 제2이사야서와 창 1장과의 유사성 때문이다. 시 51:11은 일반적으로 포로기 시대의 것으로 간주된다. 참조. H. -J. Kraus, *Psalmen* (Neukirchen: Neukirchener Verlag, 1960), 384. 시 104:30은 창 1장과의 유사성 때문에 이 시기로 분류된다. 시 139:7도 욥기와의 많은 유사성 때문에 이 시기로 연대가 매겨진다. 시 143:10은 여기뿐만 아니라 다른 곳에도 잘 어울린다.

3 나는 목마른 자에게 물을 주며 마른 땅에 시내가 흐르게 하며,

나의 영을 네 자손에게,

나의 복을 네 후손에게 부어 주리니(사 44:3).

4절 이후에서 영의 사역의 개인적인 특징이 가장 명확하게 드러난다.

5 한 사람은 이르기를 "나는 여호와께 속하였다" 할 것이며,

또 한 사람은 야곱의 이름으로 자기를 부를 것이며,

또 다른 사람은 자기가 여호와께 속하였음을 그의 손으로 기록하고

이스라엘의 이름으로 존귀히 여김을 받으리라(사 44:5).

이곳에는 개종자로서 언약 공동체에 합류한 비 이스라엘 사람들을 새롭게 하는 영의 사역이 묘사되어 있다.

개인주의, 특별히 언약 공동체의 일반 구성원을 포함하는 개인주의는 영의 다른 범주들을 관통하는 특징이다. 이스라엘의 지도자들을 위한 것이었던 카리스마적 영이 욥기 32:8-10에서 엘리후에 의해 요구되고 있다.

8 그러나 사람의 속에는 영이 있고

전능자의 숨결이 사람에게 깨달음을 주시나니

9 어른이라고 지혜롭거나

노인이라고 정의를 깨닫는 것이 아니니라.

10 그러므로 내가 말하노니 내 말을 들으라.

나도 내 의견을 말하리라(욥 32:8-10).

구약의 성령론

엘리후는 연륜에 의해서가 아니라 영을 통해서 하나님의 특별한 선물로 말미암아 지혜를 갖게 된다고 주장한다.

요엘 2:28-29은 이스라엘의 모든 계층에게 예언자적 영을 약속한다. 아들들과 딸들, 늙은이와 젊은이, 그리고 종들조차도 예언의 영의 방문을 받게 될 것이다.

하나님께서 그의 영을 통하여 개별 신자들과 함께하신다는 사실은 시편 저자에 의해서 시편 139:7에 명시되어 있다.

> 7 내가 주의 영을 떠나 어디로 가며
>
> 주의 앞에서 어디로 피하리이까(시 139:7).

마지막으로 하나님께서 영을 통하여 개별 신자들을 인도하신다는 사실은 시편 51:11과 에스겔 36:27에 잘 나와 있다.

> 27 또 내 영을 너희 속에 두어 너희로 내 율례를 행하게 하리니
>
> 너희가 내 규례를 지켜 행할지라(겔 36:27).

B. 내적인 삶

인간 안에서 영의 역사로 말미암아 일어난 도덕적이고 윤리적인 내적 변화를 묘사하는 본문들이 이 시기에 나타난다. 그 이전의 시기에서는 이사야 4:4과 11:2만이 영에 의한 이러한 종류의 변화를 묘사하는 유일한 본문들이었다. 지금 이 시기의 본문들 속에서 묘사되는 변화는 비록 그것이 보다 깊은 정화와 갱신의 용어로 묘사된 것이지만, 변화는 여전히 오직 미래의 가능성으로 나타날 뿐이다.

내면의 삶에 대한 이러한 강조의 증가는 포로기의 주요한 특징들 중 하나이다. 여러 요소들이 이러한 발전의 촉매제 역할을 했다. 예루살렘의 멸망과 유다 민족의 삶의 파괴는 단지 신앙을 가진 사람들뿐만 아니라, 이 참사를 경험한 모든 사람들로 하여금 자아를 깊이 성찰하도록 만들었다. 또한 언약 백성들에게 임했던 이러한 반복된 타격은 거듭해서 내적인 정화를 요구했었던 예언자들의 권고를 소수가 아닌 다수의 사람들로 하여금 청종하게 만드는 분위기를 조성했다. 예루살렘에서 정기적으로 행해졌던 제의의 외형적 파괴는 개인적인 예배 및 예배자의 내적인 삶의 발전을 강조하는 계기가 되었다.

이사야 32:15에서 예언자는 영이 부어지면 그 결과로서 "정의가 광야에 거하며 공의가 아름다운 밭에 거하리니"라고 말한다. 공의의 영향은 평온과 평화 그리고 신뢰가 될 것이다. 정의와 공의는 적어도 영에 의해 완수된 인간의 내적인 삶의 변화에 의해서 영향을 받는 것으로 나타난다.

이사야 42:1은 영이 그 위에 임한 종에 관한 묘사이다. 그가 참을성 있고, 충실하며, 변함이 없을 것이라는 사실(3-4절)은 그 안에서 발생한 영의 결과라고 해석될 수 있다.

위에서 언급했듯이 이사야 44:3-5은 이방인들이 스스로를 언약 공동체와 동일시하도록 만드는 변화를 묘사하고 있다.

마지막으로 이러한 분문들 중에서 가장 특별한 에스겔 36:26-32은 새로운 마음과 새로운 영이 하나님의 백성에게 주어질 것이라고 기술한 후에 영의 사역을 묘사한다.

27 또 내 영을 너희 속에 두어 너희로 내 율례를 행하게 하리니 너희가 내

구약의 성령론

규례를 지켜 행할지라.

…

29 내가 너희를 모든 더러운 데에서 구원하고 곡식이 풍성하게 하여 기근
이 너희에게 닥치지 아니하게 할 것이며(겔 36:27-29)

새로운 언약에 참예하는 자들은 이처럼 하나님의 영이 갖는 매우
내면적이고 깨끗하게 하시는 능력을 경험하게 될 것이다.

C. 미래를 향한 전환

억압의 시기에는 항상 주님을 기다리는 자들 편에서 미래를 향한 전환
이 있기 마련이다. 특히 예루살렘 멸망 이후 반세기 동안에 이 말은 사
실이었다. 과거를 지탱하던 지상의 모든 실체들, 즉 왕, 성전, 도시, 제
의 등이 모두 파괴되었다. 장차 새롭게 하실 야웨의 역사하심에 대한
희망과 기대 외에는 절망에 대한 그 어떤 대안도 남아 있지 않았다. 그
래서 신앙에 대한 이 시기의 몇 가지 심오한 표현들은 약속의 언어로
나타났고, 미래로 투영되었다.

또한 이것은 이 시기의 영 본문들의 경우에서도 사실이다. 이사야
32:15, 42:1, 44:3, 에스겔 36:27, 37:14, 39:29, 요엘 2:28-29이 미래
를 내다보고 있다는 것은 쉽게 인식된다. 모든 피조물들을 포함한 하
나님의 백성들은 새롭게 될 것이고 변화될 것이다. 영의 능력을 통하
여 인간은 순종할 수 있게 될 것이다. 영의 부어짐의 결과로서 이스라
엘의 모든 사람들은 예언자들이 될 것이고, (그들의 증언의 결과로서?) 열
방들은 야웨와 언약을 맺게 될 것이다.

그러나 이러한 영광스러운 전망은 이 신탁들이 선포된 실제의 상

황을 결코 반영하지 않는다. 이러한 약속을 선포한 예언자들은 미래만 바라보고 있었다. 왜냐하면 현실적으로 하나님 외에는 어떠한 희망도 존재하지 않았기 때문이다.

D. 영의 우주적인 활동

아마도 낯선 땅으로의 대규모 방출(exportation)은 옛 형식들의 파괴를 위해 필요했던 것일지 모른다. 어찌 되었든 이것은 유배가 이스라엘에 끼친 영향이다. 이스라엘은 야웨의 주권에 정면으로 도전하는 비이스라엘인들의 우주발생론(cosmogonies)과 마주 대하는 상황에 처했다. 이것은 야웨의 우주적 지배에 대한 진술(statement) 또는 재진술(restatement)을 절대적으로 필요하게 만들었다. 제2이사야뿐만 아니라 제사장 자료 및 욥기에서 창조 전승에 대한 엄청난 강조가 등장하는 것은 바로 이 때문이다.

야웨의 우주적인 주권을 강조하는 이러한 경향은 이 시기의 본문들 전반에서 나타난다. 이것이 가장 잘 보이는 본문들은 창조 전승 본문들이다(창 1:2; 욥 26:14; 시 33:6; 104:30; 사 40:13). 영의 사역의 우주적인 측면이 이 모든 본문들 속에서 발견된다. 그러나 악인에 대한 응보를 말하고 있는 욥기 4:9의 "다 하나님의 입 기운[נְשָׁמָה, 네샤마]에 멸망하고 그의 콧김[רוּחַ, 루아흐]에 사라지느니라"는 영의 사역을 이스라엘에 국한시키지 않고, 간접적으로 영을 우주적인 요소로 표현한다. 시편 139:7은 더욱 직접적으로 말한다. "내가 주의 영을 떠나 어디로 가며 주의 앞에서 어디로 피하리이까."

포로기의 결과임에 틀림이 없는 야웨의 우주적인 통치에 대한 또 다른 측면이 있다. 타국에서 사는 것은 이스라엘로 하여금 언약 밖의 사람들을 직접 대면하도록 만들었고, 열방과 야웨와의 관계를 다시 생각하도록 만들었다. 제2이사야의 대답은 야웨의 구원 계획에 열방이 포함된다는 것이었다. 이러한 생각은 영의 부어짐을 통하여 언약 밖에 있던 사람들이 언약 속으로 들어오게 될 것이라고 말하는 이사야 44:3에서 찾아볼 수 있다. 이런 식으로 야웨의 통치는 해안지대와 지구 끝까지 확장될 것이다.

II. 씨줄(Woof): 생명 그리고 현존, 영의 새로운 패턴들

영의 사역을 묘사하기 위해서 사용되었던 옛 범주들(예를 들어 분노, 예언적 영감, 카리스마)이 자연스럽게 포로기까지 이어져 내려왔다. 그러나 2가지 새롭고 중요한 의미들이 이 시기에 등장한다. 하나는 창조의 동인(agent)으로서 생명을 부여하는 영이고, 다른 하나는 자신의 백성 또는 믿는 자들과 함께하시는 야웨의 현존을 나타내는 영이다.

A. 창조의 영, 생명의 공급자

창조라는 주제는 구약의 가장 오래된 문서층의 시기에서도 나타난다(참조. 창 14:22). 그러나 창조는 포로기가 되기까지는 중요 주제가 되지는 못했다. 이것은 이사야 1-39장과 포로기 본문인 이사야 40-55장을 비교할 때 자명하게 드러난다. 물론 포로기에 살았던 이스라엘 사람들이 왜 우주발생론을 강조해야만 했는지는 다만 추측할 수 있을 뿐이다. 우주발생론이 이토록 강조되었던 것은 아마도 이스라엘이 메소포타미아의 신화인 에누마 엘리쉬(*Enuma Elish*)를 기념하던 바빌론의 신

년 축제와 직접적으로 접촉했었기 때문일 것이다. 제2이사야 또는 제 사장들이 야웨의 창조 사역에 대한 보다 완전히 발전된 진술을 통하여 바빌론의 신 마르둑(Marduk)에 맞서서 야웨의 우주적인 통치를 주장 하는 것이 필요하다고 느꼈을 가능성도 있다. 또한 포로기 동안 역사 에 대한 관심 특히 이스라엘의 기원에 대한 증가된 관심뿐만 아니라, 역사의 종말에 대한 관심이 그들로 하여금 최초의 시작으로까지 거슬 러 올라가게 했고, 그러한 초기의 기원과 관련하여 건설적인 신학적 진술을 만들게 했을 가능성도 있다.

그 이유야 어찌 되었든 간에 창조는 욥기와 제2이사야서, 그리고 창 세기 1장(P) 및 몇몇 시편들과 같은 포로기에 속하는 문헌 속에서 주된 쟁점으로 등장하기 시작했다. 이러한 문헌들 속에서 하나님의 영은 단 지 우주 창조의 동인(agent)일 뿐만 아니라 인간과 우주를 새롭게 하는 인간의 창조자요 생명의 근원으로서 처음으로 창조 전승과 연결된다.

1. 루아흐, 우주 창조의 동인(창 1:2; 욥 26:13; 시 33:6; 104:30)

(a) 창조와 관련된 주요 본문은 물론 창세기 1:2이다. 왜냐하면 다른 창 조 문맥들에서 루아흐의 의미가 상당수 창세기 1:2의 루아흐 의미에 의존하기 때문이다. 따라서 이 본문을 먼저 검토할 것이다.

창세기 1:2[2]의 루아흐 엘로힘(ruach elohim)의 의미에 대한 논쟁들은 다음과 같은 문제들에 집중된다. 루아흐를 "바람"으로 번역할 것인가, 아니면 "영"으로 번역할 것인가? 루아흐를 2절의 혼돈과 함께 있는 것으

---

2) 창 1장에 대한 완전한 참고문헌을 위해서 W. H. Schmidt, *Die Schöpfungsgeschichte der Priesterschrft* (Neukirchen: Neukirchener Verlag, 1964), 192-200을 참조하라.

구약의 성령론

로 볼 것인가, 아니면 3절의 하나님과 함께 있는 것으로 볼 것인가?[3]

> 2a 땅이 혼돈하고 공허하며(וְהָאָרֶץ הָיְתָה תֹהוּ וָבֹהוּ)
>
> 2b 흑암이 깊음 위에 있고(וְחֹשֶׁךְ עַל־פְּנֵי תְהוֹם)
>
> 2c 하나님의 영은 수면 위에 운행하시니라(וְרוּחַ אֱלֹהִים מְרַחֶפֶת עַל־פְּנֵי הַמָּיִם)(창 1:2).

비록 창세기 1:1-2b에 대한 해석이 2c절의 루아흐의 의미를 결정함에 있어서 결정적이지는 않지만 그럼에도 불구하고 2c절이 위치한 문맥을 이해하기 위해서는 우선 1절과 2ab절을 검토할 필요가 있다. 창세기 1:1은 3-31절에 나오는 전체 창조 과정에 대한 표제어(a superscription)로 해석되거나, 또는 2절이나 3절에서 끝나는 관계절(a relative clause)로 해석되어왔다.[4] 1절과 3-31절에 하나님의 창조 행위

---

3) 참조. 예를 들어 J. M. P. Smith, "The Syntax and Meaning of Genesis 1:1-3," *American Journal of Semitic Languages and Literatures* 44(1927/8), 111-114; 동일 저자, "The Use of Divine Names as Superlatives," *American Journal of Semitic Languages and Literatures* 45(1928-29), 212-213은 "강력한 바람"(powerful wind)을 제안한다; K. Galling, "Der Charakter der Chaosschilderung in Genesis 1,2," *Zeitschrift für Theologie und Kirche* 2(1920), 145-155는 루아흐가 2절에 등장하는 혼돈의 일부이고, 바람은 혼돈 위에서 공허를 채우는 역할을 한다고 제안한다; W. McClellan, "The Meaning of ruach 'elohim in Genesis 1, 2," *Biblica* 15(1934), 517-527은 "영"을 "하나님의 창조 능력"으로 해석한다; 그리고 J. P. Peters, "The Wind of God," *Biblica* 30(1911), 44-54; *JBL* 33(1914), 81-86은 루아흐를 신화적 사상을 따라 우주의 중요한 영으로서 "바람"으로 번역하기를 원한다.

4) 완벽한 문법적 분석을 위해서는 J. Skinner, *A Critical and Exegetical Commentary on Genesis* (New York: Charles Scribner's Sons, 1917), 12-14를 참조하라.

가 존재한다는 것은 의심의 여지가 없다. 2c절의 루아흐 엘로힘의 해석을 위해 창세기 1:1에 대한 상이한 해석들 사이에서 어떤 것을 선택할 필요는 없다.

창세기 1:2은 다음을 의미하는 것으로 해석되어왔다. 1) 창조되었든 창조되지 않았든지 혼돈[5] 그리고 하나님의 창조 행위 이전에 존재한 혼돈, 2) 창조 활동이 관찰될 수 있는 어둡고 중립적인 배경으로서의 무(nothingness),[6] 3) 질서 있는 창조 과정의 첫 번째 단계. 즉 1절은 독립적인 문장이고, 2절은 혼돈을 묘사하지 않으나 아직 완성되지 않은 창조의 시작을 묘사하는 것으로 본다.[7]

만일 루아흐가 "바람"을 의미한다면 루아흐는 오직 혼돈의 한 부분으로서 해석될 수 있다. 왜냐하면 구약성서에 제시된 바에 의하면 하나님의 "영"은 분명히 창조된 요소가 아니며, 원시적 혼돈에 내재된 부분도 아니기 때문이다. 구문론적으로 2c절은 혼돈[8]에 속한다. 이는 루아흐를 "바람"으로 번역하는 것에 대한 근거가 된다.

둘째로 루아흐의 움직임을 묘사하는 단어 "메라헤페트"(מְרַחֶפֶת)가 둥지 위를 날아다니는 독수리의 움직임을 묘사하기 위해서 신명기

---

5) C. A. Simpson, *The Book of Genesis* IB Vol. I, 467-468.

6) K. Galling, "Der Charakter der Chaosschilderung in Genesis 1,2," 149; G. von Rad, *Genesis* (London: SCM Press, 1973), 49; B. S. Childs, *Myth and Reality in the Old Testament* (London: SCM Press, 1960), 42-82 그리고 R. Kilian, "Gen 1,2 und die Urgötter von Hermopolis," *Vetus Testamentum* 16(1966), 435.

7) S. Terrien, *Old Testamen Theology* (New York: Union Theological Seminary 미간행 강의안) 그리고 Edward J. Young, "The Interpretation of Genesis 1:2," *Westminster Theological Journal 23*(1960-61), 170.

8) 참조. B. S. Childs, *Myth and Reality in the Old Testament*, 32-33.

구약의 성령론

32:11에서도 사용되고 있는 것은 이미 알려진 사실이다. 날개란 독수리를 전제한다. 그러나 의미를 유추하면 그것은 바람을 말한다고 볼 수 있다. 이러한 해석은 창세기 1:2의 루아흐를 바람으로 이해한다. 시편 18:10-11과 104:3에서도 날개는 바람으로 간주된다.[9]

셋째로 몇몇 사람들은 아마도 바람의 신 콜피아(Kolpia)의 아내이자 밤의 여신인 바아우(Baau)와 연관성이 있는 "보후"(בהו)의 언급 속에서 페니키아 신화와의 접촉점을 찾기도 한다.[10] 이것은 넌지시 루아흐를 "바람"으로 번역하면서 2절에서 바람의 존재를 제안한다.

넷째로 "테홈"(תהום)이 어원적으로 아카드어의 티아마트(Tiamat)와 연관된다는 사실은 자주 지적되어왔다.[11] 이러한 연관성으로 말미암아 많은 주석가들은 이 루아흐가 마르둑이 티아마트와의 우주적인 싸움에서 사용했던 일곱 바람들과 동일한 "바람"으로 번역되어야 한다는 결론을 내렸다.[12]

마지막으로 루아흐는 2절의 다른 어떤 요소들보다 결코 역동적이지 않고, 하나님이 시종일관 친밀하고 인간적으로 묘사되고 있기 때

---

9) 참조. P. van Imschoot, "L'Esprit de Jahvé, Source de Vie'," *RB* 44(1935), 490.

10) B. S. Childs, *Myth and Reality in the Old Testament*, 32가 각주 3번에서 언급하였고, Skinner, 앞의 글, 50과 L. Waterman, "Cosmogonic Affinities in Genesis 1:2," *American Journal of Semitic Literature* 43(1927), 179, 183이 논의하였다.

11) 참조. W. F. Albright, "Zabul Yam and Thapit Nahar in the Combat between Baal and the Sea," *Journal of the Palestine Oriental Society* XVI(1936), 18 각주.

12) 참조. H. May, "The Creation of Light in Genesis 1:3-5," *JBL* 43(1939), 203-204; H. Orlinsky, "The Plain Meaning of ruach in Gen 1:2," *The Jewish Quarterly Review* 48(1957-8), 177; E. A. Speiser, *Genesis* (Garden City: Doubleday, 1964), 3; Peters, 앞의 글, 52-54.

문에 영(spirit)은 필요가 없으며, 따라서 영이라는 번역은 그리스의 영향을 받은 후기 번역에서 생긴 것이라는 주장이 제기되었다. 이렇게 주장하는 사람들은 여기서는 오직 바람만이 묘사되고 있다고 결론 내린다.[13]

반면 이곳의 루아흐를 "바람"으로 번역하는 것에 대한 반대 주장이 훨씬 더 많은 것으로 보인다. 무엇보다 "바람"이라는 번역을 선호하는 사람들의 주장에 대한 답변에는 다음과 같은 주장이 있을 수 있다.

1) 2c절 "베루아흐"(וְרוּחַ)에서 "바브"(ו)는 반의 접속사(waw adversative)로 번역될 수 있다. 그렇게 되면 "그러나 영은 수면에 운행하시느니라…"로 번역되면서 2c절은 2ab절과 연결되기보다는 오히려 분리가 된다.[14]

2) 그러나 설령 구문론적으로 2c절이 2ab절의 혼돈에 관한 언급에 속한다고 해도 루아흐가 혼돈과 동등한 요소로서 그 혼돈의 일부를 의미해야 할 필요는 없다. 그것은 단지 혼돈의 요소들과 대항하여 맞서는 다른 종류의 것으로 이해되는 루아흐의 활동을 표현할 수도 있는 것이다.[15] 뿐만 아니라 2절에서 루아흐만이 유일하게 (능동적 연결사 [copla]가 아닌 동사 형태)로 묘사되고 있다는 사실은 루아흐를 혼돈의 일부로서가 아니라 혼돈과는 완전히 구별된 것으로 보려는 견해를 지지해 준다.

---

13) 참조. H. Orlinsky, "The Plain Meaning of ruach in Gen 1:2," 180-181.

14) 참조. U. Cassuto, *A Commentary on the Book of Genesis* (Jerusalem: Magnes Press, 1961), 24.

15) 이것은 B. S. Childs, *Myth and Reality in the Old Testament*, 35 또는 I. Blythin, "A Note on Gen 1:2," *Vetus Testamentum* 12(1962), 121의 설명에 의한 것이다.

구약의 성령론

3) 비록 동사 "메라헤페트"(מְרַחֶפֶת) 때문에 루아흐를 바람과 동일시 하는 것이 그럴듯해 보이지만 그러나 그것은 아직 결정적인 것은 아니다. 오직 "영"으로만 번역될 수 있는 문맥들 속에서 루아흐는 "뛰었다", "옷 입혔다", "부어졌다"와 같은 신인동형론적인 용어로 자주 묘사된다. 그리고 날개의 사용을 암시하는 동사형의 사용은 바람뿐만 아니라 영에게도 제법 잘 적용될 수 있다.

4) 페니키아 신화와의 연관 가능성이 제기되었지만 그것은 개연성이 없는 것으로 간주되고 있다. 왜냐하면 연관성이 있다는 제안은 단지 추정일 뿐이며, 더욱이 페니키아의 신화를 묘사하고 있는 자료들이 제사장 문서 자료보다 후대의 것들이기 때문이다.[16]

5) 바빌론 창조 신화와의 유사성이 자주 지적되고 있지만, 대부분의 주석가들은 결정적인 차이점들을 지적하기에 주저함이 없다. 제사장계열의 저자는 바빌론의 신화를 있는 그대로 받아들이지 않았다. 오히려 그는 바빌론의 창조 이야기가 묘사하고 있는 것을 물리치기 위해서 바빌론의 창조 신화를 사용했다. 제사장계열의 저자는 바빌론 신화를 사대주의적으로 복제한 것이 아니라, 오히려 그 반대로 사용했다고 볼 수 있다.[17] 따라서 우리는 마르둑 신화에서 바람이 하나의 중요한 구성요소로 나타나기 때문에 2c절의 루아흐에도 바람이 나타나야만

---

16) 참조. B. S. Childs, *Myth and Reality in the Old Testament*, 32의 각주; Skinner, *Genesis*, 50; L. Waterman, "Cosmogonic Affinities in Genesis 1:2," 183은 후대 페니키아 자료들의 기원을 원시 페니키아 자료로까지 소급해서 올라갈 수 있다고 보았다. 그러나 지금까지 후대의 자료에서 바아우(Baau)나 콜피아(Kolpia)와 상응하는 어떤 것도 발견되지 않았다.

17) 참조. G. von Rad, *Genesis*, 88; Skinner, *Genesis*, 17.

한다고 주장할 수는 없다.

게다가 "바람"으로 번역하는 것에 이의를 제기하는 심도 있는 다른 사항들에 대해서 심사숙고해 보아야 한다. 첫째로 만일 바람으로서 루아흐가 혼돈의 일부분이라면, 왜 루아흐는 엘로힘의 수식을 받는 것일까? 이러한 경우에 엘로힘을 "하나님"으로 번역하는 것은 불가능하다. 엘로힘을 최상급으로 고려하자는 제안이 있었다. 왜냐하면 형용사에 "최고"(mighty)라는 의미를 부여하는 엘로힘의 문법적 용례가 구약에 있기 때문이다.[18] 그러나 비록 이러한 문법적 용례가 구약에 존재하지만, 루아흐 엘로힘(ruach elohim)이 이런 식으로 강한 바람 또는 능력의 바람으로 사용된 곳은 없다. 둘째로 제사장 계열의 저자는 2절의 엘로힘을 1절과 3절의 엘로힘과 다른 의미로 사용하지 않았을 것이다. 왜냐하면 다르게 번역되어야 할 만한 어떠한 단서도 제공하지 않기 때문이다.[19]

만일 엘로힘이 "거센"이나 "강력한"을 의미하지 않는다면, 그것은 오직 하나님을 지칭해야만 한다. 그러나 "하나님의 바람"(또는 "신적인 바람")은 혼돈의 내적인 일부가 될 수가 없다. 그래서 하나님의 바람은 혼돈과 맞서고, 혼돈 위에서 활동하는 능력 또는 힘을 의미해야만 한

---

18) J. M. P. Smith, "The Syntax and Meaning of Genesis 1:1-3," 111-114에 의해 제안되었으나, D. Winton Thomas, "A Consideration of some Unusual ways of Expressing the Superlative in Hebrew," *Vetus Testamentum* 3(1953), 215-219에 의해 심각하게 의문시되었다.
19) S. Sabatino Moscati, "The Wind in Biblical and Phoenician Cosmogony," *JBL* 56(1947), 306-307에 의해 언급되었고, B. S. Childs, Myth and Reality in the Old Testament, 35에 의해 다른 맥락에서 지적되었다.

구약의 성령론

다. 그렇다면 이때 바람의 기능은 무엇인가? 창조의 과정에서 건조시키는 바람은 결코 될 수 없다. 왜냐하면 마른 땅은 제3일까지 나타나지 않기 때문이다. 바람에는 창조의 기능이 거의 주어질 수 없었다. 왜냐하면 구약성서에서 바람은 결코 창조의 과정에 참여하도록 허락되지 않았기 때문이다. 이와는 대조적으로 포로기에 이르러 바람은 강등되어 자연적인 것이 되었다. 그것은 아마도 마르둑 신화에서 묘사된 신적인 바람의 개념에 대한 반발 때문일 것이다. 제사장계열의 저자가 마르둑 신화의 신적인 바람을 대신하기 위해 루아흐 엘로힘(*ruach elohim*)을 사용했을 가능성이 있다. 그러나 저자가 "하나님의 바람"을 의미하기 위해 루아흐 엘로힘을 사용했다고 믿기는 어렵다. 왜냐하면 이 어법은 구약에서 아주 유일한 구문이기 때문이다. 이 사실, 즉 구약에서의 바람의 용례 하나만으로도 2c절에서 루아흐를 "바람"으로 번역하는 것에 반대하는 결정적인 근거가 될 수 있어 보인다.

그렇다면 "영"으로 번역하는 것에 대해서는 어떤 말을 할 수 있을까? 아마도 가장 강력한 근거는 제사장 문서와 대략 비슷한 시기의 것으로 추정되는 창조 본문들 속에서 찾아볼 수 있다. 즉 이사야 40:13, 시편 33:6, 욥기 26:13이다.[20] 이 모든 본문들은 루아흐를 피조된 요소가 아닌 창조하는 능력으로 사용한다. 의심의 여지없이 처음의 두 구절에서 루아흐는 "바람"으로 번역될 수 없다. 그러나 세 번째 루아흐는 비록 약간은 뜻이 정확하지 않지만 바람보다는 "숨"이나 "영"으로 번역

---

20) 참조. 또한 시 104:7. 시 104:7에는 루아흐가 없다. 그러나 원시의 물들을 뒤로 물러나라고 말할 때(참조. 시 33:6) 사용되었던 야웨의 분노(루아흐) 및 야웨의 호흡(루아흐) 모두를 나타내는 가아라트카(גַּעֲרָתְךָ)(시 18:15과 비교)가 있다.

되어야 한다. 창세기 1장과 명백한 유사성을 가지고 있고, 또 창세기 1장에 영향을 주거나 영향을 받기도 했었을 이 세 본문들[21]은 창세기 1:2의 해석에 있어서 매우 중요하게 간주되어야만 한다.

시편 33:6과 직접적으로 연관되어 있는 것은 루아흐의 기능이다. 창세기 1:2에서 영으로서의 루아흐는 목적도 없으며, 그다음 구절들에서 언급될 수 있을 정도의 결과들을 만들어내는 어떠한 유용한 기능도 행하지 않는다는 이의가 제기되었다.[22] 정확히 말해서 루아흐를 "영"으로 번역하는 것이 "바람"으로 번역하는 것보다 더 우세해 보이는 것은 바로 이 지점이다. 2절에 묘사된 원시적 우주의 혼돈 요소들 중에서는 바람의 출현에 대한 적절한 설명이 없다. 또한 창세기 1장의 나머지 창조 이야기에서 바람은 다시는 나타나지 않는다. 그러나 "하나님의 영"은 구약의 가장 이른 시기의 저작들 속에서 묘사된 하나님의 영과 조화를 잘 이루고, 1절의 창조의 하나님이 혼돈에 대항하여 계속해서 행동을 취하고 있음을 말함으로써 1절의 창조의 하나님과 3절에 등장하는 동일한 하나님을 연결시킬 뿐만 아니라[23] 시편 33:6과도 조화를 이루는데, 그 영은 3절에 기록된 창조의 말씀에서 직접적으로 분출된다. 한편으

---

21) B. S. Childs, *Myth and Reality in the Old Testament*, 32는 다음과 같이 말한다. "제사장 계열의 저자는 이미 자신을 따르는 제2이사야의 예를 가지고 있었다." 그리고 W. Eichrodt, *Theology of the Old Testament* II, 49는 시 33편은 분명히 제사장적 창조 기사에 의존한다고 말한다.

22) 특히 H. Orlinsky, "The Plain Meaning of ruach in Gen 1:2," 180뿐만 아니라 J. Skinner, *Genesis*, 18과 von Rad, *Genesis*, 48도 이와 같이 이의를 제기했다.

23) 그러므로 B. S. Childs, *Myth and Reality in the Old Testament*, 35와 R. Kilian, "Gen 1,2 und die Urgötter von Hermopolis," 435는 창 1:2이 이 목적을 위해 삽입되었다고 믿는다.

구약의 성령론

로 하나님의 영은 창조의 행위에 있어서 말씀을 품고 말씀을 형성하면서 그 말씀과 함께하는 하나님의 창조적인 능력이다.[24] 다른 한편으로 말씀은 영과 소통하고 영을 인증해준다. 또한 말씀은 포로기 이전의 예언자들이 영을 분별하는 일을 잘 수행했다는 사실을 분명하고도 명확하게 해준다("빛이 있으라"). 특별히 이 단락에서 말씀은 영이 하나의 발산(emanation)으로 해석되는 것으로부터 보호한다.[25] 하나님의 명령은 영의 진정한 본질이 창조에 있어서 작용하는 능력이라는 사실을 밝혀준다.

마지막으로 루아흐를 "영"으로 번역하는 것은 동사 "메라헤페트"(מְרַחֶפֶת)의 의미를 가장 잘 설명해준다.[26] 이 동사는 오직 신명기 32:11에서 한 번 더 발견되는데, 이 부분은 어미 독수리가 자기의 새끼들에게 나는 법을 가르치는 모습을 묘사하는 대목에 속한다.[27] 이러한 의미는 라스 샤므라(Ras Shamra)의 본문들에 의해서 확인된다.[28] 라스 샤므라 본문들 속에서 "라하프"(רחף) 동사는 독수리들이나 매들(그

---

24) 이 본문에서 야웨의 영과 말씀 사이의 관계는 R. Koch, *Geist und Messias* (Wien: Verlag Herder, 1950), 22와 J. Hehn, "Zum Problem des Geistes im alten Orient und im A.T.," 220과 S. Terrien의 출판되지 않은 강의안 등에 의해 언급되었다. 창 1:2에 대한 특별한 해설과 함께 루아흐와 말씀 사이의 관계에 대해서 A. Neher, *L'Essence du Prophétisme* (Paris: Presses Universitaires de France, 1955), 105-115를 참조하라.

25) S. Terrien, "Old Testament Theology."

26) 이 단어를 위해서 B. S. Childs, *Myth and Reality in the Old Testament*, 33, 각주 2를 참조하라.

27) 참조. BDB, 934.

28) 참조. G. R. Driver, *Canaanite Myths and Legends* (Edinburgh: T & T Clark, 1956), 56-59, Aqhat III i 20, 21, 31, 32.

리고 아나트 여신)이 하늘을 배회하거나 하늘로 날아오르는 것을 묘사할 때 사용되었다. 신명기 32:11에서 사용된 이 동사는 새끼가 있는 둥지 위를 배회하는 어미 새의 사랑스러운 관심을 나타낸다. 특이하게 이 단어는 바빌론의 신화에서 티아마트(Tiamat)를 상대로 분노에 가득 찬 전투를 벌이는 바람을 표현하기에는 적당하지 않아 보인다. 따라서 창세기 1:2a 속에서 바빌론 신화의 언급을 찾아내길 원하는 사람들의 번역, 즉 루아흐를 "바람"으로 번역하기 위한 근거로는 사용될 수 없다.[29] 반면 이 동사는 루아흐를 "영"으로 번역하는 데 훨씬 더 잘 어울린다. 리스는 출애굽기 19:4("내가 어떻게 독수리 날개로 너희를 업어")의 문맥에서와 마찬가지로 신명기 32:11의 문맥에서도 구원의 상황을 말하는 것으로 언급한 바 있다.[30] 이것은 창세기 1:2에서 하나님의 영의 기능을 잘 나타내고 있다. 하나님에 의한 창조는 어두움과 무(無) 형태와 혼돈으로부터 세상을 탈바꿈시킨 것이다. 마치 야웨가 신명기 32:10-11의 어미 독수리처럼 이스라엘을 "포효하는 광야의 파괴로부터" 구원하심으로써 "그의 손의 작품"인 유아기의 이스라엘을 돌보신 것과 같이, 야웨는 직접적으로 자신의 영을 통하여 혼돈과 어두움과 무(無) 형태로부터 아직 형성되지 않은 세상을 변형시킨다. 두 구절 속에서 이 단어는 잉태되었으나 아직 미숙한 피조물에 대한 창조주의 사랑스러운 관심을 표현한다. 창세기 1:2c에서 이러한 사랑스러운 관심은 지시하고, 인도하고, 생명을 부여하는 능력인 영과 연합하게 되고, 1:2ab의

---

29) L. Waterman, "Cosmogonic Affinities in Genesis 1:2," 183은 이와는 다르게 이것을 "돌진하다", "매진하다"로 번역하였다.

30) L. Waterman, "Cosmogonic Affinities in Genesis 1:2," 178-183.

구약의 성령론

거대한 무형 위에서 활동하게 된다.

요약하자면 창세기 1:2에서 루아흐 엘로힘(*ruach elohim*)을 "바람"으로 번역하는 것을 반대하는 논거들은 오직 유일한 가능성으로서 "하나님의 영"이라는 번역을 남겨둔다. 루아흐 엘로힘은 하나님의 영이기 때문에 1절과 3절의 창조의 하나님과 관련이 있다. 구약의 다른 곳에서도 언급이 되고 있는 이러한 영과 말씀의 관계는 2절을 독립되거나 관련이 없는 행위로서 격리시키는 것을 막아줄 뿐만 아니라, 영의 창조적인 사역이 3절의 하나님의 말씀 안에서 이어지고 또 완성되고 있음을 말해준다. 신명기 32:11과의 비교는 "메라헤페트"(מְרַחֶפֶת) 동사를 하나님의 영의 창조 행위를 구원의 맥락 속에서 이해되도록 한다. 루아흐 엘로힘은 생명을 부여하는 하나님의 능력이다. 하나님은 이 능력을 통하여 그의 창조물들이 존재하게끔 역사하신다.

(b) 창세기 1:2에서 암시적으로 나타났던 것을 찬양시인 시편 33:6은 명확하게 드러낸다.

> 6 여호와의 말씀으로 하늘이 지음이 되었으며,
> 그 만상을 그의 입 기운으로(בְּרוּחַ פִּיו) 이루었도다(시 33:6).

야웨의 영은 창조 사역에 참여한다. 야웨는 그의 능력을 통하여 하늘과 그 만상을 창조하였다. 명령의 말씀을 품고 선포한 것은 그의 호흡이었다. 그러나 이것은 생명을 부여하는 영을 통하여 하나님이 하늘과 땅을 창조한 것을 언급하기 위한 시적인 방식일 뿐이다.

여기에 하나님이 그의 피조물에게 생기를 불어넣었다고 증언하는 창세기 2:7과 관련된 언급이 나온다. 그러나 말씀의 현존은 야웨의 주권을 확립하고 보호한다. 영과 자연은 동일시될 수 없을 뿐만 아니라 자연이 주님의 신성을 공유하고 있다고 말할 수 없다.[31]

(c) 욥기 26:13에는 창조에 있어서 하나님의 영의 활동에 대한 언급이 나온다. 그러나 이 언급은 신화적인 용어로 표현된다.

12 그는 능력으로 바다를 잔잔하게 하시며

지혜로 라합을 깨뜨리시며

13 그의 입김으로 하늘을 맑게 하시고(בְּרוּחוֹ שָׁמַיִם שִׁפְרָה)

손으로 날렵한 뱀을 무찌르시나니(욥 26:12-13)

이곳에는 폭풍 이후에 하늘을 맑게 하는 자연의 바람뿐만 아니라, 태양을 가리는 용(dragon)을 몰아내는 신적인 바람에 대한 암시가 있다.[32] 그러나 신화는 시인이 하나님의 영의 권능을 통하여 빛과 질서

---

31) W. Eichrodt, *Theology of the Old Testament* II, 앞의 글, 49. Eichrodt 역시 영과 말씀과의 연결 때문에 영의 사로잡힘이 마술 또는 요술로 전락하지 않는다고 말한다. 왜냐하면 말씀의 현존 때문에 영이 인간의 통제 또는 인간의 의지의 지배대상이 되지 않기 때문이다(참조. 또한 29).

32) 참조. G. Hölscher, *Das Buch Hiob* (Handbuch zum Alten Testament; Tübingen: J. C. B. Mohr/P. Siebeck), 1952), 65. N. H. Tur-Sinai, *The Book of Job: A New Commentary*(Jerusalem: Kiryath Sepher, 1957), 383-384는 단어의 구분을 다르게 하면서 13a절을 다음과 같이 해석한다. "그는 그의 바람으로 바다를 그물에 넣는다." 그러나 다른 해석이라고 해도 루아흐의 기본적인 의미에는 어떠한 변화도 없다.

구약의 성령론

잡힌 우주의[33] 창조를 묘사할 때 사용한 장치일 뿐이다(13a절). 이것이 사실이라는 것은 루아흐가 바람으로 번역되는 것을 불가능하게 만드는 일련의 단어들, 즉 "능력", "이해력", "루아흐", "손"에 의해 충분히 드러난다. 저자는 루아흐가 "능력", "이해력", "손"과 같이 신성과 인격적으로 연결되어 있는 것들을 의미할 수 있다는 생각을 전하려고 의도하였다. 그래서 루아흐는 "호흡"으로 번역되어야만 한다. 그리고 이 루아흐는 오직 하나님의 영, 창조하고 생명을 부여하는 하나님의 능력을 의미할 수 있을 뿐이다(참조. 14c절). 더욱이 성서 저자는 바람과 용 같은 세속 신화들의 전통적인 적들과 얽히는 것을 피하기 위해 노력했다. 다른 세 개의 용어들, 즉 "능력", "이해력", "손"(즉 하나님 자신)은 어둠과 혼돈의 능력을 상징하는 바다-라합-뱀과 대립하고 있다. 비록 이러한 암시가 그 안에 있다고 하여도, 루아흐는 이러한 세력들과 분명하게 대립각을 세우고 있지 않다. 오히려 전쟁터를 깨끗하게 하는 부수적인 기능을 가지고 있다. 루아흐는 창조하고 생명을 부여하는 하나님의 능력으로서 어둠으로부터 빛을 불러온다.

(d) 시편 104:30은 모든 피조물의 생명을 만들고 유지하게 하는 하나님의 창조적 능력으로서의 영에 대하여 말한다.

29 주께서 낯을 숨기신 즉 그들이 떨고,

---

33) 참조. S. Terrien, *Job* IB, 1094. "무로부터의 창조(*creatio ex nihilo*)에 대한 시적인 묘사…세속적인 이원론의 주제들이 신학자의 압도적인 일원론(monism) 속에 녹아들어가 있다." 루아흐를 하나님의 영으로 해석하는 것을 위해서는 다음을 참조하라. S. Terrien, *Job* (Neuchâtel: Delachaux and Niestlé, 1963), 217, 각주 4.

주께서 그들의 호흡(רוּחָם)을 거두신 즉

그들은 죽어 먼지로 돌아가나이다.

30 주의 영을 보내어(תְּשַׁלַּח רוּחֲךָ) 그들을 창조하사

지면을 새롭게 하시나이다(시 104:29-30).

생명을 부여하는 영에 대한 언급은 창세기 2:7에 나오는 호흡을 불어 넣는 하나님을 언급하는 것이다. 한편 "창조했다"를 의미하는 동사 "입바레운"(יִבָּרֵאוּן)은 신적인 창조 활동이 오직 영의 보냄을 통하여 이루어졌던 창세기 1:1-2을 떠올리게 한다.

병렬적 구조와 비슷한 용어인 루아흐가 사용되고 있다는 점에 있어서 시편 104:29의 "그들의 호흡"과 30절의 "당신의 영"이 서로 연관된다는 점은 반드시 언급되어야 한다. 그러나 그것들이 동일하지 않다는 점과 시편 저자가 그 둘을 구별하려 했다는 것은 수식 대명사, 즉 "그들의" 호흡과 "당신의" 영에서 분명하게 드러난다. 인간 속의 생명의 숨(life-breath)과 생명을 부여하는 하나님의 독특한 영 사이의 구별은 이 구절에 의해 입증되는 듯하다. 모든 피조물의 콧김과 하나님의 창조적 영을 조심스럽게 구분하면서 시편 저자는 하나님의 영 개념을 전 우주에 발산되고 모든 피조물들의 코에 존재하는 본질 또는 생명의 힘으로 생각하는 것을 차단시켰다. 그러한 개념은 모든 피조물들로 하여금 신성의 일부를 소유하는 것으로 만들고, 구약에서 자주 그리고 아주 분명하게 묘사하고 있는 하나님과 그의 피조물 사이의 엄격한 구별과도 모순되는 개념이다.

반면에 사람의 살아 있음을 상징하는 인간의 호흡은 하나님에 의해 창조된 것이기 때문에 인간의 "호흡"은 하나님의 인격 및 그의 영과 관

련이 있다. 이러한 의미에서 그것은 하나님께 속하고,[34] 시편 104:29에 표현되어 있는 것과 같이 하나님의 결정에 의하여 거두어들여질 수도 있다. 인간의 호흡은 항상 하나님의 은혜에 따른 것이며, 은혜로운 창조 행위에 의해 계속적으로 새롭게 되어야만 한다. 이러한 창조 행위를 묘사함에 있어서 시 104:30은 "호흡"으로 쉽게 번역될 수 있는 루아흐를 사용함으로써 창세기 2:7의 하나님의 호흡 불어넣음을 넌지시 말하고 있다. 그러나 시편 저자는 "그들을 창조하사"라는 신적인 결단의 용어로 창조를 묘사함으로써 30절의 신적인 호흡을 29절의 인간의 호흡과 동일시하는 것을 잠시 멈추게 한다.[35] 이 결론은 시편 104:29-30을 창세기 2:7보다는 창세기 1:1-3에 더 가깝게 위치시킨다.

하나님의 창조 능력은 루아흐라는 단어 때문에 은유화되고 의인화되어 하나님의 호흡으로 간주된다. 그러나 생명을 창조하는 능력이 인간에게 하나님의 영으로 알려진 것도 이 루아흐라는 단어 때문이다. 시편 104:29-30은 생명의 가능성이 하나님께 있다는 진리를 분명하게 밝힌다. 인간은 단지 호흡을 받은 자로서 사는 것이다.

시편 104:10-28의 문맥을 고려해볼 때 104:30은 원래의 창조(the original creation)를 언급하는 것이 아니라, 계속되는 창조(the continuing creation)를 언급하고 있는 것이다. 또한 시편 104:17-23은 사람뿐만 아니라 동물들도 이에 포함되고 있음을 보여준다.

---

34) 그리고 이러한 의미에서 창 6:3, 민 16:22; 27:16, 그리고 욥 27:3도 이것을 사용한다.
35) 마치 창 2:7이 "루아흐"라는 용어 사용을 회피하는 것과 같이, 야웨께서 그에게 숨을 불어 넣었고, 그는 살아 있게 되었다.

2. 인간의 창조자: 하나님의 호흡 불어넣기(욥 33:4; 34:14)

시편 104:30은 우주적인 창조로부터 인간 생명의 창조로 장면을 전환시킨다. 왜냐하면 시편 저자는 이 구절에서 모든 호흡하는 생명의 창조를 묘사하기 때문이다. 시편 104:30과 놀랍도록 비슷한 욥기 34:14-15는 초점을 인간에게로 좁힌다.

> 14 그가 만일 뜻을 정하시고
> 그의 영과 목숨을 거두실진대
> 15 모든 육체가 다 함께 죽으며
> 사람은 흙으로 돌아가리라(욥 34:14-15).

마지막으로 욥기 33:4에서 엘리후는 영의 창조 사역을 개인화하는데, 이 구절의 두 번째 행인 "하나님의 영이 나를 지으셨고 전능자의 기운이 나를 살리시느니라"는 창세기 2:7을 직접적으로 언급하고 있는 것으로 보인다. 이 구절에서 시인은 창세기 2:7을 하나님의 영에 의한 창조의 관점에서 해석하고 있다.

3. 새로운 창조로서의 갱신(겔 37:14; 사 32:15; 44:3)

하나님이 죽은 자에게 생명을 부여할 때마다 창조가 일어난다. 성서 저자들에 의하면 이러한 창조는 자연의 세계에서, 이스라엘 민족 속에서, 또는 개인의 마음속에서 일어날 수 있는 것들이다. 포로기에 이스라엘의 몸이 완전히 죽었을 때, 예언자들은 자신의 백성에게 새로운 생명을 부여하는 야웨의 창조적 능력을 보았다. 3개의 위대한 포로기 본문들인 에스겔 37:14, 이사야 32:15, 44:3은 이것을 영의 사역이라

구약의 성령론

고 보았고, 야웨가 새로운 생명을 그 백성과 그 땅에 불어넣는 수단이라고 보았다.

위의 문맥들 중 첫 번째 본문(겔 37:14)에서 에스겔은 뼈로 가득한 골짜기로 인도된다. 주님은 에스겔에게 "생기를 향하여" 예언하여 생기로 와서 마른 뼈들로 다시 살게 하라고 명령한다. 에스겔이 순종하자 호흡이 뼈들에게 들어갔고, 그들이 살게 되었다. 환상이 끝나자 야웨는 환상의 의미가 무엇인지 설명한다.

> 12 그러므로 너는 대언하여 그들에게 이르기를 "주 여호와께서 이같이 말씀하시기를 '내 백성들아, 내가 너희 무덤을 열고 너희로 거기에서 나오게 하고 이스라엘 땅으로 들어가게 하리라'"(겔 37:12).

14절은 계속해서 이렇게 말한다.

> 14 내가 또 내 영을 너희 속에 두어 너희가 살아나게 하고(וְנָתַתִּי רוּחִי בָכֶם וִחְיִיתֶם) 내가 또 너희를 너희 고국 땅에 두리니 나 여호와가 이 일을 말하고 이룬 줄을 너희가 알리라. 여호와의 말씀이니라(겔 37:14).

이 본문은 민족의 부활에 대해서 말하고 있다. 포로기에 있는 이스라엘은 죽은 몸이다. 왜냐하면 백성은 유일한 생명의 근원이신 야웨로부터 분리되었기 때문이다(참조. 겔 37:11의 "우리는 다 멸절되었다"). 그러나 야웨가 생명을 부여하는 그의 영을 통하여 흙에게 생명을 불어넣고, 최초의 사람을 생명이 되게 했듯이, 지금도 그는 동일한 영을 통하여 이스라엘 백성의 공동체를 다시 살아나게 하고 그들로 하여금 그

고향 땅으로 돌아가게 할 수 있다. 창세기 2:7을 분명하게 언급하는 에스겔 37:1-10[36]은 환상이라는 수단을 통하여 11-14절에서 설명되는 실제를 상징적으로 묘사한다. 9-10절에 나오는 호흡의 창조자가 14절에서 소개된다. 생명을 부여하고, 그와 비슷하게 죽은 것들에게 생명을 회복시킬 수 있는 것은 야웨의 영이다.

이사야 32:15은 민족뿐만 아니라 땅의 갱신을 묘사한다.

> 15 마침내 위에서부터
> 영을 우리에게 부어 주시리니(עַד־יֵעָרֶה עָלֵינוּ רוּחַ מִמָּרוֹם)
> 광야가 아름다운 밭이 되며
> 아름다운 밭을 숲으로 여기게 되리라.
> 16 그때에 정의가 광야에 거하며
> 공의가 아름다운 밭에 거하리니
> 17 공의의 열매는 화평이요
> 공의의 결과는 영원한 평안과 안전이라(사 32:15-17).

15-20절은 14절 및 바로 인접한 선행 절들과 뚜렷한 관련성이 없다. 그러나 이 단락은 아마도 1-5절에서 묘사된 미래 시대에 대한 묘

---

36) 겔 37:9-10에 있는 루아흐는 모든 피조물 속에 있는 호흡 즉 생명의 상징이다. 그러나 호흡, 특별히 사방에서 오는 호흡이 살아 있게 만드는 것은 아니다(이스라엘의 호흡 또는 생명은 사방에서 와야만 한다. 왜냐하면 그것이 사방으로 흩어졌기 때문이다. 참조. 겔 5:10-12). 오직 하나님만이 살아 있게 만든다. 그래서 9-10절은 살리는 과정을 설명한다. 14절에는 그 주체(나의 영)가 묘사되어 있다. 9-10절에 하나님의 영은 묘사되지 않고, 오직 인간의 호흡만 묘사되고 있다.

사의 연속으로 이해되어야만 한다. 그런데 이 묘사는 존재하는 악에 대한 탄핵인 6-14절에 의해 중단된다. 15-20절 단락은 1-5절과 6-14절과 함께 깔끔하게 연결된다. 정의와 공의로 통치하는 왕의 시대(1절)는 영의 수여 및 정의와 공의의 통치(15-17절)와 잘 어울릴 것이다. 이 시대는 6-7절에서 비난 받고 있는 현존하는 불공정을 바로 잡을 것이다. 비옥한 들판과 놀라운 자연의 회복은 10절과 13절의 초라한 수확과 방치되었던 들판의 반전이 될 것이다. 이러한 참사들은 사회적인 범죄들, 억압, 그리고 믿음 없는 자기만족에 대한 심판으로서 민족 위에 임한 것들이었다. "화평한 집과 안전한 거처와 조용히 쉬는 곳"에 거하는 민족을 말하는 18절은 "희락의 성읍"인 예루살렘에 선고된 심판을 이야기하는 13절에 대한 직접적인 응수다.

유일한 생명의 공급자인 하나님의 영은 이사야 32:9-14에 언급된 파멸과 죽음 이후 모든 영역에서 새로운 생명을 수여한다. 파멸은 "일 년 남짓 지나면"(사 32:10) 온다. 영의 부음으로부터 다가오는 갱신은 불명확한 미래에 위치하게 된다.

자연은 새롭게 될 것이다. 이것은 단순히 풍요로움의 증가만이 아니라, 광야를 비옥한 밭으로 변형시키는 것을 의미한다. 마치 모든 피조물들이 태초에 영을 통하여 하나님으로부터 생명의 선물을 받았던 것처럼, 그리고 마치 자연이 인간의 죄 때문에 인간과 함께 고통을 당해야만 했던 것처럼(사 32:10-14), 또다시 자연도 영의 부어짐과 함께 다가오는 피조물의 갱신을 공유하게 될 것이다. 그것은 "영적인"(spiritual) 갱신에 국한되지 않을 것이다. 그럼에도 불구하고 이 본문의 강조점은 민족의 갱신이다("우리에게 부어 주시리니"). 이스라엘 사회의 갱신의 결과로서 정의, 공의, 평화, 평안 그리고 안전이 영원히 있을 것이다. 이것은 낙원의 회복을 의미한다.

여기서는 "육체적"(physical) 생명과 영적인 생명이 엄격히 구분되지 않고 있다는 것이 반드시 지적되어야만 한다. 하나님의 영은 생명을 부여하는 자로서 육체적 갱신과 영적인 갱신을 모두 부여한다. 이러한 사실은 정의와 광야를 연결하고, 공의와 풍요로운 밭을 연결하고 있는 16절에서 특히 두드러진다. 타락의 결과들을 묘사하는 창세기 3장은 "육체적인 것"과 "영적인 것"을 똑같은 것으로 여긴다. 이 본문은 영에 의하여 불어넣어진 새로운 생명이 "육"과 "영" 또는 "인간"과 "자연"의 범주같이 예리하게 구분될 수 없음을 보여준다.

새로운 생명을 부여하는 이 두 번째 창조는 오직 영이 "부어질" 때에만 임할 수 있는 것이다. "붓다"라는 동사를 근거로 영이 마치 물과 같은 성질의 것이라고 말할 수는 없다. 왜냐하면 고난 받는 종도 "자기 영혼을 사망에게 부었다"(사 53:12)라고 표현하기 때문이다. "부어준다"는 것은 마치 하나님께서 고갈될 수 없는 그의 능력을 민족 위에 끝까지 부으심 같이 영이 충만하고 또 아주 넘치게 주어진다는 것을 의미한다. 하나님과 인간 사이의 길들이 활짝 열리게 될 것이다. 이사야 44:3-5은 보통 오직 이스라엘만을 위해 보존되어 오던 영을 통한 생명의 선물을 이방인들에게도 확장시킨다.

3 나는 목마른 자에게 물을 주며

마른 땅에 시내가 흐르게 하며

나의 영을 네 자손에게 [부어주고](אֶצֹּק רוּחִי עַל־זַרְעֶךָ)

나의 복을 네 후손에게 부어 주리니

4 그들이 풀 가운데에서 솟아나기를

시냇가의 버들 같이 할 것이라.

5 한 사람은 이르기를 "나는 여호와께 속하였다" 할 것이며

또 한 사람은 야곱의 이름으로 자기를 부를 것이며

또 다른 사람은 자기가 여호와께 속하였음을 그의 손으로 기록하고

이스라엘의 이름으로 존귀히 여김을 받으리라(사 44:3-5).

마르고 황량한 마음에 생명을 부여하는 강줄기로서 부어진 영이 종의 사역(1-2절)을 돕게 될 것이라는 약속이 미래에 주어진다. 영은 야웨로부터 떠나버린 육체적인 이스라엘의 자손들뿐만 아니라 비이스라엘인들에게도 주어질 것이다. 여기서 처음으로 하나님의 영에 의한 이스라엘과 비이스라엘 모두의 갱신이 묘사된다. 만일 그 갱신의 대상이 이스라엘 사람들만을 의미했다면 그들이 야곱의 이름을 취할 이유가 없을 것이다.[37] 갱신은 완전하고, 환상은 보편적이다.

B. 성령 안에서의 야웨의 현존(겔 39:29; 시 139:7)

야웨의 얼굴을 바라보는 것, 즉 야웨의 현존 안에 거하고 또 야웨와 교제하는 것은 그의 백성들의 특권이자 영원한 기쁨이었다. 따라서 야웨가 그의 얼굴을 감추셨다면, 그것은 야웨가 분노하신 것이며, 그 결과로 심판이 따른다. 이스라엘은 유배 속에서 하나님의 불쾌하심의 채찍을 경험하였다. 에스겔은 이것을 야웨의 임재의 철회라는 관점에서 표현했다.

---

37) 참조. J. Muilenburg, *Isaiah*, in G. A. Buttrick(ed.), The Interpreter's Bible (New York: Abingdon-Cokesbury Press, 1956), 503.

23 여러 민족은 이스라엘 족속이 그 죄악으로 말미암아 사로잡혀 갔던 줄을 알지라. 그들이 내게 범죄하였으므로 내 얼굴을 그들에게 가리고 그들을 그 원수의 손에 넘겨 다 칼에 엎드러지게 하였으되(겔 39:23)

그러나 이것이 야웨의 마지막 말씀은 아니었다. 에스겔 37장이 생기를 부여하는 영의 능력을 통하여 민족의 회복을 약속하는 것처럼, 39:29은 그의 백성과 함께하시는 야웨의 현존의 선물이 영을 통하여 실현될 것임을 약속한다.

29 내가 다시는 내 얼굴을 그들에게 가리지 아니하리니 이는 내가 내 영을 이스라엘 족속에게 쏟았음이라. 주 여호와의 말씀이니라(겔 39:29).

하나님의 현존을 나타내기 위해 영을 사용하는 것은 매우 이례적인 일이다. 이러한 용례는 이전 시기에서는 만나볼 수 없었고, 포로기 시대에 와서야 처음으로 나타났다. 그 이전에 루아흐는 야웨의 능력, 그의 마음, 또는 그의 의지와 같은 그의 존재의 특별한 측면을 의미하곤 했었다. 그러나 지금 루아흐는 그의 존재의 충만함 즉 그의 현존을 의미한다. 하나님 자신은 그의 영을 통하여 그의 백성과 함께한다.
구약 시대에 하나님의 영을 현존의 의미로 사용하는 유일한 또 다른 본문은 시편 139:7이다.

7 내가 주의 영을 떠나 어디로 가며 주의 앞에서 어디로 피하리이까(시 139:7).

구약의 성령론

이 시편이 묘사하고 있는 것은 민족과 함께하는 야웨의 현존이 아니다. 8-10절이 보여주는 바와 같이 그것은 개별 신앙인들과 함께하는 보편적인(또는 지속적인) 야웨의 현존이다. 혹여 에스겔 39:29에서는 가능할지 모르지만 영은 제의적인 야웨의 현존을 의미할 수 없다. 이것은 완전히 개인적인 것이고 또 완전히 보편적인 것이다. 여기서는 지형학적으로 예루살렘에 고정된 제의적 현존에 대한 일말의 단서도 없다.

예루살렘의 파괴 및 예배 공동체의 대다수가 바빌론으로 끌려간 것은 예루살렘과 성전 주위에서 만연했던 종교적 배타성을 완전히 깨뜨리는 역할을 했다.[38] 이는 오직 예루살렘의 예배에서만 야웨께로 나아갈 수 있다는 생각을 바꾸어 놓았다. 바빌론 포로기는 시 139편에서 나타난 바와 같은 개인적이고 더욱 보편적인 형태의 노래를 가능하게 만들었다. 이제 사람들은 이 시편 저자와 같이 야웨가 이 세상 어디서든지 신앙인들과 함께할 수 있다고 선포할 수 있게 되었다. 야웨가 그의 자녀들과 계속해서 함께할 수 있는 것은 바로 영을 통해서다.

---

38) 보다 이른 시기에 야웨의 현존을 누리기 위하여 이스라엘 안에 남아 있을 필요가 있다는 것을 나타내는 본문을 위해서는 삼상 26:19-20을 참조하라.

THE SPIRIT OF GOD
IN THE OLD TESTAMENT

제5장

"심지어 네 종들에게도":
포로기 및 초기 재건과 그 이후

I. 씨줄(Woof): 초기 가닥들의 지속

영의 개념에 대한 포로기의 영향은 영에 대한 매우 새롭고 다양한 형태들의 출현이 아니라, 분명한 변화를 거친 수많은 이전의 범주들이 다시 출현한 것에서 찾아볼 수 있다. 그러나 이 시기의 본문들은 단순히 더 이전 시기들의 복제가 아니다. 영의 개념이 성장했음을 암시하는 명백하고 중요한 변화들이 존재한다.

A. 예언적 영(사 34:16; 48;16; 59:21; 61:1; 욜 2:28-29; 슥 7:12)

(a) 그러나 이 시기의 몇몇 본문들은 거의 변화 없이 오래된 형태들을 다시 반복한다. 예를 들면, 이사야 48:16 또는 61:1 혹은 단지 예전 시간에 대한 기억에 해당하는 스가랴 7:12이 그러하다. 반면에 요엘 2:28-29은 이 시기의 새롭고 다양한 본문 중에서 가장 특징적인 본문이다.

> 28 그 후에
>
> 내가 내 영을 만민에게 부어 주리니(אֶשְׁפּוֹךְ אֶת־רוּחִי עַל־כָּל־בָּשָׂר)
>
> 너희 자녀들이 장래 일을 말할 것이며

너희 늙은이는 꿈을 꾸며

너희 젊은이는 이상을 볼 것이며

29 그때에 내가 또 내 영을

남종과 여종에게 부어 줄 것이며(욜 2:28-29)

이 두 구절은 인접한 문맥에서 독립적인 단위로 존재한다. 이 구절은 회중의 간청과 회개에 대한 응답으로 주어진 야웨의 신탁으로 해석되는 요엘 2:18-3:21의 한 부분으로 간주되든지, 아니면 야웨의 날의 징조들을 묘사하는 요엘 2:28-3:21의 일부분으로 간주되든지 간에 앞의 본문들(27절은 결론인 것 같다)과 단지 느슨하게 결합되어 있으며, 결코 뒤따라오는 본문들과는 연결되지 않는다는 점이 반드시 언급되어야만 한다. 만약 이것이 사실이라면 이 구절의 해석자는 이 구절의 해석을 위해 문맥을 이용할 수 없음을 의미한다.

"그 후에"(אַחֲרֵי־כֵן)는 하나의 상황 전환공식(a transition formula)으로 "다음" 또는 "나중에"를 의미할 수 있다. 이 단어는 꼭 먼 미래나 종말을 필연적으로 가리키는 것이 아니라, 단지 아직 발생하지 않은 어떤 것을 가리킨다.

동사 "부어주다"는 이 구절로 하여금 하나님의 영이 보내심을 받게 될 때 임하는 측량할 수 없고 엄청나게 풍족한 미래의 날을 예상하게 하는 이사야 32:15(יֵעָרֶה), 44:3(אֶצֹּק), 그리고 에스겔 39:29(שָׁפַכְתִּי)과 어깨를 나란히 하게끔 한다. 비록 이 구절의 경우에는 갱신이 영의 주어짐 뒤에 오는 것이 아니라 영의 주어짐보다 선행하지만, 이사야 32:15, 44:3과 에스겔 36:27-30처럼 본질상 갱신과 결합한다는 사실이 주목할 만하다.

구약의 성령론

요엘에 따르면, 모든 이스라엘이 영을 받을 것이다.[1] 즉 아들들과 딸들과 늙은이들과 젊은이들과 종들과 여자들이 영을 받게 된다.[2] 달리 말하자면 영의 수여는 "늙은이들" 즉 장로들(민 11장), 또는 심지어 "남자들" 즉 장로들, 사사들, 지도자들에게 국한되지 않으며, 오히려 청년들, 여자들, 그리고 딸들까지도 포함한다.

이 단락은 하나님이 그의 영을 모든 사람들에게 주시고, 하나님의 모든 백성이 예언자가 되기를 원하는 모세의 바람(민 11:29)을 언급하고 있는 것이다. 이것은 "예언"이라는 단어의 사용을 위한 근거가 될 수도 있다. "예언하는 것"(propheysing)은 영이 장로들에게 주어졌을 때 나타났던 현상이었다. 꿈과 환상들은 민수기 12:6(참조. 또한 왕상 22:19과 암 7:1-9)에서 예언자적 계시의 매개체로서 언급된다.

예언자 요엘이 예언, 꿈, 환상들을 언급했을 때, 그가 상상했던 다

---

1) 그러나 "모든 육체"라는 문구에도 불구하고 영의 수여는 이스라엘에게 한정된다. 왜냐하면 이 문구는 "너의" 아들들과 딸들 그리고 "너의" 늙은이들 등에 의해 수식을 받기 때문이다. 참조. J. A. Thompson, *Joel*, IB, Vol. VI, 752와 많은 다른 사람들. 이것은 이 본문이 오순절에 해석되었던 방식이다. 그렇지 않다면 행 10:45에서 성령이 고넬료에게 부어졌을 때 커다란 놀라움은 존재하지 않았을 것이다.

2) C. F. Keil, *The Twelve Minor Prophets* Vol. I (Grand Rapids: Eerdmans 1949), 211-212는 다음과 같이 말한다. "종들(남종과 여종) 위에 영이 부어지는 것이 '베감'(רֶגֶם)에 의해 연결된다. 이는 매우 특이한 것이며, 그리고 기존의 상황에서는 기대되지 않던 것이다. 종이 예언의 은사를 받는 것은 구약성서 전체에서 한 번도 일어나지 않았던 일이다.…그리고 이런 은사의 전달은 구약의 종들의 지위에 걸맞지 않는다. 결론적으로 유대인 해석자들조차도 이러한 선포를 받아들이지 못한다. 70인역(LXX)은 인간의 노예의 자리에 하나님의 종들을 집어넣는다(LXX에서는 '남종[δούλους]과 여종[δούλας]'이라는 단어에 소유격 '나의'[μου]를 삽입하여 나의 남종, 나의 여종으로 번역한다―역주). 그리고 심지어 바리새인들은 민중(ὄχλος)이 율법을 아는 것조차 거부했다(요 7:49)."

가올 영의 영향들은 무엇이었는가? 민수기 11장을 언급하고 있기 때문에 그 영향은 황홀경적 상태일 것이라고 말할 수 있는가?[3] 그러나 황홀경적 "예언"이 혐오를 받던 상황을 감안하면 이 의견은 신뢰할 만한 것이 못 된다. 요엘이 묘사하는 영의 결과가 "하나님과의 새로운 관계"가 될 것이라는 제안도 있었다.[4] 이러한 해석은 요엘 2:27과 2:28의 결합에 의존하는데, 이 구절 모두는 에스겔 39:29에 진술되어 있는 바와 같이, 마치 하나님께서 이스라엘의 중앙에 계시고, 그가 이스라엘에게 그의 영을 부어줄 때 그가 참으로 모든 이스라엘과 함께하실 것이라는 내용을 언급하고 있는 것처럼 보인다. 그러나 이 두 구절은 너무나도 느슨하게 결합되어 있어서 이러한 해석을 불가능하게 한다. 사실 요엘 2:27 및 3:1은 상황 전환구(the transition phrase)에 의해서 연결되기보다는 분리되어 있다.

비록 이 예언자가 이스라엘의 모든 사람이 위대하고 전통적인 예언자들과 같은 방식으로 예언자가 될 것이라고 말하고 있기는 하지만, 여기서는 계시의 매개(revelation media)를 정당화하는 언급으로 이해하는 것이 바람직하다(민 12:6). 모든 이가 특별히 임명된 "예언자들"의 중재를 통하여 말씀을 받지 않고, 영을 통해서 곧바로 하나님의 말씀

---

3) 따라서 A. S. Kapelrud, *Joel Studies* (Uppsala: Almqvist Wiksells, 1948), 133 이하는 이스라엘 초창기에 오직 합법적인 예언자의 소명에만 사용되던 "나바"(נבא) 동사의 니팔(*niph'al*)형을 황홀경 상태나 "미쳐 날뛰는 것"을 나타낼 때 사용되던 "나바"(נבא) 동사의 히트파엘 형과 혼동하였다. 욜 2:28에서 사용된 것은 니팔(*niph'al*)이다.

4) 참조. H. W. Wolff, *Joel* (BK, Neukirchen: Neukirchener Verlag, 1963), 78-79. Wolff는 요엘이 황홀경의 나라 또는 하나님의 신탁을 선포하는 예언자들의 나라를 기대했다고 보지 않는다.

구약의 성령론

을 들을 수 있다. 그리고 모든 사람들은 그들이 지금 그의 영을 통하여 알게 된 하나님의 구원행위들을 증거하면서 그것을 선포할 것이다.

요엘서에서 영은 모든 이스라엘에게 하나님의 말씀을 드러내는 진정한 예언적 영이다. 이 예언자들의 민족이 지금 과연 열방들[5]에게 증거할 수 있는지의 여부는 이 본문에서 결정될 수 없다.

(b) 이사야 59:21은 영의 선물이 확장되어 이스라엘 전체를 포함한다는 점에 있어서 요엘 2:28-29과 닮아 있다.

> 20 여호와의 말씀이니라.
>
> 구속자가 시온에 임하며
>
> 야곱의 자손 가운데에서 죄과를 떠나는 자에게 임하리라.
>
> 21 여호와께서 이르시되
>
> "내가 그들과 세운 나의 언약이 이러하니
>
> 곧 네 위에 있는 나의 영(רוּחִי אֲשֶׁר עָלֶיךָ)과
>
> 네 입에 둔 나의 말이
>
> 이제부터 영원하도록
>
> 네 입에서와 네 후손의 입에서와
>
> 네 후손의 후손의 입에서 떠나지 아니하리라" 하시니라.
>
> 여호와의 말씀이니라(사 59:20-21).

"나의 말들"(우리말 개역개정은 "나의 말"로 번역됨 ─ 역주)은 법을 의미하

---

5) 참조. D. Lys, *Ruach, Le Souffle dans l'Ancien Testament*, 249.

지 않는다(참조. 출 19:7, 8; 20:1; 신 30:14). 왜냐하면 구약 어디에서도 율법이 영에 의하여 영감되었다고 진술되는 곳이 없기 때문이고, 또 결코 율법과 직접적으로 관련되지 않기 때문이다. 오히려 "나의 말들"이란 표현은 그의 말씀을 통하여 전달되는 하나님의 계시를 가리킨다. 왜냐하면 그의 말씀이 종의 입, 즉 이스라엘의 입에 주어졌기 때문이다(참조. 사 51:16). 비록 명확하게 진술된 것은 아니지만, 이 문맥에서 영의 언급은 모든 믿는 자의 입에 주어진 말씀이 영에 의해 영감된 것임을 나타낸다. 그때까지 예언자의 입에만 있어왔던 말씀은 이후로 선택된 개인들에게만 제한되지 않을 것이다. 언약은 새로운 언약이 아니라 구약의 성취이고, 또한 학개 2:4-5에 있는 유사한 약속을 상기시킨다.

> 5 너희가 애굽에서 나올 때에
> 내가 너희와 언약한 말과
> 나의 영이 계속하여 너희 가운데에 머물러 있나니(학 2:5)

그러나 영은 말씀과 분리되어서는 안 된다. 종으로 하여금 예언적 직무를 수행할 수 있도록 능력을 주는 것은 바로 그에게 주어진 영이다(참조. 사 42:1). 또한 이사야 59:21에서 하나님의 영과 말씀들이 이미 수여된 대상으로 진술되고 있는 것은 바로 종(servant) 이스라엘이다. 영을 통한 하나님의 계시, 그리고 영이 영감을 주는 말씀은 언약의 실현이다. 20절에서 선포된 구원이 머지않아 곧 다가온다는 사실을 보증하는 것은 그의 영의 현존이다.[6]

---

6) 참조. J. Muilenburg, *Isaiah*, 696.

구약의 성령론

(c) 어려운 본문인 이사야 34:16에서 영의 기능을 입증하기란 쉽지 않다.[7] 이사야 34장 전체는 묵시적인 관점에서 에돔의 파괴를 다루고, 일반적으로 광야나 황량한 땅에서 발견되는 동물들을 언급하면서 파괴된 땅(11절의 *tohu*와 *bohu*)의 주민들도 다룬다. 이 기이한 드라마에서 영의 기능은 16절에서 설명된다.

> 16 너희는 여호와의 책에서 찾아 읽어보라.
>
> 이것들 가운데서 빠진 것이 하나도 없고
>
> 제 짝이 없는 것이 없으리니
>
> 이는 여호와의 입이 이를 명령하셨고
>
> 그의 영이 이것들을 모으셨음이라(וְרוּחוֹ הוּא קִבְּצָן)(사 34:16).

9-10절에는 소돔과 고모라에 대한 암시가 있고, 위의 16절에는 노아의 방주에 대한 암시가 있다. "제 짝이 없는 것이 없으리니." 그러나 이것은 영의 역할을 밝히는 데 전혀 도움이 되지 않는다. 왜냐하면 영은 고대의 창세기 이야기 어디서도 맡은 바 역할이 없기 때문이다. 그러나 다른 설명도 가능하다. 홍수 이후에 동물들로 하여금 땅에서 다시 살 수 있도록 만들기 위해 동물들을 방주 안에 보존시켰던 것처럼, 야웨도 말씀과 영을 통하여 완전한 파괴 이후 황폐해진 에돔에서 동

---

7) 포로기 이후 본문에 등장하는 루아흐의 의미를 직접적으로 언급하는 주석가들은 거의 없다. 단지 몇 명의 주석가들이 루아흐를 간접적으로 야웨의 통치 목적으로 언급할 뿐이다. 참조. J. Muilenburg, "The Literary Character of Isaiah 34," *JBL* 59(1940), 356. F. Delitzsch, *Isaiah* Vol. 2, 75는 "호흡"을 창조의 말씀과 연결하듯이, 루아흐를 야웨의 입과 연결한다.

물들이 다시 살 수 있도록 동물들을 보존하신다. 이 장을 "창조의 실행 취소"(undoing of creation)로 묘사한 마일렌버그(Muilenburg)의 묘사는 특별히 의미하는 바가 있다.[8] 영과 말씀이 창조에서 역할을 감당했던 것처럼, 영과 말씀은 "창조의 실행 취소"에서도 역할을 수행한다.

그러나 영과 말씀을 야웨의 책 즉 예언자의 말과 연관시키는 것이 더 적절해 보인다. 이러한 언급은 이사야의 예언의 책을 가리키는 것일 수 있다.[9] 입과 영은 구조상 서로 평행을 이룬다. 이러한 평행 구조는 야웨의 입에서 나오는 명령과 영에 의해 수행되는 불러 모음은 서로 분리된 행동이 아니라 같은 행동에 대한 다른 진술임을 의미한다. 만약 그렇지 않다면 야웨의 입의 명령은 "야웨의 책"에 연결되어야 할 것이다. 특정한 동물들을 모으라는 명령이 기록된 곳은(아마도 예언자 이사야에 의해서 기록된) 야웨의 책이고, 예언자에게 불러 모아야 할 동물들을 지명하시는 야웨의 명령을 전달한 것은 바로 영이다. 다른 한편으로 루아흐는 예언서에 기록된 명령의 말씀이 표현되도록 하는 숨이라고 생각할 수도 있다. 만약 이것이 루아흐의 의미라면, 루아흐와 말씀 사이의 관계는 창세기 1:2에서의 관계와 대조를 이룬다. 여기서 말씀을 표현하고, 말씀을 구체화하며, 그리고 말씀을 실행하는 것은 숨(breath)이다. 루아흐는 명령을 "허공에 떠 있게" 만들지 않고 실행에 옮긴다.[10] 여기서 루아흐는 예언적 말씀과 관계된 예언적 영이다.

---

8) J. Muilenburg, 앞의 글, 345는 창조의 실행 취소를 말한다.

9) 참조. F. Delitzsch, *Isaiah*, 211-212; G. Fohrer, *Das Buch Jesaja*, 145.

10) 참조. D. Lys, *Ruach, Le Souffle dans l'Ancien Testament*, 219.

B. 카리스마(출 28:3; 31:3; 35:31; 민 27:18; 신 34:9; 욥 32:8; 사 42:1)

(a) 이사야 11:2의 메시아적인 왕의 경우에서와 같이, 이사야 42:1의 종의 경우에 그로 하여금 사명을 감당할 수 있도록 채비를 갖추게 하는 것은 하나님의 영의 수여이다. 이러한 관점에서 이 구절에는 가장 초기 시대의 것으로 보이는 카리스마적인 영의 역사가 계속 나타난다.

> 1 내가 붙드는 나의 종,
>
> 내 마음에 기뻐하는 자 곧 내가 택한 사람을 보라.
>
> 내가 나의 영을 그에게 주었은즉(נָתַתִּי רוּחִי עָלָיו)
>
> 그가 이방에 정의를 베풀리라.
>
> 2 그는 외치지 아니하며 목소리를 높이지 아니하며
>
> 그 소리를 거리에 들리게 하지 아니하며(사 42:1-2)

그 종은 영을 통하여 그의 사명, 즉 모든 면에서 예언자적인 사명을 완수할 수 있도록 능력을 부여하는 카리스마를 받는다. 그것은 목양적(pastoral)이다(3ab절). 또한 그것은 정의(mishpat)[11]의 케리그마적(kerygmatic)이고 보편적인 선포이고(1절, 3절, 4절), 야웨에 대한 신뢰이며, 참되신 하나님에 대한 믿음이다. 그 종은 민수기 11:17의 모세와 같은 예언자로서 나타난다. 그는 영을 받았다. 그래서 그는 예언자로 간주된다(민 11:29). 토라가 모세를 통해 중재된 것처럼, 새로운 토

---

11) J. Smart, *History and Theology in Second Isaiah* (Philadelphia: Westminster 1965), 83은 "미쉬파트"(*mishpat*)가 "신약에서 하나님의 왕국이라고 불리는 것"과 평행을 이룬다고 말한다.

라도 종을 통해 중재될 것이다(4b절). 모세가 언약을 중재했고 그의 백성들을 종살이에서 이끌어냈던 것처럼, 종도 열국을 위한 새로운 언약의 중재자로서, 열방을 속박에서 이끌어낼 것이다(7-8절).[12] 그러나 영에 의한 과격한 행동이 악평을 받던 초기의 황홀경 예언자들(nebiim)과는 다르게, 종은 "부르짖지 않으며, 그의 목소리를 높이지 않고, 길에 그 소리가 들리지 않도록 할 것이다."[13] 즉 영은 그의 보호아래에 있는 자들을 사랑하는 목자로, 그리고 다정한 목자로 만들 것이다. 이 본문에서 야웨의 영은 은사를 주시는 영이며, 그 영은 종의 메시지에 영감을 주고, 그를 열방으로 하여금 참된 하나님을 알도록 인도하는 사람으로 만든다.[14]

(b) 제사장 문서 본문 중에서 급격하게 변화된 형태로 영의 카리스마적 기능을 나타내는 것으로는 3개의 본문이 있다. 카리스마적인 지명은 더 이상 이스라엘의 선택된 지도자들에게만 국한되지 않는다. 재단사들과 예술가들의 전문적인 기술들도 영의 카리스마로 간주된다. 이러한 기술들은 제의용 기구들을 제작하는 일에서 사용된다.

본문을 해석함에 있어서 이 본문들은 함께 고려되어야 한다. 왜냐하면 출애굽기 31:3과 35:31의 해석은 나머지 하나의 본문을 해석하는 것

---

12) 참조. R. Koch, *Geist und Messias*, 108-110; G. von Rad, *Old Testament Theology* Vol. II (London: Oliver & Boyd, 1962), 273.

13) 참조. P. Volz, *Der Geist Gottes* (Tübingen: J. C. B. Mohr, 1910), 98.

14) C. A. Briggs, "The Use of רוח in the Old Testament," *JBL*, XIX(1900), 142-143 은 이 본문에서 "실행력과 행정력"의 차원에서 고대의 "영웅적인 이스라엘 지도자들"(사사들?)에 대한 관련성을 발견한다.

에도 도움이 되기 때문이다. 출애굽기 28:3은 아론의 옷을 만들어야 하는 사람들에 대해서 이야기한다. 이 구절은 이들이 일을 잘 할 수 있도록 능력이 주어졌다고 말한다. 출애굽기 28:3은 다음과 같이 진술한다.

3 너는 무릇 마음에 지혜 있는(חַכְמֵי־לֵב) 모든 자 곧 내가 지혜로운 영으로 채운 자들에게 (מִלֵּאתִיו רוּחַ חָכְמָה) 말하여 아론의 옷을 지어 그를 거룩하게 하여 내게 제사장 직분을 행하게 하라(출 28:3).

출애굽기 31:2-4은 성막 기구들을 만들도록 브살렐에게 주어진 능력을 더 분명하게 묘사한다.

1 여호와께서 모세에게 말씀하여 이르시되 2 "내가 유다 지파 훌의 손자요 우리의 아들인 브살렐을 지명하여 부르고 3 하나님의 영을 그에게 충만하게 하여(וָאֲמַלֵּא אֹתוֹ רוּחַ אֱלֹהִים) 지혜(בְּחָכְמָה)와 총명과 지식과 여러 가지 재주로 4 정교한 일을 연구하여 금과 은과 놋으로 만들게 하며"(출 31:1-4)

출애굽기 35:31은 모세가 백성들에게 야웨의 말씀인 31:1-11을 전달하는 것과 관련된다. 출애굽기 35:31은 31:3과 공식이 동일하다.

출애굽기 28:3에서 루아흐는 "지혜의 영"(רוּחַ חָכְמָה)으로 불린다. 비록 유사한 본문인 출애굽기 31:3과 35:31에서 루아흐가 "하나님의 영"(רוּחַ אֱלֹהִים)으로도 불리지만, 그렇다고 해서 출애굽기 28:3의 루아흐가 하나님의 영을 언급하는 것이라고 단순히 가정할 수는 없다. 다른 한편 출애굽기 31:3과 35:31은 브살렐에게 주어진 목공과 석공을 위한 영의 은사를 말한다. 출애굽기 28:3의 지혜의 영(רוּחַ חָכְמָה)은 제사장의 의복을 재단하는 자들에게 주어진 것이다. 이들 중 한 사람은 출애굽기 31:6(출 35:34)에서 오홀리압으로 호명된다. 그는 출애굽기 31:6에서 "호크마"(חָכְמָה) 즉, "지혜" 또는 "기술"로 확인되는 능력을 부여 받는다. 출애굽기 28:3의 루아흐는 인간의 루아흐를 의미하는 것으로 해석될 수 있다. 이 경우에 루아흐는 분명히 오홀리압이 소유한 예술적인 능력을 의미한다. 이러한 견해가 이 능력이 궁극적으로 하나님에 의하여 영감된 능력이라는 사실을 부정하는 것은 아니다. 왜냐하면 본문이 이것을 분명하게 말하고 있기 때문이다. "무릇 지혜로운 마음이 있는 자에게 내가 지혜를 주어."

그러나 2가지 문제가 출애굽기 28:3의 루아흐를 인간의 루아흐로 해석하는 것에 걸림돌이 된다. 첫째, 사람의 루아흐는 "성격", "기질", 심지어 "도덕적 특성"을 의미하는 것으로 사용된다. 구약 어디에서도 능력이나 재능을 언급하는 것으로 사용되지 않는다. 둘째, 이러한 본문들은 줄곧 하나님으로부터 주어지는 이 능력이 머무는 자리가 인간의 마음이라고 말한다(참조. 출 28:3; 31:6; 35:35; 36:1, 2). 하나님의 영은 사람의 마음속에 있다고 언급될 수는 있지만, 하나님의 영이 인간의 영 속에 있다고 말할 수 있는 것은 아니다. 사실은 출애굽기 28:3에서도 루아흐는 하나님의 영, 즉 성막 건축과 제사장의 의복을 만드는 것과 같은 주님을 섬기는 일을 위하여 부여되는 그 능력의 신적인 근원을 의미하는 것으로 받아들여야 한다. 하나님이 주신 이러한 카리스마적 재능은 "호크마"(חָכְמָה, 또는 이해와 지식)로 규정된다(참조. 출 28:3; 31:3, 6; 35:31, 35; 36:1, 2). 제의 기구와 제의 의복 생산에서 나타난 다양한 재능들이 전반적으로 "지혜"로 분류된다.[15]

이 세 본문에서 묘사되고 있는 것은 은사를 제공하는 하나님의 영의 기능이다. "성막의 건립은 인간적인 작업이 될 수 없다. 왜냐하면 하나님의 영이 직접적으로 최고 장인에게 그 작업을 수행하도록 권위를 주었기 때문이다."[16] 창조에서 드러난 하나님의 "솜씨"(창 2:2, 3, מְלָאכָה)가 영을 통해 실행되었던 것처럼, 성막의 건립과 제사장의 옷을 만드는 것에 포함되는 "솜씨"(מְלָאכָה)도 사실은 하나님의 영을 통해 선택된 개인들에 의해 수행되는 하나님의 작품인 것이다.

여기서 "지혜"의 요소는 명확하며, 또한 요셉의 이야기를 상기시킨다(창 41:38).

(c) 영과 관련된 제사장 자료의 다른 2개의 본문들은 지도력에 대한 카리스마적인 지명으로의 회귀에 해당한다. 여호수아를 "영이 머무는 자"로 표현하는 민수기 27:18은 신명기 34:9과 함께 생각해야만 한다. 민수기 27:18에서 야웨는 모세에게 다음과 같이 말한다.

18 여호와께서 모세에게 이르시되 "눈의 아들 여호수아는 그 안에 영이 머무는 자니 (אִישׁ אֲשֶׁר־רוּחַ בּוֹ) 너는 데려다가 그에게 안수하고"(민 27:18)

---

15) W. McKane, *Prophets and Wise Men*, 16은 이 단락에 대해 다음과 같이 언급한다. "이 단락과 관련하여 내가 지적하고 싶은 두 번째 점은 출 28:3에서 장인들의 솜씨가 천부적인 재능으로 묘사되지 않는다는 점이다. 이것은 결코 엄격한 도제의 기간을 거친 결과가 아니라, 마음에 지혜가 있는 자를 지혜의 영(루아흐)으로 가득 채우시는 야웨의 선물이다. 이것은 이스라엘의 경건한 자들을 위한 오래된 지혜의 한 단면을 나타낸다."

16) G. von Rad, *Old Testament Theology* Vol. I, 100.

그러나 신명기 34:9은 임명과 영의 은사가 순서상 뒤바뀌어 있다.

9 모세가 눈의 아들 여호수아에게 안수하였으므로 그에게 지혜의 영이 충만하니 이스라엘 자손이 여호와께서 모세에게 명령하신 대로 여호수아의 말을 순종하였더라(신 34:9).

여호수아는 그에게 할당된 일을 수행하기 위해 필요한 능력과 통찰력을 의미하는 신적 카리스마를 받는다. 민수기 27:18이 여호수아가 영을 받았다고 말하는 대신 이미 여호수아가 그 능력을 소유했다고 말하고 있기 때문에, 우리는 성서 저자가 여호수아를 민수기 11:25에서 영을 받았던 70인의 장로들 중 하나로 간주했다고 결론을 내릴 수도 있다(참조. 민 11:28).

(d) 욥기 32:8은 카리스마적인 영이란 주제에 있어서 아주 중요한 변화를 제공한다. 여기서는 지도자의 재능보다는 현자의 지혜가 영의 은사로 등장한다. 욥기 32:8과 출애굽기 28:3, 31:3, 35:31에는 지금까지 선택된 소수에게만 주어졌던 영의 은사들에 대한 일종의 민주화(democratization)가 존재한다. 욥기 32:8의 본문은 다음과 같다.

8 그러나 사람의 속에는 영이 있고(רוּחַ־הִיא בֶאֱנוֹשׁ) 전능자의 숨결이 사람에게 깨달음을 주시나니(וְנִשְׁמַת שַׁדַּי תְּבִינֵם))(욥 32:8)

엘리후는 지혜가 하나님의 영의 선물이라고 주장한다. 세 친구들은 각자의 연설을 끝마치고, 엘리후는 그들의 나이를 존중하여 그들

구약의 성령론

이 끝낼 때까지 조용히 기다린다. 그러나 그때 엘리후는 그들이 말했던 것처럼 단순히 나이가 지혜를 가르쳐주는 것은 아니라고 선언한다. 그것은 특별한 영의 은사[17] 즉 하나님의 "숨결"로, 그는 자기가 그것을 받았음을 함축적으로 주장한다. 그가 지금 말하고 싶은 것은 하나님에 의해 영감을 받은 이러한 지혜다(18절). 지혜와 영의 결합과 창세기 41:38 및 이사야 11:2와의 유사성들은 주목되어야만 한다.

---

17) 여기서 의미하는 것은 하나님의 영의 특별한 은사를 말하는 것이지, 모든 인간 안에 있는 생명의 영을 말하는 것이 아니다. 이 점이 엘리후의 주장이 암시하는 바다. 그는 나이가 사람을 지혜롭게 만드는 것이 아니라 영이 사람을 지혜롭게 만든다고 말했다. 만일 여기서 인간 안에 있는 생명의 영을 의미한다면, 이러한 인간의 영은 젊은이뿐만 아니라 늙은이까지도 소유한다. 그러나 엘리후의 주장은 세 명 연장자가 비록 나이가 들었다고 해도 그들에게 영이 허락되지 않았으며, 반면에 그 자신은 비록 나이가 젊음에도 불구하고 지혜를 주는 하나님의 영으로 특별히 축복을 받았음을 말하려는 것 같다. 만일 여기에서 인간의 영이 모든 살아 있는 피조물에게도 공통적이라는 것이 주제라면, 그의 주장에는 별 다른 의미가 없다. 또한 이것은 비슷한 문구를 사용하고 있는 욥 32:8과 27:3 사이에 존재하는 차이점을 지적하고 있는 것으로 보인다. 욥 27:3은 영을 모든 피조물, 다른 말로 하자면 인간 속에 있는 생명 또는 숨이라고 말한다. 그러나 욥 32:8은 33:4 그리고 34:14와 함께 평행구로서 "전능자의 기운" 또는 "그의 기운"을 말하는 반면, 욥 27:3은 하나님의 영에 대한 평행구로서 "나의 생명"을 말하고 있다. 아마도 영의 의미는 그것이 인간의 영으로 이해되든지 아니면 하나님의 특이한 영으로 이해되든지 저자가 "숨결"(breath)을 사용함으로써 의식적으로 암시되어 있다. 여기서 루아흐를 하나님의 영으로 해석하는 학자들로는 타르굼(Targum)과 심마쿠스(Symmachus)의 번역을 증거로 참조하는 S. Terrien, Job(IB), 1131과 G. von Rad, Old Testament Theology Vol. I, 101이 있다.

C. 야웨의 인도 의지(시 51:13; 143;10; 사 63:10-11, 14; 겔 36:27; 겔 1:12, 20-21; 2:2-3, 12, 14, 24; 8:3; 10:17; 11:1, 5, 24; 37:1; 43:5)

이러한 영의 기능에 대한 이전의 예들이 더 이른 시기인 이사야 30:1, 그리고 엘리야 본문인 열왕기상 18:12, 열왕기하 2:16에 들어가 있다. 첫 번째 본문은 야웨의 주관적인 의지, 즉 그가 이스라엘을 향하여 마음속에 품고 있는 목적을 좀 더 많이 언급한다. 후자의 본문은 예언자 엘리야의 행동을 통치하고 지시하는 실질적인 능력으로서의 야웨의 의지를 묘사한다. 이 세 본문들에서 야웨의 의지는 영이라는 단어로 표현된다.

(a) 이스라엘을 이끌고 인도하기를 원하는 신적인 의지는 야웨의 구원 행위를 찬양하는 이사야 63:7-14에서 아주 생생하게 묘사된다. 이 찬양은 이사야 63:7-64:11의 큰 공동체의 애가 속에 포함되어 있다. 이스라엘 역사 속에서의 야웨의 보호하심과 그의 백성에 대한 관심이 8-9절에서 진술된 후에 10-14절이 이어진다.

> 10 그들이 반역하여
> 주의 성령을 근심하게 하였으므로(וְעִצְּבוּ אֶת־רוּחַ קָדְשׁוֹ)
> 그가 돌이켜 그들의 대적이 되사
> 친히 그들을 치셨더니,
> 11 백성이 옛적 모세의 때를 기억하여 이르되
> "백성과 양 떼의 목자를 바다에서 올라오게 하신 이가
> 이제 어디 계시냐?
> 그들 가운데에 성령(רוּחַ קָדְשׁוֹ)을 두신 이가

이제 어디 계시냐?

12 그의 영광의 팔이 모세의 오른손을 이끄시며

그의 이름을 영원하게 하려 하사

그들 앞에서 물을 갈라지게 하시고

13 그들을 깊음으로 인도하시되

광야에 있는 말 같이 넘어지지 않게 하신 이가

이제 어디 계시냐?

14 여호와의 영이 그들을 골짜기로 내려가는 가축 같이

편히 쉬게 하셨도다(רוּחַ יְהוָה תְּנִיחֶנּוּ).

주께서 이와 같이 주의 백성을 인도하사

이름을 영화롭게 하셨나이다" 하였느니라(사 63:10-14).

10절은 바빌론 유배를 말하고 있는 것이다. 왜냐하면 11절이 표면상 10절의 행동과 멀리 떨어져 있음을 나타내듯이 "옛적 날들을 기억하여"라고 언급하고 있기 때문이다. 바빌론 유배의 충격 속에서 이스라엘은 옛날의 이야기들을 회고한다. 즉 야웨가 어떻게 이스라엘을 바다에서 건져내셨고, 지도자들에게 영을 입히셨으며, 또 광야를 통해 백성들을 이끄시고 영의 인도하심을 통해 그들을 다시 가나안에 정착시키셨는지를 회상한다. 영의 인도하심이 더 이상 경험되지 않으며, 하나님이 더 이상 그의 영을 통해 도우시기 위해 나타나지 않고, 포로기의 어두운 날 동안에 그의 백성을 구원하기 위해 나타나지 않던 그때에 이 모든 것들이 회상되었던 것이다.

10절은 다음과 같이 번역되어야 한다.

그러나 그들이 반역했고, 그의 성령에 저항했다.[18]

이 구절에서 영은 감정이나 기질이 아니라 의지를 의미한다. 이스라엘은 반역했고, 야웨의 거룩한 의지, 즉 야웨가 이스라엘의 역사를 통하여 그들에게 제공하였던 인도하심에 저항했다(참조. 9절).

11b절의 영은 보통 민수기 11:17-29에 기록된 모세 및 장로들 혹은 둘 모두에게 영이 주어졌던 사건을 언급하는 것으로 해석된다. 민수기 11:17-29의 원래 단락에서 영은 카리스마적인 영이다. 여기서 영은 야웨의 인도하심과 그의 백성을 향한 애틋한 돌보심을 나타낸다. 그래서 11절의 루아흐는 본질적으로 10절의 루아흐와 동일한 의미를 갖는다.

14b절에는 이스라엘 역사에서 일어난 어떤 사건이나 시대를 인식할 만한 암시가 없다. 아마도 이것은 이스라엘이 가나안에 정착하여 결국은 더 비옥한 저지대로 퍼져나가던 사사 시대에 대한 감추어진 언급인 것 같다. 14c절에 의해 확인되는 바와 같이 이 정착 과정은 사사들을 통하여 역사하는 야웨의 영에 의해 이루어졌다. 여기서 루아흐의 의미는 또다시 야웨의 인도하심이다. 일부 주석가들은[19] "테니헨누"(תְּנִיחֶנּוּ)를 "탄헤누"(תַּנְחֵנּוּ)로 교정해야 한다고 제안한다. 그렇게 되면 뜻이 "그들을 편히 쉬게 하다"에서 "그들을 인도하다"로 바뀌게 된다. 이것이 오직 강조하는 것은 야웨의 인도하심이다. 이것은 단지 세 구

---

18) 제7장 IV에서 이 본문의 주석을 보라.

19) J. Smart, *History and Theology in Second Isaiah*, 269와 J. Muilenburg, *Isaiah*, 735.

구약의 성령론

절(10절, 11절, 14절)에서뿐만 아니라 전체 찬양시에서도 발견된다.[20]

이 구절들에서 영에 관한 2가지 추가적인 언급이 있을 수 있다. 첫째로 비록 11e절이 출애굽기 15:8, 10에 대한 언급인 것처럼 보고 싶은 유혹이 있을지라도, 영은 바다와의 싸움에 관여하지 않는다. 그러나 영은 인간 안에서 영향을 행사하기 위해 준비되어 있다.[21] 바다를 나눈 것은 모세의 팔(출 14:21a)이 아니라 오직 야웨 자신이시다. 영은 과거 옛날들(11절, 14절) 뿐만 아니라 포로기(10절)에서도 선택된 지도자들을 통해 일하시는 하나님께서 그의 나라를 이끄시는 도구로 나타난다.

둘째로 그것은 "성령"(holy spirit)으로 언급된다. 영은 야웨 자신의 본성을 가진다. "성령"이라는 용어의 사용을 통하여 이스라엘에 허락된 인도하심은 도덕적인 목적이라는 관점에서 묘사된다. 이는 영의 활동 범위뿐만 아니라 영 자체의 본성에 대해서도 말해준다.

영의 기능을 인도하심으로 묘사하는 이 단락은 명백하게 영의 의지라는 요소를 보여준다. 그리고 영을 "거룩하다"고 묘사함에 있어서 예언자는 이전에는 명확하게 제시되지 않았던 윤리적인 요소를 정의했다.

(b) 과거에 이스라엘이 저항했던 야웨의 인도하심과는 다르게 에스겔 36:27은 이스라엘과 이스라엘의 각 개인이 야웨의 인도하심을 따를 수 있도록 재창조되는 미래의 날에 대해 묘사한다.

---

20) J. Muilenburg, *Isaiah*, 735는 다음과 같이 말한다. "야웨의 인도하심에 대한 사상은 이 단락 전체를 지배하고 있으며, 마지막 두 행에서 그 화려한 최고 정점에 도달하게 된다."

21) 참조. D. Lys, *Ruach, Le Souffle dans l'Ancien Testament*, 155-156.

24 내가 너희를 여러 나라 가운데에서 인도하여 내고 여러 민족 가운데에서 모아 데리고 고국 땅에 들어가서 25 맑은 물을 너희에게 뿌려서 너희로 정결하게 하되 곧 너희 모든 더러운 것에서와 모든 우상 숭배에서 너희를 정결하게 할 것이며 26 또 새 영을 너희 속에 두고 새 마음을 너희에게 주되 너희 육신에서 굳은 마음을 제거하고 부드러운 마음을 줄 것이며 27 또 내 영을 너희 속에 두어(וְאֶת־רוּחִי אֶתֵּן בְּקִרְבְּכֶם) 너희로 내 율례를 행하게 하리니 너희가 내 규례를 지켜 행할지라. 28 내가 너희 조상들에게 준 땅에서 너희가 거주하면서 내 백성이 되고 나는 너희 하나님이 되리라 (겔 36:24-27).

물 뿌림을 통하여 오래된 잡초들이 깨끗이 치워진다. 그 후에야 새 마음의 창조를 통해 새 땅이 제공되고, 하나님의 영의 수여와 함께 순종적이고 비옥한 삶이 시작될 수 있게 된다.

"인도하심"이라는 이 주제는 엘리야 개인에게 가해진 외부적인 통제로부터 야웨가 이스라엘 민족을 위해 마음에 품고 있었던 야웨의 내적인 방향, 즉 현재의 본문으로 옮겨왔다(사 30:1). 에스겔은 영의 수여가 평범한 신자들을 위한 내적인 인도를 의미함을 보여주었다. 물론 더 이전의 본문에서는 명쾌하지 않았던 도덕적 방향도 표현된다. 이 본문은 "너희는 내 백성이 되고 나는 너희의 하나님이 될 것이다"라는 28절의 공식에 의해 언약의 틀 속에 놓인다. 언약 회복의 문맥들 속에서 빈번하게 나타나는 바와 같이 자연의 회복도 29-30절에 포함된다.

(c) 에스겔 36장에서 명백하게 나타나는 용서에서 갱신으로, 그리고 영 안에서 순종하는 새로운 삶으로의 진행 과정은 시편 51:7-12에

구약의 성령론

서도 분명하게 나타난다. 새로운 마음과 새로운 영뿐만 아니라, 하나님의 영의 선물에 이르기까지 두 본문 사이에는 유사성이 너무나도 분명하기 때문에 두 본문의 직접적인 의존성을 생각해볼 수도 있다. 시편 51:11에서는 하나님의 영의 실제적 기능이 명확하게 나타나지 않는다. 그렇기에 이 시편 본문이 에스겔 36:25-27과 평행하는 본문이라는 사실이 본문 해석에 큰 도움이 된다.

> 10 하나님이여, 내 속에 정한 마음을 창조하시고
>
> 내 안에 정직한 영(רוּחַ)을 새롭게 하소서.
>
> 11 나를 주 앞에서 쫓아내지 마시며
>
> 주의 성령을 내게서 거두지 마소서(וְרוּחַ קָדְשְׁךָ אַל־תִּקַּח מִמֶּנִּי).
>
> 12 주의 구원의 즐거움을 내게 회복시켜 주시고
>
> 자원하는 심령(רוּחַ)을 주사 나를 붙드소서(시 51:10-12).

잘 알려진 이 참회시(penitential psalm)에서 생각의 발전은 분명하다. 시편 저자는 1-2절에서 자비를 위해 야웨를 부른다. 그는 3-6절에서 죄를 고백한다. 7-9절은 야웨께 고백했던 죄를 용서해달라고 요청한다. 이와 관련된 10-12절은 내적인 회복을 바라는 시편 저자의 요구를 포함하고, 13-17절에서는 개인적인 헌신의 맹세가 뒤따른다. 마지막으로 예루살렘을 위한 기도가 첨부된다.

이 세 구절에서 언급된 루아흐의 유형에 있어 무엇보다 분명한 것은 10절의 루아흐가 인간 안에 있는 영을 뜻한다는 사실이다. 왜냐하면 루아흐가 시편 저자 속에서 창조된 마음과 평행을 이루기 때문이다. 10절의 영은 11절의 하나님의 영과 혼동되어서는 안 된다. 왜냐하면 11절의 영은 "당신의"(우리말 개역개정은 "주의"로 번역됨-역주)라는 소유 대명사의 수식을 받기 때문이다. 12절에서 영의 유형은 좀 더 어려운 경우이고, 옆에 등장하는 형용사의 번역에 따라 좌우된다. 만약에 "네디바"(נְדִיבָה)가 "고귀한" 또는 "장엄한"으로 번역된다면, 그것은 하나님의 영을 가리키는 것일 수 있다. 그러나 최근의 주석가들은 "자원하는"[22]이라는 의미를 선호하는데 이렇게 되면 루아흐는 사람 안에 있는 영으로서 시편 저자의 영을 의미하게 된다. 하나님의 영은 "자원하는" 것으로 묘사되지 않는다.

그렇다면 10절과 12절이 아닌 오직 11절에서 루아흐의 의미와 기능을 결정할 필요가 있다.

루아흐의 의미는 보통 평행 구조의 첫 번째 부분인 "나를 주 앞에서 쫓아내지 마시며"의 해석에 의해서 결정된다. 야웨의 현존("주 앞에서")은 야웨와 함께하는 신적인 친교와 인격적인 교제의 차원에서 이해되어 왔다. 그러나 이러한 해석을 반대하는 주요 원인은 야웨와의 교제가 중단되지 않기를 바라는 호소가 너무나도 결정적으로 생각의 자연스러운 진행을 방해하고 있다는 점이다. 야웨의 현존으로부터 쫓아내지 말아 달라는 호소는 시편 저자가 자비를 위해 야웨를 부를 때(1-2절)와 죄를 고백할 때(3-6절), 또는 심지어 용서를 구할 때(7-9절)와 전적으로 잘 어울린다. 시편 저자가 야웨의 현존으로부터 완전히 제외되는 아주 위험한 상황에 처하게 된 것은 용서받지 못한 죄의 엄청난 짐 때문이

---

22) 참조. E. R. Daglish, *Psalm Fifty-One in the Light of Ancient Near Eastern Patternism* (Leiden: E. J. Brill, 1962), 162. 혹은 A. Weiser, *The Psalms* (London: SCM Press, 1962), 408.

구약의 성령론

다. 이 위험은 신적인 친교의 단절과 영적인 죽음을 의미한다.

그러나 죄를 고백하고 야웨의 용서를 요구하면서 시편 저자는 마치 그의 과거의 죄의 문제가 고백과 용서를 간구하는 호소에 의해서 정당하게 그리고 최종적으로 처리된 것으로 여기고, 10절에서 그 자신의 내적인 변화의 문제로 이동한다. 고백되었고, 용서받았던 죄로 다시 돌아가는 것은 헛된 것이다. 시편 저자는 이것을 인식하고 다음 문제를 향해 나아간다. 즉 다른 사람을 죄에 빠지지 못하도록 차단하는 내적 변화의 필요성을 다룬다. 시편 저자는 내적 회복의 문제로 이동했기 때문에 지금 도덕적 죄로 인하여 유발된 친교의 단절을 언급하기 위해 되돌아가지 않을 것이다. 11a절에서 시편 저자에 의해 발전된 명확한 사고의 진행을 살펴볼 필요가 있다.

그러므로 11a절은 야웨와의 친교가 아니라 그의 신적인 인도하심을 말하는 것이라고 짐작해볼 수 있다. 7-11절에 나타난 이러한 사고의 발전 패턴에 대한 원형은 에스겔 39:29과 연결되는 36:25-27에 있다. 에스겔 36:25은 과거 죄들로부터의 정화를 이야기한다. 시편 51:10과 거의 정확하게 평행하는 26절은 민족의 개인 구성원들에게 주어지는 새 마음과 새 영의 선물에 대하여 말하고, 27절은 야웨가 믿음을 가진 개인들에게 공급해주시는 인도하심에 대하여 말한다. 믿음을 가진 개인들은 영의 도움을 받게 될 것이고 야웨의 뜻을 따라 걸을 수 있게 된다. 마지막으로 에스겔 39:29은 36:27의 영을 야웨의 현존과 동일시한다. 만약 시편 51:11a이 이런 식으로 에스겔 36:25-27의 방식을 따라 제거되어서는 안 되는, 인도하시는 야웨의 현존으로 해석된다면, 거룩한 영은 에스겔 36:27에서처럼 야웨가 누군가를 인도하기 위해 사용하는 수단이다.

이곳에는 과거의 죄에 대한 용서로부터 내적 갱신으로의 진전, 그리고 반드시 신자들 속에 놓이게 될 새로운 의지를 동반하는 야웨의 영에 의한 인도하심으로의 진전이 존재한다. 12a절은 진전을 계속 이어가기 위하여 용서와 내적 변화로부터 오는 기쁨을 언급한다. 결국 시편 저자는 12b절에서 그를 주님의 기뻐하시는 종으로 만들어줄 수 있는 자원하는 영을 제공받음으로써 이러한 새로운 삶이 지속될 수 있기를 간구한다.

11b절에서 거룩한 영은 신자들을 야웨의 뜻에 복종하도록 인도할 목적으로 신자들에게 주어진 야웨의 영이다. 이 시에서 놀랄 만한 사실은 에스겔 36:25-27(또는 렘 31:31-34)에서 미래를 위해 약속되었던 것이 이 시편 저자에 의해 그 자신의 삶 속에서 실현된 것으로 간주되고 있다는 것이다.

결국 주목되어야 할 것은 10절이 이사야 44:3과는 달리, 그리고 에스겔 36:27과는 유사하게 영적인 갱신 또는 변환을 영에게로 돌리는 것이 아니라 하나님께로 돌리고 있다는 점이다. 영은 이미 정화되고 갱신된 신자들에게 허락된다. 그래서 "거룩한"은 영 자체의 본성뿐만 아니라 영의 행동의 영역도 규정한다고 다시금 말할 수 있다. 즉 영은 거룩하기 때문에 "불결함 또는 반역이 있는 곳에는 머무를 수 없다."[23]

(d) 시편 143:10은 51:11에 내포되어 있던 것을 명쾌하게 진술한다.

---

23) W. R. Schoemaker, "The Use of רוח in the Old Testament and πνεῦμα in the New Testament," 28.

구약의 성령론

10 주는 나의 하나님이시니

나를 가르쳐 주의 뜻을 행하게 하소서.

주의 영은 선하시니

나를 공평한 땅에 인도하소서(시 143:10).

영은 신자들로 하여금 하나님의 뜻을 행하도록 이끄는 안내자이다. 그러나 이 시대의 모든 본문들이 영을 가리켜 분명한 말로 신자들을 도덕적인 삶으로 인도하는 야웨의 영향력이라고 말하는 것은 아니다. 영을 다루고 있는 에스겔서의 많은 본문들은 우리로 하여금 직접적으로 엘리야의 본문들로 다시 돌아가도록 만든다. 엘리야와 관련된 본문들에서 영은 예언자의 삶을 통제하는 능력인 동시에 야웨의 뜻에 대한 예언자의 복종을 표현하며, 야웨의 의지를 지시해주는 능력으로 나타난다. 또한 소수의 에스겔서 본문들도 영을 야웨의 주관적인 의지의 관점에서 언급한다. 야웨는 그가 원하시는 대로 움직인다. 왜냐하면 야웨만이 홀로 주님이시기 때문이다. 후자의 의미를 가지고 있는 본문들이 먼저 고찰될 것이다.

(e) 에스겔 1:12, 20, 21, 10:17은 하나님의 현현(theophany)을 나타내는 운송 수단을 움직이게끔 하는 동인을 나타내기 위해 루아흐를 사용한다. 루아흐는 바퀴와 살아 있는 네 개의 생물들 모두를 움직이게 하는 능력을 가지고 있는 것으로 나온다. 에스겔 1:12은 다음과 같다.

12 영이 어떤 쪽으로 가면(אֶל אֲשֶׁר יִהְיֶה־שָׁמָּה הָרוּחַ לָלֶכֶת) 그 생물들도 그대

로 가되 돌이키지 아니하고 일제히 앞으로 곧게 행하며(겔 1:12)

20절과 21절도 마찬가지다.

20 영이 어떤 쪽으로 가면 생물들도 영이 가려 하는 곳으로 가고 바퀴들
도 그 곁에서 들리니 이는 생물의 영(רוּחַ הַחַיָּה)이 그 바퀴들 가운데에 있
음이니라. 21 그들이 가면 이들도 가고 그들이 서면 이들도 서고 그들이
땅에서 들릴 때에는 이들도 그 곁에서 들리니 이는 생물의 영이 그 바퀴
들 가운데에 있음이더라(겔 1:20-21).

4절의 신현을 나타내는 바람이 여성형이고 관사가 없는 반면에,
"영"은 남성형이고 관사를 가지고 있음을 주목해야 한다. 예언자는 4
절의 바람과 수레를 움직이도록 하는 능력을 주는 루아흐를 구별한다.
RSV는 "루아흐 하하야"(רוּחַ הַחַיָּה)를 "생물들의 영"으로 번역한다. 그러
나 22절을 제외하고 "생물들"이 항상 복수 형태로 쓰였기 때문에 이 번
역은 의심스럽다. 만약 에스겔이 생물들의 영을 의미했다면, 그는 "하
야"(חַיָּה) 대신에 "하야토"(חַיּוֹת)를 사용했을 것이고,[24] 또는 적어도 복
수 소유격을 썼을 것이다. 그가 "하야"(חַיָּה)를 집단적인 단수(collective
singular)[25]로 사용했다는 사실이 논쟁이 되지만, 그러나 집단적인 단수
형은 오직 부정확한 수의 경우에 수용되고 일반적으로 "네 생물들"을
위해서는 사용되지 않는다.[26] "하야"(חַיָּה)가 각각의 피조물을 개별적으

---

24) 참조. P. Volz, *Der Geist Gottes*, 44.
25) 참조. C. F. Keil, *Prophecies of Ezekiel* (Grand Rapids: Eerdmans, 1949), 28.

구약의 성령론

로 언급하는 것일 수 있다.[27]

그러나 다음의 몇 가지 이유 때문에 "루아흐 하하야"(רוּחַ הַחַיָּה)를 "생명의 영"으로 번역하는 것이 더 적절해 보인다.[28] 1) 관사와 남성형은 강조를 위해 사용되었으며, 그것은 평범한 피조물의 영을 넘어서는 어떤 것을 가리킨다. 따라서 그것은 "그 영"(The Spirit)으로 묘사된다. 2) 에스겔 10:17에 따르면 네 개의 생물들은 사실 보좌 수레를 움직일 수 없는 무생물적인 성전의 물체들(cherubim)이다. 그것들은 바퀴들과 마찬가지로 영에 의해 생기를 공급받을 필요가 있다.[29] 3) 에스겔이 그의 책 곳곳에서 하나님의 영의 일하심에 대하여 매우 친숙하게 목격하고 있기 때문에, 그가 동력적인 힘과 신현의 직접적인 의지로서 활동하는 것으로 하나님의 영을 생각하고 있지, 그 외의 어떤 다른 영을 사용했을 것이라고 믿기는 어렵다. 다시 말하자면, 그것은 신현의 운송 수단에서 생기를 주는 힘인 하나님 자신의 영이다. 수레는 하나님의 결정을 따라 움직인다.[30] 이사야 40:13에서처럼 영은 하나님 존재

---

26) 참조. P. Volz, *Der Geist Gottes*, 44.

27) 참조. C. A. Cooke, *The Book of Ezekiel* (Cambridge: Cambridge University Press, 1906), 27.

28) 히브리어 단어 "하임"(חַיִּים)은 생명을 의미하는 일반적인 구약의 용어이다. 그러나 에스겔서에는 생명을 뜻하는 용어로 "하야"(חַיָּה)가 사용되었다. 겔 7:13; 욥 33:18, 20, 28; 시 74:19; 143:3.

29) 이상 두 가지 논점과 결론을 위해서는 다음을 참조하라. D. Lys, *Ruach, Le Souffle dans l'Ancien Testament*, 128.

30) 참조. H. G. May, *Ezekiel*, IB, Vol. VI, 72과 C. A. Cooke, *The Book of Ezekiel*, 12는 "생물들의 영"이라는 번역을 선호한다. 그러나 루아흐가 신적인 영을 의미한다고 해석한다. 또한 C. A. Briggs, *The Book of Psalms* (Edinburgh: T&T Clark, 1906), Vol. II, 493은 "신적인 에너지", 그리고 W. Zimmerli, *Ezechiel* (Neukirchen: Neukirchener

의 의지적인 중심이다. 그것은 "에너지를 주는 힘이고 신현의 직접적인 힘이다.…"[31]

(f) 에너지를 주고 지시하는 동일한 영의 능력이 에스겔 2:2로 시작해서 43:5로 끝나는 일련의 본문들에서 나타난다. 그러나 여기서 예언자는 야웨의 의지의 절대적인 통제 아래 놓여 있다.

겔 2:1-2

1 그가 내게 이르시되 "인자야, 네 발로 일어서라. 내가 네게 말하리라" 하시며 2 그가 내게 말씀하실 때에 그 영이 내게 임하사 나를 일으켜 내 발로 세우시기로(וַתָּבֹא בִי רוּחַ כַּאֲשֶׁר דִּבֶּר אֵלַי וַתַּעֲמִדֵנִי עַל־רַגְלָי) 내가 그 말씀하시는 자의 소리를 들으니

겔 3:12

12 때에 주의 영(רוּחַ)이 나를 들어 올리시는데…소리를 들으니…

겔 3:14

14 주의 영(רוּחַ)이 나를 들어 올려 데리고 가시는데 내가 근심하고 분한

Verlag, 1963), 68은 에스겔이 원래 12절에서 야웨의 영을 의미하기 위해 절대적으로 "하루아흐"(הרוח)만을 사용했을 것이라고 믿는다. 따라서 보좌 수레는 야웨의 의지에 의해 인도된다고 보았다. 에스겔의 제자들에 의한 확장된 본문에서 루아흐는 "하야"(חיה)의 수식을 받는다.

31) W. R. Schoemaker, "The Use of רוח in the Old Testament and πνεῦμα in the New Testament," 26.

마음으로 가니 여호와의 권능이 힘 있게 나를 감동시키시더라.

겔 3:24

24 주의 영(רוּחַ)이 내게 임하사 나를 일으켜 내 발로 세우시고…

겔 8:3

3 그가 손 같은 것을 펴서 내 머리털 한 모숨을 잡으며 주의 영(רוּחַ)이 나를 들어 천지 사이로 올리시고 하나님의 환상 가운데에 나를 이끌어 예루살렘으로 가서…

겔 11:1

1 그때에 주의 영(רוּחַ)이 나를 들어올려서…

겔 11:5

5 여호와의 영(רוּחַ)이 내게 임하여 이르시되 "너는 말하기를 '여호와의 말씀에 이스라엘 족속아. 너희가 이렇게 말하였도다. 너희 마음에서 일어나는 것을 내가 다 아노라'."

겔 11:24

24 주의 영(רוּחַ)이 나를 들어 하나님의 영의 환상 중에 데리고 갈대아에 있는 사로잡힌 자 중에 이르시더니 내가 본 환상이 나를 떠나 올라간지라.

겔 37:1

1 여호와께서 권능으로 내게 임재하시고 그의 영(רוּחַ)으로 나를 데리고

가서 골짜기 가운데 두셨는데

겔 43:5

5 영(רוּחַ)이 나를 들어 데리고 안뜰에 들어가시기로 내가 보니 여호와의
영광이 성전에 가득하더라.

루아흐는 계속해서 여성형으로 관사 없이 나타난다. 관사와 남성
형은 에스겔 1:12의 영과 4절의 바람을 구별하기 위해서, 또한 그것
이 생물이 아니라 하나님의 영임을 확인하기 위해서 필요하다. 야웨가
소개되는 그때에(겔 1:28) 에스겔은 일반적인 여성형으로 되돌아가고,
규정의 기능을 담당하는 관사를 불필요하게 여겨서 관사를 누락시킨
다.[32] 영은 이동시키는 능력이다. 만약 그렇다면 황홀경 상태는 하나님
의 "손"에 의해 유발되는 것으로 보인다(겔 1:3; 3:22; 8:1, 3; 33:22; 37:1;
40:1).[33] 에스겔에게 있어 엘리야 위에 임했던 하나님의 손(왕상 18:46)
에 의한 이동은 없다. 에스겔이 "여호와의 손이 내 위에 있었고"라고
기록할 때, 그는 환상을 받는, 즉 다른 말로 하자면 황홀경 상태의 정
신적인 느낌을 묘사하고 있는 것이다. 그래서 황홀경 상태는 야웨의

---

32) 참조. D. Lys, *Ruach, Le Souffle dans l'Ancien Testament*, 130.

33) 야웨의 손, 입, 얼굴과 관계된 영에 관한 토론을 위해서는 P. van Imschoot,
"L'Action de L'Esprit de Jahvé dans l'A.T.," *Revue des Sciences Philosphiques
et Theologiques* 23(1934), 587을 참조하라. 에스겔서에서 하나님의 손에 관한 토
론을 위해서는 W. Zimmerli, *Ezechiel*, 47-50을 참조하라. 동일한 행동들이 적절한
본문들의 목록과 함께 종종 영과 손 모두에 속하는 것으로 보는 해석에 관한 토론을
위해서는 J. H. Scheepers, *Die Gees van God en die Gees van die mens in die
Oud Testament*, 190을 참조하라.

영이 아니라 야웨의 손에 의해서 유발된다. 영은 예언자에게 말하거나 말씀의 영감을 주지 않는다.[34] "여호와의 말씀이 나에게 왔다"는 진술처럼 말씀하시는 분은 항상 하나님 자신이다. 영은 에스겔이 보았던 환상들의 근원이 아니다. 비록 에스겔 11:24의 환상이 "여호와의 영에 의해서"라는 가능성을 제외시키지 않음에도 불구하고, 예언자가 하나님의 영에 의해 "이끌려 왔다"라고 보는 것이 더욱 가능성이 있다. 그래서 결론적으로 영은 황홀경 상태를 유발시키지도 않고, 그것이 예언적 말씀으로 영감을 주지도 않는다. 오히려 그것은 에스겔을 이동시키는 하나님의 능력이다. 이것은 (겔 11:5을 제외한다면) 영이 그의 위로 "떨어지는" 것이 아니라 "들어가고", "들어올리고", "취하고", "데려오고", "내려왔다"는 사실에 의해 확인된다. 게다가 그는 쓰러지는 것이 아니라 "서 있다"(겔 2:2). 그는 의식을 잃는 것이 아니라 청취할 수 있다(겔 3:12). 몇 가지 유사성에도 불구하고, 고대 느비임(*nebiim*: 예언자들)과 관련된 영의 행동은 여기서 발견되지 않는다.[35]

---

34) M. Westphal, Mylia, "La Ruach dans L'Ancien Testament," Bachelor of Theology dissertation (The University of Geneva, Geneva 1958) 75는 겔 11:5에서 예언자에게 말하고 있는 자는 바로 "영"이라고 말한다. 그러나 그는 동사가 남성형인 반면에 영은 여성형이라는 것을 간과했다.

35) 이 시기에는 보다 이른 시대의 영과 관련된 황홀경 상태에 대하여는 전혀 언급이 없다. 추정하건대 이 현상은 포로기까지 지속되었다. 이러한 현상은 아마도 포로기 때 자취를 감춘 것으로 보인다. "예언하다"(התנבא, 히트파엘형)라는 단어는 정확한 이유는 알 수가 없지만, 포로기 이후에 유일하게 겔 37:10에서만 나타난다. 이 단어는 엘리야 이야기(왕상 18:29) 이후에 거짓 예언자를 경멸적으로 묘사하기 위해 이 단어를 사용했던, 또는 제3자의 입장에서 예레미야를 중상모략하고 있는 예레미야서나 에스겔서(겔 13:7)의 몇몇 경우를 제외하면 구약 전체에서 사라졌다. 어찌 되었든 에스겔의 특이한 행동이 고대 황홀경과 연관되었음을 암시하는 증거는 전혀 없다.

이 차이점들은 에스겔을 이동시킨 영이 에스겔 1:12, 20, 21에서 만나게 되는 영과 동일하다는 것을 보여준다. 에스겔을 이동시키는 영은 맹목적으로 동기를 부여하는 능력이 아니라 목적의식이 뚜렷한 능력이다. 그는 하나님의 환상을 보기 위해, 야웨의 말씀을 듣기 위해(겔 11:5), 또는 그의 첫 번째 사명을 받기 위해(겔 2:3-3:15) 예루살렘으로 이끌려 간다. 그것은 말 못하는 능력이 아니라, 그를 이동시키는 의지적이고 지적인 하나님의 능력이다. "여기서 '인자'(son of man)는 시편 8편에서처럼 피조물인 인간의 연약함을 지적한다. 에스겔은 오직 영의 능력을 통해 야웨 앞에 서 있을 수 있고, 사명을 받을 수 있다."[36]

D. 야웨의 마음(사 40:13)

이 시기에 해당되는 하나의 본문인 이사야 40:13에서 영은 야웨의 지적이고 아주 특별한 영을 나타내기 위해 사용된다. 구약에서 또 다른 한 구절도 이런 의미로 영을 사용한다(사 30:1). 이러한 초기 문헌에 지적인 능력의 혼합이 존재한다. 야웨는 마음속으로 이스라엘을 위한 최선의 것을 의지적으로 계획한다. 그리고 그는 이스라엘이 그의 뜻에 순복하기를 원한다. 그러나 이사야 40:13-14은 생각 속에서 영을 통해 세상의 창조를 계획하시는 야웨를 그린다.

하지만 몇몇 주석가들은 70인역이 루아흐(ruach)를 "마음"으로 번역한 것은 잘못이라고 지적한다.[37] 논쟁이 되는 구절은 이사야 40:12

---

36) W. Eichrodt, *Der Prophet Hesekiel Kapitel 1-18* (Göttingen: Vandenhoeck und Ruprecht, 1959), 10.

37) J. Muilenburg, *Isaiah*, 436-437.

로 시작하는 커다란 창조시의 부분이다. 바울이 로마서 11:34과 고린
도전서 2:16에서 인용한 그리스어 번역은 다음과 같다.

> 12 누가 손바닥으로 바닷물을 헤아렸으며 뼘으로 하늘을 쟀으며
>
> (מִי־מָדַד בְּשָׁעֳלוֹ מַיִם וְשָׁמַיִם בַּזֶּרֶת תִּכֵּן)
>
> 땅의 티끌을 되에 담아 보았으며
>
> 접시 저울로 산들을, 막대 저울로 언덕들을 달아 보았으랴?
>
> 13 누가 여호와의 영을 지도하였으며
>
> (מִי־תִכֵּן אֶת־רוּחַ יְהוָה)
>
> (τίς γὰρ ἔγνω νοῦν κυρίου; 누가 주님의 마음을 알았느냐?)
>
> 그의 모사가 되어 그를 가르쳤으랴?
>
> 14 그가 누구와 더불어 의논하셨으며
>
> 누가 그를 교훈하였으며
>
> 그에게 정의의 길로 가르쳤으며
>
> 지식을 가르쳤으며 통달의 도를 보여 주었느냐?(사 40:12-14)

이 단락에서 "루아흐"(ruach)의 번역은 3가지 요소들에 의해 결정
되어야 한다. 첫째로 창세기 1장의 창조 이야기를 명백히 언급하고 있
기 때문에 영은 적어도 창세기 1장에서 수행했던 역할을 감당한다. 그
러나 둘째로 여기서는 영에게 새로운 강조점이 주어졌다는 암시들이
있다. 왜냐하면 "타칸"(תכן)이라는 동사가 사용되고 있기 때문이다. 이
곳과 12절에서처럼 이 동사의 피엘(piel) 형태는 "측정하다" 또는 "조
절하다"의 의미를 가지고 있다. 그러나 이 동사의 칼(qal) 형태는 구
약에서 세 번 사용된다(모두 잠언에서만 나옴, 잠 16:2; 21:2; 24:12). 잠언

16:2은 이렇게 말한다.

> 2 사람의 행위가 자기 보기에는 모두 깨끗하여도
> 여호와는 심령을 감찰하시느니라(וְתֹכֵן רוּחוֹת)(잠 16:2).

잠언 21:2은 동사 형태는 동일하지만 "마음"이 "영"을 대신한다. 잠언 24:12은 이렇게 말한다.

> 12 네가 말하기를 "나는 그것을 알지 못하였노라" 할지라도
> 마음을 저울질 하시는 이가 어찌 통찰하지 못하시겠으며,
> 네 영혼을 지키시는 이가 어찌 알지 못하시겠느냐?
> 그가 각 사람의 행위대로 보응하시리라(잠 24:12).

"마음을 저울질한다"는 것은 이집트의 신 호루스(Horus)의 행동을 언급한 것이다. 그는 심판자인 오시리스(Osiris) 앞에서 죽은 자의 마음의 무게를 잰다. 제2이사야가 "타칸 루아흐"(תכן רוח)라는 특별한 표현을 사용할 때, 그는 "루아흐"(ruach)와 "레브"(leb)를 교차 사용하는 지혜 학교의 용례와 유사함을 보이고, 또한 사망 시에 인간의 도덕적 상태를 판단하기 위해 사람의 의지를 상징하는 "마음"의 무게를 저울질하는 이집트의 신화와도 유사성을 보인다. 따라서 이 단락에서 "지혜"의 특성들을 보여주는 예언자는[38] 창세기 1:2에서 드러나는 루아흐의

---

38) J. Muilenburg, *Isaiah*, 437; McKane, *Prophets and Wise Men*, 243 그리고 다른 사람들도 이 본문에서 지혜요소들을 언급한다.

구약의 성령론

의미, 즉 야웨의 창조 능력(power) 그 이상을 뜻하기 위해서 주님의 영이라는 단어를 사용하고 있다고 볼 수 있겠다. 그는 하나님의 존재 자체의 지적인 중심을 가리키고 있다. 예언자는 그 누구도 하나님의 영을 "판단하고", "무게를 재고", "측정하는" 위치에 있을 수 없다고 말한다. 왜냐하면 인간의 마음의 무게를 재는 것은 하나님이자 창조주인 야웨이기 때문이다.

이 단락에서 영이 마음(구약에서 의지와 지적 능력의 감각)과 동일하다는 사실은 영의 의미를 결정하는 세 번째 요소에 의해 확인된다. 근접한 본문의 맥락에서 "지시하고", "밝히고", "가르치고", "지식을 주고", "이해시키는" 것과 같은 일련의 단어들은 모두 루아흐가 "마음"을 뜻한다는 것을 뒷받침한다. 그리고 70인역의 이사야서 번역자가 "프뉴마"(πνεῦμα) 대신에 "눈"(νοῦν)을 사용했을 때 명백하게 이러한 개념이 그로 하여금 이렇게 번역하도록 이끌었을 것이다. 만약 예언자가 "마음"을 의미했다면, 그는 "레브"를 사용했을 것이라는 사실은 논쟁이 된다.[39] 그러나 만약 그가 그렇게 했었다면, 그는 창세기 1장과 하나님의 영에 대한 암시를 잃어버린 것이다. 예언자는 창세기 1:2(창조적 능력)에서 발견되는 영의 의미를 보존하고 싶어 했다. 그러나 그는 그것에 지능과 지적 능력이란 의미를 첨부했다. 이사야 40:13에서 야웨의 영은 야웨의 존재 그 자체의 지적인 중심, 즉 그가 세상을 계획하고 창조하는 것을 이루는 목적의식이 있는 능력이다.

---

39) J. Muilenburg, *Isaiah*, 437.

E. 야웨의 능력(학 2:5; 슥 4:6; 6:8)

포로지로부터 귀환한 자들의 공동체에서 유래하는 3개의 본문들은 성전재건에서 일하시는 야웨의 능력을 의미하기 위해 영을 사용한다.

학개는 옛 언약이 기원전 520년에도 여전히 유효하다는 그의 신념에 따라, 학개 2:5에서 시내산에서 체결된 언약에 대한 확인으로서 돌아온 포로들의 공동체 안에 있는 영의 현존을 묘사한다.

> 4b "일할지어다, 내가 너희와 함께 하노라."
> 만군의 여호와의 말이니라.
> 5 "너희가 애굽에서 나올 때에
> 내가 너희와 언약한 말(אֶת־הַדָּבָר אֲשֶׁר־כָּרַתִּי)과
> 나의 영이 계속하여 너희 가운데에 머물러 있나니(וְרוּחִי עֹמֶדֶת בְּתוֹכְכֶם)
> 너희는 두려워하지 말지어다"(학 2:4b-5).

예언자는 약간 지체되고 있었던 사업, 즉 성전을 재건함에 있어서 귀환자들에게 용기를 주기 위해 야웨의 이름으로 말한다. 그들은 셀 수 없이 많은 어려움들, 즉 가난을 포함하여(학 1:6) 건축 자재들의 부족(학 1:8), 그리고 적대적인 주변 이웃들의 반대(스 5장)에 직면해야만 했고, 그것들을 극복해야만 했다. 그러나 그 일은 거룩한 전쟁("용기를 얻고… 두려워하지 말라")에 관한 고대 전통의 영에 의해서 착수되어야 한다. 왜냐하면 야웨가 그들 가운데 계셔서(4절) 그들로 하여금 일들을 추진해 나갈 수 있도록 용기를 주시고, 첫 번째 성전보다 더 영광스러운 두 번째 성전을 만들기 위해 필요한 것들을 주실 것이기 때문이다(6-9절).

야웨의 현존은 그의 영을 통해 깨닫게 될 것이다(5b절). 시내산 언

약을 위한 야웨의 현존 약속과 관계된 학개 2:5a의 어려운 문법적 구조는 여기서 5b절에 영향을 주지 않기 때문에 토론할 필요가 없다. 게다가 예언자가 이 신탁을 말했을 때 그가 출애굽과 시내산을 염두에 두었다는 다른 단서들도 있다. 야웨의 백성들과 함께 그의 현존은 출애굽기 33:14에서 약속되고 또 29:45(P)에서 반복된다. 위에서 진술된 것처럼 거룩한 전쟁 의식("용기를 얻고… 두려워 말라")은 가나안 정복기간을 통해 또한 더 이른 시대에서도 종종 들린다(출 14:13).

학개 2:6에는 적어도 이집트인들로부터 물품을 취했었던 것(출 12:35-36)에 대한 암시가 존재한다("다시 한번…내가 모든 나라들을 진동시킬 것이다"). 이 암시는 예전에 광야에서 성막 건설을 위해 귀중한 금속들과 장신구들이 제공되었던 것과 같이 제2성전을 위해서도 보물들을 제공하겠다는 의미이다. 여기서 영의 약속은 브살렐과 그의 동료들에게 임했던 영의 선물, 즉 그들에게 성막을 짓기 위해 필요한 기술들을 의미할 수 있다. 그러나 동사 "오메데트"(עֹמֶדֶת, "머무르다")는 구름기둥과 불기둥에 대한 언급에서 사용된다(출 13:21, 14:19, 24). 그리고 이 동사는 청중들로 하여금 이집트로부터 탈출하는 동안에, 그리고 광야에서 방랑하는 동안에 야웨가 그의 백성들과 함께하셨음을 상기시켰을 것이다. 무엇보다 이 단어의 사용은 거기서 영은 지속적이고 인격적인 야웨의 현존이 성전 재건을 위해 일하다가 낙담한 귀환자 무리 가운데 있음을 의미한다는 것을 암시한다. 그의 현존은 임무수행을 위해 필요한 힘과 용기를 의미한다.

성전 공사를 끝내기 위한 영의 능력은 스가랴 4:6에서도 약속된다.

6 그가 내게 대답하여 이르되

"여호와께서 스룹바벨에게 하신 말씀이 이러하니라.

만군의 여호와께서 말씀하시되

'이는 힘으로 되지 아니하며

능력으로 되지 아니하고

오직 나의 영으로(בְּרוּחִי) 되느니라.

7 큰 산아, 네가 무엇이냐?

네가 스룹바벨 앞에서 평지가 되리라.

그가 머릿돌을 내놓을 때에 무리가 외치기를

은총, 은총이 그에게 있을지어다 하리라'" 하셨고(슥 4:6-7).

스가랴 4:6-10a 자체는 큰 어려움이 없다. 야웨는 그의 영을 통하여 스가랴 4:7, 9, 10에서 언급되는 성전 건설을 완성시키기 위해 반드시 필요한 힘을 제공하실 것이다.[40] 스룹바벨은 많은 구절들에서 네 번씩이나 이름이 언급되기 때문에, 그는 영의 능력이 모아질 단 한 사람으로 가정된다. 아마도 성전 건축은 어느 단계까지 진행되었을 것이다. 그러나 산더미 같은 어려움들에 의해 방해를 받는다(학 2:1-9). 그 시점

---

40) K. Elliger, *Das Buch der zwölf kleinen Propheten* (ATD, Göttingen: Vandenhoeck und Ruprecht, 1951), 118, Elliger는 영을 성전의 완성과 관련시킨다. 그리고 그는 하나님께서 기존의 무기들을 통해서가 아닌 그의 영의 능력을 통해서 작업을 방해하는 사마리아 사람들의 위협을 피할 것이라고 덧붙인다. G. von Rad, *Theology, I*, 285, von Rad는 이 문구를 다음과 같이 해석한다. "스가랴는 예루살렘을 방어하기 위한 인간적이고 정치적인 생각을 반대했다." 결국, Barnes는 "그 말씀들은 스룹바벨로 하여금 무기의 도움으로 유다 왕국을 재건하려고 시도하지 말하는 경고이다"라고 말한다. W. E. Barnes, *Haggai and Zechariah* (Cambridge: University Press, 1917), 46.

구약의 성령론

에서 필요했던 격려가 스가랴의 신탁에 의해 제공된다. 사람들은 사람의 재능과 능력을 훨씬 뛰어넘는 하나님의 영이 그들 중심에서 일하고 있다는 야웨의 확언을 듣고 위로를 얻는다. 그의 영의 능력을 통하여 산더미 같은 장애물들은 평탄하게 될 것이고 성전은 완공될 것이다(슥 4:7-9).

사람들은 전혀 언급되지 않고 스룹바벨만 매우 빈번하게 언급되는 것은 이 구절들이 성전 건축에 고용된 사람들에게 격려를 제공하는 것 외에 다윗 계통인 스룹바벨에게 신적인 권위를 부여하고 있음을 의미한다. 이것은 스가랴 4:1-5, 10b-14의 환상이 6-10a절의 신탁과 연결될 것이라는 단서를 제공한다. 신탁은 이차적으로 환상과 결합된 것으로 보인다. 실제로 환상은 그 자체로 독립적으로 설 수 있으며, 스가랴 4:6-10a이 없이도 충분한 의미를 제공한다. 환상과 신탁을 연결시키는 단 하나의 연결고리는 스룹바벨이라는 인물이다.

이것은 환상 전체에 나타나는 기름을 스가랴 4:12-14에 등장하는 "기름 부음 받은 자 둘" 곧 "기름의 아들들"에서 흘러나와 등잔대로 흐르는 영으로 해석하도록 유혹한다. 등잔대는 야웨의 눈으로서 땅 전체를 밝히는 이스라엘 회중을 상징하는 반면(슥 4:10a), "기름 부음 받은 자 둘"은 스룹바벨과 여호수아다. 그러나 구약에서 기름은 영을 상징하기 위해 사용된 적이 결코 없다. 반면 그것은 빈번하게 기름 부음의 예식을 상징하는데, 여기서도 이 뜻으로 사용된다.

스가랴가 또 다른 "메시아적인" 상징들을 가지고 있음은 이미 잘 알려진 바다(슥 3:8-10; 6:9-14). 아마도 이것은 원래 다윗의 후손인 스룹바벨의 이름을 포함했을 것이다(대상 3:19). 페르시아 당국의 압박 속에서 그들은 현재 형태의 스가랴서에서 발견되는 것처럼 간접적인 진술들이 되었다. 스가랴 4:1-5과 10b-14절 역시 이러한 종류의 간접적인 언급이라고 보는 이들도 있다. 다윗의 후손으로서 스룹바벨은 기름 부음을 받은 한 사람이고, 은혜의 기름이 그로부터 민족에게로 흐른다.

그러나 기름 부음 받은 다윗의 자손이자 메시아 후보자였던 스룹바벨은 또한 영의 은사를 받았을 것이라고 예상될 수 있다. 사무엘상 16:13의 직접적인 언급과 함께 환상과 신탁의 이차적인 결합에 의해서,[41] 예언자는 마치 다윗, 즉 영의 충만함으로 기름 부음을 받은 한 사람이 첫 번째 성전을 계획했던 것처럼(대상 22장), 지금은 기름 부음 받은 다윗의 자손인 스룹바벨이 야웨의 영의 능력을 의지하여 두 번째 성전을 완성시킬 수 있다고 제안한다. 이것은 왜 스룹바벨이 빈번하게 스가랴 4:6-10a에서 언급되었는지를 설명해준다. 그것은 그가 성전을 성공적으로 건축할 것을 보장하는 지도자이기 때문이다. 영은 야웨의 능력을 대표한다. 그러나 그것은 다윗의 자손인 스룹바벨을 통로로 삼아 전달될 수 있다.

또 다른 환상인 스가랴 6:1-8에서 예언자는 4개의 마차들이 두 산들 사이로 나오는 것을 보는데, 마차들은 땅을 위협적으로 돌아다니고 네 방향으로 출발한다. 검은 말들과 마차는 북쪽으로, 그리고 나머지 세 마차는 각각 붉은 말, 흰 말, 어룽진 회색 말들과 함께 다른 방향으로 간다. 환상은 스가랴를 안내하는 천사가 이렇게 외치면서 끝이 난다.

8 그가 내게 외쳐 말하여 이르되

---

41) 아마도 예언자 그 자신에 의해서. 참조. A. Weiser, *Introduction to the Old Testament*, 271.

구약의 성령론

"북쪽으로 나간 자들이 북쪽에서 내 영을 쉬게 하였느니라" 하더라 (הֵנִיחוּ אֶת־רוּחִי בְּאֶרֶץ צָפוֹן)(슥 6:8).

인도자의 비밀스러운 진술에 대해서는 2가지 해석이 가능하다. 첫 번째 해석은 루아흐가 하나님의 분노를 의미한다고 보고, 에스겔 5:13, 16:42, 24:13, 21:22에서 입증된 용례를 통해 동사 "헤니후"(הֵנִיחוּ)를 "누그러뜨리다, 달래다"로 이해하는 해석이다. 야웨의 분노는 모조리 분출을 해야만 충족된다. 따라서 스가랴 6:8은 야웨가 바빌론에 그의 심판을 내리셨음을 의미한다. 비록 말들이 등장하는 첫 번째 환상(슥 1:7-17) 속에서 말들이 순찰하는 것 이외의 기능을 가지고 있지는 않지만, 이러한 해설에 대해 찬성하거나 반대할 만한 충분한 증거가 없다. 70인역은 "루히"(רוּחִי, "나의 루아흐")를 "톤 튀몬"(τὸν θυμόν, "분노")으로 번역함으로써 이 해석을 지지한다.

두 번째 해석[42]은 이 구절을 바빌론에 포로로 끌려간 자들로 하여금(또한 다른 지역들에 퍼져 있는 디아스포라를 포함하여) 그들이 고국 땅으로 돌아오도록 격려하기 위하여 영을 발산하는 것으로 이해한다. 영의 기능은 스가랴 4:6에 있는 것과 유사하다. 즉 포로 귀환자들을 격려하는 목적은 그들을 성전 재건 프로젝트에 포함시키는 것이다. 이 해석에서 "헤니후"(הֵנִיחוּ)는 민수기 11장과 이사야 11:2에서 나타나는 의미와 동일한 뜻을 가진다("머물다"). 여기서 그것은 바빌론이 아니라 바빌론에 있는 포로들 위에 머문다. 영의 능력이 재건 사역에 동원된다.

---

42) 두 번째 해석을 위해서는 F. Horst, *Nahum bis Malachi* (Tübingen: J. C. B. Mohr, 1954), 237; Karl Elliger, *Das Buch der zwölf kleinen Propheten*, 106을 참조하라.

2가지 사실이 이 해석을 뒷받침해 준다. 바빌론에 대한 심판은 이미 두 번째 환상인 스가랴 1:18-21에서 선포되었다. 만약 마지막 환상이 이 주제를 반복한다면, 이것은 이상해 보일 것이다. 게다가 성전 재건을 돕기 위한 포로들의 귀환 가능성이 스가랴 6:15에서 언급된다. 이 구절은 마지막 환상에 대한 예언자의 해석으로 이해된다. 단지 그러한 귀환만을 언급하는 스가랴 6:9-10은 이 환상에 대한 설명으로 이해될 수 있다. 이 애매한 단락에 대해서는 후자가 더 설득력 있어 보인다.

F. 하나님의 분노(욥 4:9; 사 27:8)

마지막으로 포로기의 두 본문인 욥기 4:9과 이사야 27:8에서 루아흐는 야웨의 폭발적인 분노를 의미한다. 그런데 이 의미는 초기 시대 본문으로부터 줄곧 지속되어왔다.

엘리바스의 첫 번째 말에서, 그는 의인은 장수하고 악인은 단명한다고 말한다(욥 4:8-9).

> 8 내가 보건대
> 악을 밭 갈고 독을 뿌리는 자는
> 그대로 거두나니
> 9 다 하나님의 입 기운에(מִנִּשְׁמַת אֱלוֹהַ) 멸망하고
> 그의 콧김(מֵרוּחַ אַפּוֹ)에 사라지느니라(욥 4:8-9).

다시 말해서 악인들은 하나님의 진노하심에 의해 파괴된다. 사무엘하 22:16과의 유사성이 쉽게 나타난다.[43] 비록 여기서 "네샤마"가 루아흐와 평행을 이루지만, 두 단락들에서 "네샤마"(neshamah), 루아흐

(ruach), "아프"('aph)가 나타난다. "네샤마"의 존재는 "바람"보다는 "숨"을 의미하는 것으로 보인다. 그러나 여기서는 사무엘하 22:16 또는 출애굽기 15:8, 10에서 묘사된 루아흐의 행동과는 다른 루아흐의 행동이 묘사될 수 있다. 그 초기 본문들에서, 수면 위에 운행하는 루아흐는 순전히 폭발적인 힘으로 묘사되었다. 그러나 욥기 4:9에서 루아흐는 바람의 열기, 곧 단순한 능력이라기보다는 태워버리는 능력으로 이해된다. 이 경우에 "아포"(אַפּוֹ)는 "분노"로, "이클루"(יְכֻלּוֹ)는 "삼켜버린"으로 번역되어야 한다. 이 경우에 루아흐는 숨보다는 "힘"을 의미한다. 그러나 그것은 여전히 분노를 함축한다. 테리엔(S. Terrien)은 우주적인 불에 의한 심판 모티프를 제안한다.[44] 이 해석은 8절의 농업 비유에 적절하다. 쟁기질하고 씨 뿌리고 거두는 사람들을 위해서, 그것은 그들이 두려워하는 열풍과 같은 세력 정도의 바람이 아니다. 모든 것을 태워버릴 듯한 동풍은 그들의 곡식을 바싹 마르게 하고 태울 수 있다.

루아흐를 분노의 의미로 사용하는 두 번째 본문은 이사야 27:8이다. 이 본문은 이스라엘이 포로기에서 경험한 야웨의 루아흐의 벌하시는 능력을 묘사하기 위해 동풍을 언급하는 호세아 13:15을 떠올리게 한다. 그 구절은 다음과 같다.

8 주께서 백성을 적당하게 견책하사 쫓아내실 때에

동풍 부는 날에 폭풍으로 그들을 옮기셨느니라(הָגָה בְּרוּחוֹ הַקָּשָׁה בְּיוֹם

---

43) F. Horst, *Hiob* (BK, Neukirchen: Neukirchener Verlag, 1960), 69-70은 삼하 22:16과 출 15:7-19에 대한 이 구절의 관계를 주목했다.

44) S. Terrien, *Job*, 70.

קָדִים)(사 27:8).

　"하가"(הָגָה)는 "제거하다"를 의미하고, 구약의 잠언 25:4-5에서 오직
한 번 사용된다. 이 단어는 찌꺼기를 제거하는 것과 왕 앞에서 악을 제거
하는 것을 모두 의미한다. "카샤"(קָשָׁה)는 사무엘하 2:17의 어려운 전쟁에
서, 출애굽기 1:14의 극심한 노예상태에서, 또는 이사야 27:1의 수그러들
지 않는 칼에서 보여주는 것처럼 "어려운, 극심한"을 의미한다. 이미 존
재하는 본문이 그 의미를 충분히 밝혀주기 때문에 키텔(Kittel)이 제안한
것처럼 "카샤"(קָשָׁה)를 "카카쉬"(כקש)로 교정하는 것은 불필요하다.

　주요 문제점은 루아흐의 번역이다. RSV는 루아흐를 "강한 바람"으
로 번역함으로써 루아흐를 야웨의 분노의 위력으로 정확하게 이해한
다. 비록 본문을 교정해도 동사 "하가"(הָגָה)와 형용사 "하카샤"(הַקָּשָׁה)에
서 바람을 제안할 만한 것은 아무것도 없다. 반면에 예언자는 야웨의
루아흐의 행동을 묘사하기 위해 필수적으로 "베욤 카딤"(בְּיוֹם קָדִים, "동
풍 부는 날")을 추가해야 한다고 느꼈기 때문에, 이것은 그가 루아흐를
바람을 의미하는 것으로 사용하지 않았다는 것을 명확하게 보여주는
듯하다. 왜냐하면 만약 루아흐가 야웨의 영 또는 그의 분노를 의미한
다면 그것은 바람을 의미하는 단어를 은유적으로 묘사하기 위해 부가
적으로 사용할 필요가 있었을 것이기 때문이다. 아무도 "바람 같은 바
람"을 말하지 않는다. 그러나 사람들은 "바람 같은 분노"를 말할 수는
있다.[45]

　루아흐가 바람을 의미하지 않고, 힘과 분노의 의미를 담고 있는 야
웨의 영을 의미한다는 것은 명백하다. 이사야 27:1이 보여주듯 "카
샤"(קָשָׁה)라는 단어에 의해 능력이란 뜻이 암시되고, 야웨가 이스라엘

　　　　　　　　　　　　　　　　　　　　구약의 성령론

을 제거했다는 것과 이스라엘을 이혼한 아내처럼 보내버리는 것, 또한 야웨가 이스라엘과 "싸운다"라는 예언자의 언급에 의해서 야웨의 분노가 암시되고 있다. 야웨는 그의 분노로 인하여 이스라엘을 벌주려고 그들을 포로지로 보냈다. 그리고 뜨겁게 불타는 동쪽에서 불어오는 열풍처럼 폭풍의 세력이 이스라엘을 쳤다. 루아흐는 야웨의 분노와 그의 힘을 모두 표현하기 위해 사용되었다. 그러나 그것은 그의 영이다. 이 해석은 위에서 언급된 경우와 유사한 호세아 13:15의 해석을 확증하는 역할을 한다.

II. 영은 어디서 발견될 수 있나?: 영과 전승들

대다수 구약의 주요 전승들과 연관된 영 본문들을 조사하였기 때문에 이제는 영 개념에 대한 구약성서의 삶의 자리(Sitz im Leben)에 관해 질문하는 것이 가능해졌다. 하나님의 영은 어떤 전승을 주로 그 기반으로 삼고 있는가? 어떤 학파의 영향 하에서 하나님의 영이라는 개념이 발전되어 구약성서의 중요한 주제 중 하나가 된 것일까?

가장 초기의 역사적 전승들, 즉 야웨 문서(Yahwist), 엘로힘 문서(Elohist), 그리고 신명기 문서(Deuteronomist)는 심각한 관심을 받을 필요가 없다. 영은 처음 2개의 문서 속에서는 단지 지나가듯 언급되고 있을 뿐이고, 나머지 세 번째에서는 언급조차 되지 않는다. 그리고 영은 어떤 경우에도 이러한 주요 전승들의 문체나 신학을 직접적으로 반영

---

45) 겔 13:13을 보라. 거기에서 야웨의 체벌적인 분노는 폭풍 같은 바람과 비교된다.

하는 본문에서 등장하지 않는다.

가능성이 남아 있는 4개의 전승으로는 왕정, 제사장, 지혜, 그리고 예언이 있다.

A. 왕정

영에 대한 언급이 사울 및 다윗과 관련하여 분명하고도 비교적 자주 언급되기 때문에 많은 사람들은 영이 다윗 계열의 왕들과 영구적으로 관련을 맺고 있다고 생각하곤 했다. 더욱이 몇몇 학자들은 카리스마적인 영의 은사가 기름 부음(대관식) 의식을 통하여 아버지로부터 아들에게로 전달된다고 주장하기도 했다.[46] 이러한 추정은 다윗이 기름 부음 받은 이후에 영이 다윗에게 임했다고 진술하는 사무엘상 16:13을 기반으로 한다. 그리고 좀 더 직접적으로는 영의 은사를 (예언자의) 기름 부음과 연결하고 있는 이사야 61:1을 기반으로 한다. 그러나 구약성서 어디에서도 영이 다윗의 뒤를 이어 통치하는 다윗 계열의 왕과 연관된 적이 없다는 사실과, 역사서 및 예언서나, 심지어는 가장 기대가 될 만한 제왕시들(the royal psalms)에서조차 언급되지 않고 있음을 주목해야 한다. 영은 솔로몬 시대 때부터 왕정과 결별하였고, 예언 운동으로 옮겨갔다. 예언 운동으로의 이동은 즉흥적이며 자유롭고 카리스마적인 영의 특성을 전적으로 유지한다. 이러한 영의 특성들이 영으로 하여금 세습에 의한 계승으로 묶여 있는 왕정 제도와는 어울리지 않게 만들었

---

46) 참조. B. D. Eerdmans, *The Hebrew Book of Psalms* (Leiden: E. J. Brill, 1947), 275; H. Weindel, "משח und seine Derivate," *ZAW* 18(1898), 55-56; C. R. North, "The Religious Aspects of Hebrew Kingship," *ZAW* 50(1932), 16-17; E. R. Daglish, 앞의 글, 159.

을 것이다.

영은 미래의 메시아적 왕 위에 임하게 될 것이다(사 11:2). 그러나 예언자가 영의 은사에 대해 구체적인 언급을 해야만 한다는 사실과, 예언자가 미래의 이상적인 통치자에 대해서 이야기한다는 사실은 카리스마적인 영의 은사가 모든 다윗 왕조의 영구적인 소유로 간주되지 않았음을 강조한다. 더욱이 이사야 11:2은 제왕적이라기보다는 예언적이다.

영 개념 특히 카리스마적인 영의 기능은 왕정 전승으로부터 생겨난 것이 아니라고 결론을 내릴 수 있다. 왕의 직무의 가장 큰 특색이라고 간주될 수 있는 카리스마적인 영은 다윗의 후손과 연결되지 않는다. 더욱이 영은 왕정 제도가 시작되기 이전에 비(非) 왕족 출신의 지도자를 지명할 때 신적인 임명의 수단으로 사용되었고, 왕정 기간 중에도 왕들 이외의 다른 사람들을 지명할 때에 사용되곤 하였다. 영 개념의 자리를 발견하기 위해서는 다른 곳을 봐야만 한다.

B. 제사장(제의, 법)

영의 용례가 다른 전승에서 그 기원을 추적해야만 하는 창세기 1:2을 제외하면(아래 "지혜"를 보라), 제사장 자료는 하나님의 영에게 오직 주변적인 활동만을 허락한다. 제사장 문서의 중심을 차지하는 율법이나 제사장과 관련된 것들은 어떠한 형태로라도 하나님의 영과 관련되지 않는다. 이는 구약성서 전반에 걸쳐서도 사실이다. "제사장적-제의적 세상은 영감으로부터 기인하는 활동을 허락하지 않았다."[47]

폰 라트(G. von Rad)는 카리스마, 즉 은사를 주는 영의 기능(제사장 문서[P]가 영을 사용하는 유일한 방법인 창 1:2을 제외하면)이 제사장 문서가 묘사하고 있는 이스라엘에 대한 일반적인 그림과 별 관련성이 없어 보인다는 점을 지적하였다.[48] 그런데 이 사실을 근거로 제사장 문서가 고의로 하나님의 영의 활동을 장인 기술자나 지도자의 능력과 같은 주변 영역에 제한했는지, 아니면 제사장 문서 저자가 자신의 방식과는 다른 낯선 전승들을 가지고 작업을 했는지는 확실히 결정하기가 어렵다. 왜냐하면 여호수아에게 영의 활동이 있었음이 인지되기 때문인데,[49] 아마도 후자의 대안이 더 그럴 듯하다(참조. 출 31:1-3의 "여호와께서 모세에게 말씀하여 이르시되⋯하나님의 영을 그에게 충만하게 하여"). 어쨌든 영 개념은 제사장 신학 체계에서 본래적인 것은 아니었던 것으로 보인다. 그렇기 때문에 영이 제사장 전승으로부터 기원했다고 말하거나, 영이 제사장 전승을 기원으로 삼고 있다고 말할 수는 없다.

C. 지혜

욥기는 구약 정경에서 하나님의 영을 언급하는 유일한 지혜서다.[50] 그러나 영 관련 본문 중에는 그 자체로서 지혜의 영향을 보여주거나, 그

---

47) G. von Rad, *Old Testament Theology* Vol. I, 99.

48) G. von Rad, *Old Testament Theology* Vol. I, 99.

49) 제사장 문서 저자가 전승을 자신의 방식으로 수용했다는 것은 여호수아가 장로들의 한 사람으로서 영을 받았다고 말하는 민 11:28에 암시되어 있다. 그러나 이 전승은 제사장 문서의 고유한 것이 아닌 듯하다. 왜냐하면 제사장 문서 어디에도 영이 지도자들 위에 카리스마적으로 임재한 것으로 인식되는 곳은 없기 때문이다.

50) 몇몇 학자들은 잠 1:23의 루아흐를 하나님의 영으로 간주한다(참조. D. Lys, *Ruach, Le Souffle dans l'Ancien Testament*, 302). 그러나 오히려 이 본문은 인간 속의 영을 말하는 욥 32:18과 유사하게 생각해야 한다. "인간"은 여성으로 의인화된 지혜이다. P. van Imschoot, "Sagesse et esprit," *RB* 47(1938), 27, 34를 참조하라.

구약의 성령론

문맥이 지혜의 영향을 보여주는 본문들이 많다. 이러한 본문들은 두 개의 범주로 구분될 수 있는데, 첫 번째 범주는 하나님의 영을 창조와 관련하여 사용하는 것이다. 즉 하나님의 영을 우주적인 범주 차원 또는 인간 생명의 창조와 연결해서 사용하는 본문들이 있다(그러나 도덕적인 재창조를 이야기하는 순전히 예언자적인 본문들은 포함하지 않는다). 이러한 지혜 본문들의 두 번째 범주는 영을 지혜의 근원으로서 말한다.

지혜의 영향을 보여주고 또 창조를 이야기하는 첫 번째 범주의 본문들은 다음과 같다(창 1:2; 욥 26:13; 33:4; 34:14; 시 104:30).[51] 시편 147:18을 제외하면 이 목록은 창조의 영을 말하고 있는 구약의 모든 본문들을 포함한다. 또는 반대로 말하자면 영과 창조를 연결시키는 모든 구약 본문들 중에서 오직 시편 147:18만이 지혜의 영향에 대한 증거를 제공하지 않는다. 그래서 어떤 이는 창조의 영이라는 개념의 한 측면이 지혜 전승에 뿌리를 두고 있음을 제안하고 싶은 유혹을 강하게 느낄 수 있다. 그러나 그러한 결론은 구약의 지혜 문헌이 거의 하나님의 영을 언급하지 않는다는 사실에 의해 위협 받는다. 잠언이나 전도서 어느 것도 하나님의 영이란 개념을 사용하지 않는다. 더 나아가 고전적인 지혜 본문 어디에서도 하나님의 영이 언급되지 않는다. 심지어 잠언 8장이나 욥기 28장도 하나님의 영을 언급하지 않고 있으며, 지혜시(the wisdom psalms)에서도 하나님의 영은 언급되지 않는다. 지혜 학파가 과연 하나님의 영이란 개념을 사용했는지 의문이다.

---

51) 창 1장의 지혜 경향을 위해서는 다음을 참조하라. G. von Rad, *Old Testament Theology* Vol. I, 143. 시 33편의 지혜 영향을 위해서는 다음을 참조하라. W. McKane, *Prophets and Wise Men*, 85. 다른 본문들의 지혜적 상황은 명백하다.

오히려 제사장 계열의 전승 또는 지혜 전승 어느 것과도 근본적으로 연결되지 않고, 다만 독립적인 창조 전승에 뿌리를 두고 있는 우주 창조의 영이라는 개념을 생각하는 것이 더 나을 것 같다. 창세기 2:7에는 영의 개념이 아직 발달하지 않은 배아 형태(embryonic form)로 존재하는 것처럼 보인다. 지혜가 이 창조 전승을 사용하고 있다는 점에서 지혜 전승이 창조의 영(*spiritus creator*) 개념을 넘겨받았다고 볼 수 있다.

하나님의 영을 지혜의 원천으로 묘사하는 두 번째 범주에 해당하는 본문들(창 41:38[E]; 사 11:2; 욥 32:8; 출 28:3; 31:3; 35:31; 신 34:9; [민 27:18]; 단 4:5, 6, 15; 5:11, 14)은 지혜 전승과 느슨하게 연결된다. 이 본문들 대부분은 어떤 면에서 예언 전승과 연관되어 있다.[52]

심지어 제사장 문서의 여호수아에게 임한 영의 경우에서조차도 예언자 학파의 영향이 존재할 가능성이 있다(참조. 민 27:18; 민 11:25, 28과 관련된 신 34:9). 반면 출애굽기 31:1-3의 브살렐 이야기에 나타난 주님(Lord)과 하나님의 특수한 연결(주님이 하나님의 영에 대하여 말씀하신다)은 아마도 제사장 학파가 다른 시대에 예언자의 영향 하에서 만들어진 옛 전승을 가지고 작업했음을 암시한다.

하나님의 영이란 개념은 오직 예언자의 영향 하에서 지혜 전승으로 스며든 것이 분명하다(창조 본문의 경우는 예외). 오래된 지혜는 인간 지혜의 근원을 신적인 자료에 대한 언급이 아니라 경험이나 교육을 통해 추적한다. 지혜 학파는 예언 전승의 영향 하에서 자신의 영을 통한 하

---

52) 창 48:38은 엘로힘 자료에 속한다. P. van Imschoot, "Sagesse et esprit," 34와 S. Terrien, *Job*, IB, 1131은 욥 32장의 예언자적인 특성들을 지적하였다. 다니엘 본문들을 위해서는 제6장을 보라. N. Porteous, *Daniel* (Philadelphia: Westminster, 1965), 14-17은 오래된 예전 전통 안에 서 있는 다니엘서의 요소들을 강조한다.

나님이 진정한 지혜의 원천, 아마도 유일한 원천이라는 사실을 깨닫게 되었다. 다른 말로 하자면 하나님의 영이 참 지혜의 근원이 된다는 것을 선포한 것은 예언 전승이다.[53]

D. 예언

예언자 운동과 포로기 이전 시대의 영 본문들 사이의 관계는 위에서 언급되었다. 이 관계는 결코 포로기 중에도 파기되지 않았다. 지혜 전승과 미묘하게 관련된 본문들을 제거해낸다고 해도 여전히 예언적 신탁들로부터 비롯된 아주 많은 본문들이 남아 있다. 비록 지혜 전승적인 요소들을 보이고 있다고 해도 영의 용례에 있어서 기본적으로는 여전히 예언적인 본문을 추가한다면, 영과 예언에 대한 총체적인 관계로 인하여 매우 깊은 인상을 받게 될 것이다. 아마도 원래부터 독립적인 창조 전승에 속했을 가능성이 있는 창조의 영(*spiritus creator*) 본문들을 제외한다면, 하나님의 영 개념은 예언 전승에서 유래하였고, 또 예언 전승에 의해 사용되었다고 결론지을 수 있다.

III. 영과 초기 유대교

기원전 538년 고레스에 의해 바빌론이 멸망하면서 페르시아 제국이 형성되기 시작하였고, 예루살렘으로의 첫 번째 귀환이 시작되었다(스 1장). 세스바살의 인도 하에 진행된 이 첫 번째 귀환이 얼마나 광범위

---

53) 이 사실은 P. van Imschoot, "Sagesse," 46에 의해 언급됨.

하게 이루어졌고, 구체적으로 어떠한 변화의 바람을 유다에 불러일으켰는지에 대해서는 알려진 바가 없다. 그러나 기원전 520년경 스룹바벨의 인도 하에 이루어진 귀환은 이보다는 좀 더 철저하게 문서화되었다. 에스라 2-6장, 학개, 그리고 스가랴 1-8장은 귀환에 대한 정보를 제공할 뿐만 아니라 기원전 516년에 완공된 성전의 재건에 대한 정보도 제공한다. 제2성전이 형성되던 당시의 이 종교 공동체, 바꾸어 말하자면 초기 유대교 공동체에 대한 정보는 알려진 바와 같이 빈약하다. 이사야 55-66장, 요엘, 오바댜, 그리고 말라기에서 기원전 460년까지의 시기에 대한 정보를 얻을 수 있다. 이것은 언약 공동체의 초기 회복으로, 페르시아 제국의 서쪽 지방의 일부에서 대제사장의 지도로 조직되었다. 이 회복은 기원전 5세기 중엽 에스라와 느헤미야의 지도를 통해 좀 더 철저하게 이루어진다.

이 시기의 특정 본문들은 포로기 이전의 주요 예언자들에게서 물려받은 고전적인 신학을 발전시키기보다는 오히려 유대교(Judaism)의 시작을 알리고 있다. 제의, 성직제도, 율법에 대한 공통적인 관심과 강조에 있어서 영의 활동에 대한 묘사는 앞서 언급된 지혜문학과 특히 제2이사야, 에스겔, 그리고 요엘과 같은 예언자들과는 완전히 다른 틀 속에서 이루어진다. 이러한 범주에 속하는 이 시기의 문헌은 제사장 계열의 자료로서 학개, 스가랴, 제3이사야, 에스겔 40-48장이 있다. 제사장 계열의 자료들 속에서 영은 성전 가구를 만들거나 또는 제사장의 의복들을 만드는 제의 사역과 관련되어 있다. 여호수아 위에 임한 영조차도 여호수아를 이스라엘 군대의 지도자 위치에 놓는 대신, 율법 수여자였던 모세의 후계자로서의 권위를 부여한다. 학개 및 스가랴에서는 영의 능력과 격려가 성전 재건 사역에 동원된다. 초기 유대교

구약의 성령론

로 분류되어야만 하는 본문(사 59:21)인 제3이사야는[54] 영의 지속적인 현존을 통하여 옛 언약이 유효하다는 확신을 가지고 현재 상황(*status quo*)을 강조한다. 에스겔 40-48장은 하나님의 영을 언급하는 유일한 법적인 문헌이라는 특징을 가진다. 그러나 하나님의 영은 이러한 장들의 주요 주제인 예루살렘에 복원되는 유대 신정 국가(Jewish theocracy)와는 아무런 관련이 없다. 이런 초기 유대교의 문헌에서 영은 완전히 생략될 수 있었다. 이것은 영이 초기 유대교의 체제 속에서 없어서는 안 될 구성적 요소가 아니었다는 인상을 남긴다. 영이 언급되는 곳에서도 영 없이 시작되고, 또 영 없이도 아주 잘 진행되는 계획들이 용인되곤 한다. 여기에는 영을 특징짓는 내면성, 도덕적 활력성, 목적 지향성, 능력의 임박한 현시(manifestation) 등이 결여되어 있다. 구체화(externalization)를 향한 이러한 경향은 후대에 그리고 구약의 마지막 시대에 이르러 더욱 명확해질 것이다.

---

54) 일반적인 인식에 의하면 사 56-66장에는 매우 다양한 자료들이 포함되어 있다. 사 61:1-11 또는 63:7-19은 초기 유대교 문학 범주로 분류되지 않고, 초기 포로기의 본문으로 분류된다. 제2이사야와의 밀접한 유사성으로 인하여 제2이사야, 겔 1-39장 그리고 요엘서와 함께 분류된다. 반면에 사 59:21은 신 3:14과 유사하고, 그리고 제사장 계열 자료들의 문장과도 유사하기 때문에 초기 유대교 문헌으로 분류된다.

THE SPIRIT OF GOD
IN THE OLD TESTAMENT

"영이 아삽의 자손인 레위 사람 야하시엘에게 임했다": 에스라에서 다니엘까지

I. 율법 아래의 영

기원전 458년 에스라(스 7장)와 기원전 444년 느헤미야(느 2장)가 예루살렘으로 귀환하면서 율법을 중심으로 하는 언약 공동체의 재건을 위한 무대가 준비되었다. 언약 공동체의 재건은 단순히 허가받은 것이 아니라, 이집트와 맞서고 있는 페르시아 제국의 서쪽 끝에 강력한 완충지역을 구축하려는 목적을 위해 페르시아 당국에 의해서 위임된 것이었다.

총독이었던 느헤미야의 지휘 하에 예루살렘 성벽은 재건되었고 유다 지역의 행정도 재조직되었다. 그러나 종교개혁의 주요 부분은 "모세 율법에 능통한 서기관"이었던 에스라의 지도로 진행되었다. 내부적 붕괴 혹은 이교도 세계로부터의 침략을 막아내고, 유대 공동체의 생존을 보장하기 위해서는 기록된 율법(아마도 오경)을 중심으로 하는 조직의 재정립이 필요했다.

> 이스라엘은 국가에서 율법 공동체(a law community)로 변화되었다. 이때부터 비로소 이스라엘이 존재했다고 볼 수 있다. 비록 국가적인 지위가 없었고, 심지어 모든 세계로 흩어졌지만 이스라엘은 그러한 변화를 이행

할 수 있었다. 유대인을 구별하는 표시는 정치적인 국적도, 인종적인 배경도, 심지어는 규칙적인 성전 제의의 참여도 아니었다. 그들을 유대인으로 구별하는 표시는 다름 아닌 모세 율법에 대한 충성이었다.[1]

율법에 대한 충성은 이 시대의 특징으로서 하나님의 영이라는 개념의 발전에 가장 큰 영향을 미친다. 이 시대의 문헌에서 하나님의 영은 거의 언급되지 않는다.[2] 이것은 율법을 중심으로 구성된 공동체에서 영의 직접적인 영감, 즉 야웨의 루아흐에 의한 직접적인 인도하심에 대한 기대가 더 이상 없었기 때문일 것이다. 영의 활동은 자유롭고 강제적이지 않기 때문에 율법을 기반으로 구성된 종교적 삶과는 반대되는 것이기도 했다.

영이 사라지면서 나타나는 동반현상은 예언자의 활동 중지다. 이러한 현상은 율법을 중심으로 하는 공동체에서 예상될 수 있는 결과이다. 율법 해석에 능통했던 제사장과 서기관이 하나님을 위하여 직접적으로 대변할 권리를 가졌던 예언자의 자리를 대체했다. 지금까지 영은 예언자 운동과 분리되지 않고 거의 독점적으로 연결되어 있었기 때문에, 예언 문헌이 사라짐에 따라 하나님의 영에 대한 언급도 함께 사라진 것으로 예상할 수 있다. 이 시대의 문헌에는 이사야서 혹은 에스겔서, 그리고 욥기나 요엘서에 기술되어 있는 심오한 방식의 영의 임재 활동에 대한 어떠한 인식도 나타나지 않는다. 미래를 내다보는 것도

---

1) J. Bright, *A History of Israel* (Philadelphia: Westminster, 1959), 375.
2) 기원전 460년에서 165년 사이의 본문들은 다음과 같다. 대상 12:19; 대하 15:1; 18:23; 20:14; 24:20; 느 9:20, 30; 시 147:18(느헤미야의 시대를 지목하고 있는 2절과 13절 때문에 이 시기로 연대를 설정한다); 그리고 단 4:5, 6, 15; 5:11, 14.

없고, 하나님의 영을 통해 다가오는 하나님의 능력 부음에 대한 기대도 없으며, 새롭게 하고 갱신시키는 영의 활동에 대한 의식도 전혀 나타나지 않는다. 느헤미야서와 역대기에는 단지 이러한 영에 대한 단순한 기억, 즉 옛 범주에 관한 의식적인 모방만이 표현되어 있을 뿐이다. 예언 문학을 계승하고 또한 기원전 2세기부터 점차적으로 대중화되었던 대표적 묵시문학인 다니엘서에서만 오직 포로기 이전에 있었던 본래적인 영의 범주가 유지되고 있는 것으로 보인다. 초기 유대교에서는 영이 그다지 중요한 역할을 감당하지 못했다. 이러한 사정은 이 시기에도 마찬가지였다. 과거의 영광들에 대한 기억이 거의 남아 있지 않았던 것처럼 하나님의 영도 이 시대의 사건들 속에서 어떠한 결정적인 역할도 수행하지 않는다.

II. 레위 계열의 "예언자들"(대상 12:18: 대하 15:1: 20:14)

역대기의 기원이 되는 재건된 유대 공동체 안에서 몇몇의 레위인들이 예언자들의 후예로 간주되었고, 또 그렇기 때문에 그들도 영의 은사를 받은 것으로 간주되었다. 그러나 하나님의 영은 고전적 예언자들의 경우와 같이 그들의 메시지의 실질적인 내용보다는 그들 속에서 주로 언변의 은사나 시적인 은사, 즉 말하는 방식에 있어 영감을 불어넣었다.[3]

---

3) 참조. W. Eichrodt, *Theology of the Old Testament* I, 337은 다음과 같이 기록한다. "그러나 포로기 이전의 성전 보안대는 무아경에 빠진 고집 센 사람들에 대한 징벌을 관할했으며(렘 20:16; 29:26), 후손들은 율법에 관계없이 설교하는 것을 허용하지 않고 다양한 방법으로 대체할 만한 것을 만들려고 하였다. 이제 시적 영감이나 음악적

역대상 12:16-18은 유다와 베냐민으로부터 몇몇 용사들이 다윗과 힘을 합치기 위해 시글락에 있는 다윗을 찾아오는 장면을 그리고 있다. 다윗은 그들과 짧은 인사를 나누고, 그들이 왜 다윗과 합치려고 하는지에 대해 질문한다. 그러자 무리의 우두머리인 아마새가 이렇게 대답을 한다(18절).

> 18 그때에 성령(원문은 "영"−역주)이 삼십 명의 우두머리 아마새를 감싸시니(וְרוּחַ לָבְשָׁה אֶת־עֲמָשַׂי) 이르되 "다윗이여, 우리가 당신에게 속하겠고, 이새의 아들이여, 우리가 당신과 함께 있으리니 원하건대 평안하소서. 당신도 평안하고 당신을 돕는 자에게도 평안이 있을지니 이는 당신의 하나님이 당신을 도우심이니이다"(대상 12:18).

기드온에게 임했던 영을 묘사하던 "옷을 입히다"라는 동사가 여기서도 사용되었다(삿 6:34). 아마도 그것은 아마새 역시 용사였기 때문일 것이다. 그러나 이번에 영은 그에게 군사적인 용맹을 고취시키는 대신 언변에 감동을 불어넣는다. 영이 수사법의 은사를 고취시킨 것이다.

역대하 15:1에는 이집트의 왕 세라와 성공적으로 전쟁을 벌이고 귀환하는 유다의 왕 아사가 종교개혁을 위한 짧은 권고의 연설을 듣는 장면이 나온다.

은사는 루아흐의 작용으로 이해되었으며, 특히 예전적 발언(liturgical utterance)을 즉흥적으로 할 수 있는 성전 예언자들의 재능은 예언자적 지위를 나타내는 것으로 존중되었다(시 49:3; 대상 15:22, 27; 25:1-3; 대하 20:14). 이 점에서 예언자는 결국 성전 공직자에 속한다."

1 하나님의 영이 오뎃의 아들 아사랴에게 임하시매(הָיְתָה עָלָיו רוּחַ אֱלֹהִים)
2 그가 나가서 아사를 맞아 이르되 "아사와 및 유다와 베냐민의 무리들아,
내 말을 들으라. 너희가 여호와와 함께 하면 여호와께서 너희와 함께 하
실지라…. 7 그런즉 너희는 강하게 하라. 너희의 손이 약하지 않게 하라.
너희 행위에는 상급이 있음이라" 하니라. 8 아사가 이 말 곧 선지자 오뎃
의 예언을 듣고 마음을 강하게 하여 가증한 물건들을 유다와 베냐민 온
땅에서 없애고…(대하 15:1-8)

이 권고의 연설은 효과가 있었다. 그래서 아사는 가증한 것들을 멀
리하고, 제단을 재건했으며, 언약을 갱신했다. 그리고 우상숭배하는 그
의 어머니 태후 마아가를 폐위시켰다.

앞의 단락에서처럼, 영은 연설에 영감을 불어넣는다. 갈링(K. Galling)
은 이 연설이 놓여 있는 위치가 인위적이라고 지적함과 동시에 폰 라트
(G. von Rad)가 제시했던 것처럼 이 연설이 역대기 사가가 활동한 시대
에 레위 계통에서 통용되던 설교의 한 형태로 간주되어야 한다고 주장
하였다.[4] 만약 이것이 사실이라면, 여기에 주어진 영의 사역에 대한 묘
사는 10세기보다는 역대기 사가 시대에 있었던 하나님의 영에 대한 태
도를 반영함을 의미한다. 레위인들은 자신들이 영에 의해 영감을 받은
자들이기 때문에 스스로를 예언자들의 계승자로 간주했다.[5] 그러나 그

---

4) K. Galling, *Die Bücher der Chronik* (ATD, 1954), 114. Galling에 의한 von Rad
의 인용은 Procksch를 위한 기념논문집 117에 나오고, *Gesammelte Studien* I, 248
이하에도 포함되어 있다.
5) 참조. G. von Rad, *Old Testament Theology* Vol. I, 101 이하.

들의 예언은 신탁이 아니라 연설이었다.[6] 결국 이 단락에서 영은 이전 시대에 예언자와 예언에 영감을 준 것으로 간주되고 있다고 결론지을 수 있다. 그러나 이 영은 사실 기원전 400년경의 레위 제사장과 같이 설교를 담당하던 자들에게 영감을 불어넣었다는 견해를 반영한다.

역대하 20:14-15은 유다 왕 여호사밧과 모압 및 암몬 군대 사이의 임박한 전쟁이 있기 전의 장면을 묘사한다. 유다 백성이 야웨의 집에 모이고 왕의 기도가 있은 후에,

14 여호와의 영이 회중 가운데에서 레위 사람 야하시엘에게 임하셨으니 (הָיְתָה עָלָיו רוּחַ יְהוָה) 그는 아삽 자손 맛다냐의 현손이요 여이엘의 증손이요 브나야의 손자요 스가랴의 아들이더라. 15 야하시엘이 이르되 "온 유다와 예루살렘 주민과 여호사밧 왕이여, 들을지어다. 여호와께서 이같이 너희에게 말씀하시기를 '너희는 이 큰 무리로 말미암아 두려워하거나 놀라지 말라. 이 전쟁은 너희에게 속한 것이 아니요 하나님께 속한 것이니라'"(대하 20:14-15).

역대하 15:1에서와 같은 동일한 동사가 사사기 3:10, 11:29(그리고 초기 시대의 다른 곳에서)에서 발견된다. 이 단락은 야하시엘이 유다에게 용맹스럽게 싸우도록 격려하고 있기 때문에, 역대하 15:1과는 상황이 다르다. 이것은 야웨의 전쟁이다. 그러나 영의 기능은 다르지 않다. 위

---

6) 참조. D. Lys, *Ruach, Le Souffle dans l'Ancien Testament*, 185. A. C. Welch, *The Work of the Chronicler* (London: Oxford Press, 1939), 49-50은 역대기에 있는 예언자적 연설들의 전형적인 특징뿐만 아니라, 고전적 예언자들의 신탁과 비교했을 때의 차이점에 대해서도 지적한다.

에서 제안된 것을 입증하듯이, 이번에는 영이 아삽의 자손인 한 레위인의 연설에 영감을 준다. 영은 아마도 초기 유대교의 제의 예언자[7]였을 레위 자손 중 하나인 야하시엘의 언변에 감화를 준 것이다.

왕이 하나님의 영에 의한 영감을 언급하지 않아도 이와 동일한 종류의 연설을 할 수 있다는 사실은 중요한 의미를 갖는다(대하 32:7-8). 수사학적인 영감을 부여하는 영이 레위 제사장 계열의 한 지위를 대변하는 성전 예언자들의 독점적인 소유[8]로 간주되었을 가능성이 있다(참조. 대상 25:1-3, 레위인들이 "예언했다"는 사실이 반복적으로 언급된다). 여하튼 왕의 수사학적 달변에도 불구하고, 그리고 아마도 그가 왕이기 때문에, 레위인들에 의해 주장된 하나님의 영에 의한 영감은 왕과 연결되지 않고 있다.

역대기에는 예언자적 영의 계승자인 카리스마적 영에 대한 언급이 고수되고 있다. 이러한 3개의 구절 속에 나타난 영의 기능과 초기 시대의 본문인 사무엘하 23:2에 나타난 기능이 유사하다는 것은 흥미로운 사실이다. 여기서 영은 "이스라엘의 노래 잘 하는 자" 안에서 시적이고 수사학적인 은사에 영감을 불어넣었다.

---

7) 참조. W. A. L. Elmslie, *Chronicles*, IB, Vol. III, 426과 A. R. Johnson, *The Cultic Prophet in Ancient Israel* (Cardiff: University of Wales Press, 1962), 75.

8) 하지만 여기서 "독점적"이라는 표현은 지나치게 강한 것처럼 보인다. 왜냐하면 영은 "전사"인 아마새에게도 돌려지기 때문이다. 대상 12:19에서 영의 현존에 대한 묘사가 순수하게 역사적인 기록이라고 보기는 어렵다. 왜냐하면 19절은 역대기 사가의 작업이 보여주는 모든 특징들을 갖고 있기 때문이다. 참고로, 대하 15:1, 20:14, 24:20에도 동일한 편집자적 틀이 존재한다. 역대기 사가의 편집자적 틀과 무관한 이른 시기의 자료를 문자 그대로 옮겨온 대하 18:23의 내러티브와 비교해보라. 아마 이런 수사학적 기교 때문에 아마새가 무명의 레위인으로 간주되는 것 같다.

III. 선견자(Seer) 다니엘(단 4:8-9, 18; 5:11, 14)

다니엘서에는 "거룩한 신들의 영"(רוּחַ־אֱלָהִין קַדִּישִׁין)이 다니엘 안에 있다는 언급이 5회 나온다. 이러한 표현은 느부갓네살이 자신의 꿈을 이야기하고, 꿈을 해석하기 위해 다니엘을 부르는 다니엘 4:8-9, 18에서 사용된다. 18절은 의미심장하게 말한다.

> 18 나 느부갓네살 왕이 이 꿈을 꾸었나니 너 벨드사살아, 그 해석을 밝히 말하라. 내 나라 모든 지혜자가 능히 내게 그 해석을 알게 하지 못하였으나 오직 너는 능히 하리니 이는 거룩한 신들의 영이 네 안에 있음이라(단 4:18).

이 표현은 벨사살과 그의 왕비에 의해 다니엘 5:11, 14에서 다시 사용된다. 또한 이 표현은 벨사살의 연회 도중에 벽에 나타난 신비한 글씨의 해석과 관련된다. 다니엘 5:14에서 벨사살은 다니엘에게 다음과 같이 말한다.

> 14 내가 네게 대하여 들은즉 네 안에는 신들의 영이 있으므로 네가 명철과 총명과 비상한 지혜가 있다 하도다(단 5:14).

바빌론의 지혜자들이 글씨를 읽을 수 없었기 때문에, 왕은 다니엘에게 그것을 해석하도록 요청한다.

이곳에는 창세기 41장에 나오는 요셉과의 놀라운 평행들이 존재한다. 바빌론과 이집트의 지혜자들과 술객들 중 어느 누구도 꿈을 해석하지 못한다(창 41:8; 단 4:7; 5:15). 그래서 꿈을 해석할 수 있는 한 명의 이스라엘인이 호출을 받는다. 왜냐하면 하나님께서 그에게 해석해줄 것이기 때문이다(창 41:16; 단 4:8-9, 18; 5:11, 14). 그는 높은 관직의 위치까지 승진하고(창 41:41; 단 5:16), 비유대적인 이름을 받는다(창 41:45; 단 4:8). 유사함은 심지어 사용된 언어로까지 확장된다. "루아흐"(רוּחַ)와 "엘로힘"(אֱלֹהִים)에 상응하는 아람어가 사용될 뿐만 아니라, 오직 구약에서 5번만 사용되는 "번민하다"를 뜻하는 "파암"(פַעַם)이라는 단어가 꿈 이야기를 시작하는 부분인 창세기 41:8과 다니엘 2:1, 3에서 사용되고 있다(또한 삿 13:25; 시 77:4). 결론적으로 지혜의 영향이 두 본문 모두에서 나타난다(참조. 창 41:39, 단 5:11, 14).

무엇보다도 요셉과 다니엘 본문 사이의 유사점들은 다음과 같은 결론을 요청한다. 우선 "엘라힌"(אֱלָהִין)의 번역은 창세기 41:38에서와 같이 신들(gods)보다는 하나님(God)이 되어야만 한다. 이러한 번역은 더 나아가 다니엘이 오직 꿈과 해석을 주시는 이는 오직 자신의 하나님이라고 말하는 다니엘 2:18과 2:28에 의해 확증된다.[9]

그러나 두 본문은 영의 실제적인 기능에 있어서 중요한 차이를 보인다. 두 경우 모두 하나님의 특출한 사람들에게 주어진 것은 카리스마적인 영이다. 그러나 이전 본문에서 요셉은 지도력, 언변, 그리고 현명한 조언의 능력을 받는다. 그러나 나중의 본문에서 하나님의 영을 통하여 다니엘에게 주어진 것은 꿈을 해석하는 능력이다. 요셉 안에

---

9) 참조. J. A. Montgomery, *The Book of Daniel* (New York: Scribner's Sons, 1927), 225; R. Koch, *Geist und Messias*, 33, 각주 12. A. Jeffery, *The Book of Daniel*, IB, Vol. VI, 409는 단 4:34은 왕이 독특한 의미의 신적인 이름을 사용하고 있음을 보여준다.

있던 그 능력은 영과 전혀 관계가 없다(참조. 창 41:15-16).

요셉 이야기에서 영과 함께 나타나는 언변, 지도력, 조언, 그리고 잘 양육된 젊은 남자에 대한 묘사는 소위 "고대 지혜"의 특징 중 하나다. 이스라엘이 이웃 국가 특히 이집트와 공유했던 고대의 지혜는 구약의 가장 초기 문헌에서도 발견되는데, 이는 특별히 포로기 이전 시대의 특징이기도 하다.[10] 그러나 지혜자를 가리켜 미래의 비밀을 알고 있는 선견자(seer)로 묘사하는 것은 오직 구약 시대가 끝나기 바로 직전, 즉 묵시와 지혜가 결합된 이후에나 가능했다.[11] 그러므로 요셉과 다니엘 본문은 주목할 만한 유사성에도 불구하고, 또한 그들이 카리스마를 부여하는 하나님의 영의 개념을 공유하고 있음에도 불구하고 카리스마의 실제적인 내용 때문에 두 본문의 연대를 구약시대의 양극으로 설정하는 것은 정당한 것이다.

다니엘서에서 하나님의 영은 특별한 재능과 능력들을 허락하는 카리스마적인 영이다. 그리고 이러한 카리스마적인 영은 꿈을 (바빌론의 지혜자보다 더 현명하게) 해석하고 미래를 예견하는 능력을 허락한다.

IV. "그는 그의 바람이 불게 하신다"(시 147:18)

창조시에 속하는 시편 147:18은 야웨의 영을 바람에 비유하여 묘사한다.

---

10) G. von Rad, *Old Testament Theology* Vol. I, 429-440.
11) G. von Rad, *Old Testament Theology* Vol. I, 451.

18 그의 말씀을 보내사

그것들(얼음)을 녹이시고

바람을 불게 하신즉(יַשֵּׁב רוּחוֹ)

물이 흐르는도다(시 147:18).

역대기의 본문들이 가장 이른 시기에 사용되던 동사를 이용하여 영의 오심을 묘사하는 것과 같이(참고. 대상 12:18을 삿 6:34과 비교, 또는 대하 15:1을 삿 3:10과 비교), 그리고 다니엘서의 본문들이 가장 초기 시대의 것으로 보이는 창세기 41:38과 내용 및 형식에 있어서 놀라운 유사점을 보이고 있는 것과 같이, 연대가 이 시대로 상정되는 본문인 시편 147:18("그가 그의 바람을 불게 하신다")도 구약에서 오직 출애굽기 15:10("당신은 당신의 바람을 불게 하신다")에서만 사용되는 용어를 사용한다. 이러한 유사점들은 의식적인 고어(古語)의 사용(Archaism)을 나타내고, 후기 시대가 하나님의 영을 살아 있는 개념이 아닌, 과거에 대한 기억으로서만 사용했다는 사실을 분명히 보여준다.

"바람"이라는 번역도 가능하지만 그보다는 "숨"이라는 번역이 더 적절하다. 창조(4절)와 하나님의 창조를 위한 그의 섭리적인 돌보심(시 147:8-9, 16-18)이라는 맥락에서 보았을 때 시편 147:18처럼 루아흐에게 바람의 역할을 부여하는 본문은 구약 어디에도 없다. 게다가 "말씀"과의 평행은 자연적인 바람보다는 오히려 야웨의 숨을 제안한다(참조. 시 33:6; 창 1:2-3; 삼하 22:16). 이 구절은 욥기 37:10과 유사하다. 이 구절에서 "네샤마"(neshamah, 숨)의 사용은 "바람"이라는 번역을 배제한다.

시편 저자는 시편 147:18에서 애매하게 루아흐를 사용함으로써 말씀과 연관된 야웨의 숨의 활동과 함께 얼음을 녹이는 따뜻한 바람의 활동을 말한다. 이 2가지 모두 자연 세계의 생명을 유지하고 보존하는 하나님의 영의 "생명을 부여하는" 활동 안에 포함된다. 이 본문은 하나님의 창조적인 영을 언급하는 마지막 시대에 속한 유일한 본문이다.

V. 좋았던 옛 시절들(대하 18:23; 24:20; 느 9:20, 30)

이 시기에 해당하는 몇몇 본문들은 초기 시절의 영의 활동을 상기시킨다. 왜냐하면 역대하 18:23은 열왕기상 22:24의 복제이기 때문에 역대하 18:23은 포로기 이후 상황과 직접적인 관련성을 갖지 않는다.

열왕기에서 반복되지 않는 내러티브에 속한 역대하 24:20은 역대기 사가의 편집에 대한 증거를 보여주며, 아마도 포로기 이후 영의 개념을 반영한다고 볼 수 있다. 이 구절은 대제사장의 아들인 스가랴의 행동을 묘사하는데, 스가랴는 요아스의 불성실을 꾸짖는다.

> 20 이에 하나님의 영(וְרוּחַ אֱלֹהִים)이 제사장 여호야다의 아들 스가랴를 감동시키시매(לָבְשָׁה) 그가 백성 앞에 높이 서서 그들에게 이르되 "하나님이 이같이 말씀하시기를 '너희가 어찌하여 여호와의 명령을 거역하여 스스로 형통하지 못하게 하느냐?' 하셨나니 너희가 여호와를 버렸으므로 여호와께서도 너희를 버리셨느니라" 하나 21 무리가 함께 꾀하고 왕의 명령을 따라 그를 여호와의 전 뜰 안에서 돌로 쳐죽였더라(대하 24:20-21).

위에서 묘사된 레위인의 연설들과 비교해보았을 때 이 단락은 무엇이 참된 예언적 신탁인지를 보여준다. 그것은 번영보다는 오히려 재앙(woe)이고, 찬양보다는 비난이며, 미사여구보다는 노골적인 말이다. 유일하게 이 구절에는 레위인들 특유의 수사학적으로 요란한 연설의 특징이 나타나지는 않는다. 그 대신 위대한 예언자의 시대에 빈번하게 선포되었던 예언자적 비난과 같은 것이 포함되어 있다. 이 경우에 하나님의 영은 다른 시절의 익숙한 역할, 즉 표현의 기법보다는 메시지의 내용인 예언자의 말씀에 영감을 불어넣는 역할을 감당한다.

역대기 사가의 편집적 틀(20a절)이 존재한다는 것은 편집자가 과거 시절에 나타났던 하나님의 예언적인 영의 활동을 인지하고 있었고, 또 하나님의 예언적인 영의 활동을 분명히 염두에 두고 있었음을 말해준다.

이러한 관점에서 위의 본문은 영을 회상하고 있는 느헤미야 9:20 및 9:30과 닮아 있다. 에스라의 기도에 포함되어 있고(70인역에 따르면), 금송아지와 구름기둥과 불기둥 이야기보다 앞에 있는 느헤미야 9:20 은 다음과 같이 말한다.

20 또 주의 선한 영을 주사 그들을 가르치시며(וְרוּחֲךָ הַטּוֹבָה נָתַתָּ לְהַשְׂכִּילָם) 주의 만나가 그들의 입에서 끊어지지 않게 하시고 그들의 목마름을 인하여 그들에게 물을 주어(느 9:20)

이 구절은 지혜 학파에서 일반적으로 사용하는 용어(טוב, שכל)를 사용하고,[12] 만나(manna)의 선물과 이전의 과거 사건을 따르고 있기 때문

---

12) T. Maertens, *Le Souffle et l'Esprit de Dieu* (Bruges: Desclee De Brouwer, 1959), 50은 "하토바"(הַטּוֹבָה)가 양육하고, 신중함으로 인도하는 교육의 영으로서 지혜 요소를 나타낸다고 믿는다.

에, 명백하게 모세와 장로들에게 임했던 영의 선물을 시사하고 있음이 분명하다(민 11:17, 25).[13] 이 경우에 영은 장로들을 통하여 백성들을 가르치고 이끄는 안내자이다.[14] 비록 분명하게 시사되고 있지는 않지만, 가르침은 아마도 율법 안에 있었을 것이다(느 9:13-14). 이때에 서기관 무리들 안에서 율법이 지혜적인 가르침과 결합된다[15](참조. 예를 들자면, 시 1편; 19편; 119편). 만약 이 구절이 지혜적 요소를 포함한다고 말할 수 있다면, 그것은 구약 내에서 지혜와 율법이 영과 함께 결합된 유일한 곳이 될 것이다.[16]

이 구절에 대한 언급은 먼 과거에 관한 것이다. 그러나 영을 율법을 통하여 이스라엘을 가르치고 안내하는 "좋은"(good) 영으로 묘사하는 것은 에스라 당시에 있었던 영의 개념을 반영한다. 제사장 자료가 영을 제의와 관련시켰던 것처럼 저자도 여기서 영을 율법과 관련시킨다. 이 곳에 나타난 영의 개념은 다른 시절의 예언적 영과는 확실히 대조적인

---

13) K. Galling, *Chronik*, 237.

14) 히브리어 "하스킬람"(הַשְׂכִּילָם)을 "그들을 번영시키다"로 번역하는 것도 가능하다(참조. BDB, 968). 만일 이 단어가 바로 이어지는 문맥 속에서 음식과 음료와 입는 것과 연결 된다면 이는 가장 좋은 번역이 될 것이다. 그러나 역사적인 이야기에서 만나와 물을 공급하는 것은 어떤 식으로도 영의 공급과 연결되지 않는다. 이러한 이유와 시 143:10에서의 의미를 따라 이 단어를 "가르치다"로 번역하는 것이 바람직해 보인다.

15) 참조. J. Lindblom, "Wisdom in the Old Testament Prophets", in M. Noth and D. W. Thomas (eds.), *Wisdom in Israel and in The Ancient Near East* (Leiden: E. J. Brill, 1955), 196.

16) 하지만 영이 율법을 주입하는 것은 아니며, 다만 이스라엘로 하여금 율법을 따르도록 인도할 뿐이다. W. McKane, *Prophets and Wise Men*, 110은 여기서 지혜의 요소를 발견한다.

구약의 성령론

모습을 보인다. 많은 면에서 스가랴 7:12과 유사한 느헤미야 9:30은 과거 시대에 있었던 예언자의 경고를 영에게 영감된 것으로 돌린다.

> 30 그러나 주께서 그들을 여러 해 동안 참으시고 또 주의 선지자들을 통하여 주의 영으로 그들을 경계하시되(בְּרוּחֲךָ בְּיַד־נְבִיאֶיךָ) 그들이 듣지 아니하므로 열방 사람들의 손에 넘기시고도(느 9:30)

역대하 24:20에서와 같이 여기서도 이전 시대의 영의 주된 활동은 예언적 말씀에 대한 영감으로 나타난다.

VI. 결론

예언자 운동의 종결은 율법 공동체의 출현과 동시에 일어났거나, 혹은 아마도 율법 공동체의 출현에 의해 고무되었을 것이다. 지도자로서 율법 교사가 재건된 공동체에서 하나님의 말씀을 선포하는 자들의 자리를 대체했다. 본래 율법은 영의 활동을 배제했다. 이 시대에 이르기까지 하나님의 영은 밀접하게 언약들(옛것과 새것 모두)과 관련되어 있었다. 그러나 언약이 재건된 유대 공동체를 구성하는 요소인 율법에 의해 대체되었기 때문(또는 율법의 관점으로 재해석되었기 때문에), 영의 활동 기반이 날아가버렸다. 더 이상 언약 공동체의 중심에서 능력을 행사하는 영은 나타날 수 없다. 오직 새 언약의 도래가 다시 이것을 가능하게 만들 것이다.

결론적으로 지혜가 율법과 결합되었다는 사실은 이전에 예언적 영향을 통해서 영과 함께 가졌었던 어떠한 접촉도, 눈에 띄게는 욥기에서, 중단되었다는 것을 의미한다. 결국 하나님의 영은 구약성서에 나와 있듯이 더 이상 유대교의 주요 흐름에서 활동하지 않으며, 오직 재건된 공동체의 종교적인 삶의 주변에서 발견되는 것과 같이 보조적인 역할로 이동되었고, 유대교란 종교를 위한 장식품 이상의 의미를 가지지 못했다. 초기 유대교(Judaism)의 본문들, 즉 제사장 자료, 제3이사야, 학개, 스가랴에서 관찰되는 전조들은 온전히 성숙된 유대교에서 영이 차지하게 될 여정을 잘 보여주고 있다. 영은 그나마 감당하던 주변적인 역할에서조차 밀려나 거의 완전히 배제된다.

THE SPIRIT OF GOD
IN THE OLD TESTAMENT

제7장

"영이 어디로 가든지, 그들은 갔다": 영과 야웨와의 관계

I. 인격을 인지하는 방법

구약에는 의미심장한 영의 인격화(personalizing)가 존재하는가? 이것은 야웨와 영의 관계에 대한 논의에 있어서 핵심적인 문제다. 의미심장한 인격화(personalization)가 몇몇 학자들에 의해 특히 포로기 이후의 본문에서 주목되었다. 그래서 아이히로트(W. Eichrodt)[1]는 초기 유대교의 본문들에 대하여 말하면서 다음과 같이 진술한다.

> 하나님의 영을 뚜렷하게 독립시키는 발전, 즉 하나님의 영이 소위 한 위격(*hypostasis*)으로서 스스로 행동하고 움직이며 인간사에 관심을 갖는 독립적 존재로 묘사되는 발전 단계를 발견하게 된다.…이 위격에 대한 인간의 태도는 하나님을 향한 그의 태도를 결정한다. 성령에 대한 불순종은 성령을 매우 슬프게 만들고, 성령이 떠나가게 만든다. 그 결과로 신성한 삶의 흐름이 중단된다.

물론 그가 언급하고 있는 영은 이사야 63:10과 시편 51:11에 나오

---

1) 참조. W. Eichrodt, *Theology of the Old Testament* II, 60.

는 영이다.

구약성서에서의 영의 인격화에 대한 문제를 검토하기 위해서는 이러한 과정의 존재 또는 부재 여부를 결정할 수 있는 분명한 기준들을 세우는 것이 유용하다. 이 기준들은 특정한 본문들과 시대에 전체적으로 적용될 수 있다. 만약 구약에 인격화가 나타난다면, 그것은 초기보다는 후대의 본문에서 나타날 가능성이 가장 크다고 추정된다.

만일 의미 있는 인격화의 과정이 존재했다면 다음과 같은 증거들 중에서 하나 혹은 더 많은 증거를 보여야 할 것이다.

1) 영이 야웨와 관계없이 행동하면서 홀로 나타나는가? 이것에 대한 가장 명백한 예는 열왕기상 22:19-23에서 발견된다. 24절에서 야웨의 영과 구별되는 것으로 나오는 거짓말하는 영은 야웨 앞에 나타나고, 야웨께 말하고, 야웨의 명령을 받는다.

2) 인격화를 나타내는 동사들이나 형용사들이 영과 함께 쓰였는가? 만약 영이 말하고, 울고, 슬퍼하고, 앞으로 나아가는 것으로 나타났다면, 그것은 인격화된 것이다.

3) 영과 관련하여 남성형 사용의 현저한 증가가 나타나는가?[2] 루아흐는 일반적으로 여성 명사로 알려져 있다. 그러나 몇몇 경우들에서 루아흐는 남성형 동사나 남성형 형용사에 의해 수식을 받는 남성형으로 나타난다. 만약 영을 여성형보다 남성형으로 사용하는 경향이 초기에서 후대로 이어지면서 증가하는 패턴을 보

---

2) 참조. E. Kautzsch, *Gesenius' Hebrew Grammar* (Oxford: Clarendon Press, 1910), 392, §122o(d).

구약의 성령론

여준다면, 그것은 인격화를 의미하는 것이다.

4) 영과 함께 나오는 관사의 사용의 증가가 입증된다면, 인격화가 입증될 것이다.

5) 인칭대명사의 사용은 인격화를 암시할 수 있다. 예를 들어 열왕기상 22:21-22처럼 말이다. 그러나 구약에서 인칭대명사가 결코 하나님의 영을 대신하지는 않는다. 그, 그녀 혹은 그것으로 언급된 영은 전혀 없다.

II. 영은 홀로 진행하는가?

영은 "하나님의 초월성에 대한 점증하는 믿음에도 불구하고 하나님의 편재성(omnipresence)과 내재성(immanence)이 계속 유지되도록"[3] 만들어주는 개념들 중 하나였다고 주장되어왔다. 만약 이것이 사실이라면, 영을 인격화하는 점진적인 경향이 야웨와 그의 백성들 사이의 친밀한 관계의 점진적인 퇴보와 동시에 나타나는 것이라고 기대할 수 있을 것이다. 그러나 이러한 일이 적어도 포로기 이후에는 일어나지 않았다는 사실은 분명히 많은 사람들이 영의 뚜렷한 위격화(hypostasization)를 포착하기 원했던 이사야 63:7-14에서 가장 잘 나타난다. 야웨 자신과 그의 백성들 사이의 친밀한 관계를 이보다 더 분명하게 표현하면서, 그에 반하여 하나님의 초월성(transcendence)은 그만큼 더 결여된 구절

---

3) W. R. Schoemaker, "The Use of רוּחַ in the Old Testament and πνεῦμα in the New Testament," 28.

을 구약 어디에서 찾을 수 있겠는가? 분명히 이러한 단락에서는 일반적이지 않은 것들이 영의 속성으로 간주된다. 동시에 그것들은 야웨의 속성으로 간주된다. 이 본문 안에서 하나님과 "멀어져 있는" 것은 아무것도 없다. 이 본문에서 묘사된 것보다 더 가까이 하나님이 그의 백성에게 다가갈 수는 없을 것이다.

시편 51편 혹은 139편에 대해서도 유사한 판결들이 내려질 수 있다. 전자의 경우는 시편 저자와 야웨 사이에 놓인 극도로 친밀한 관계의 특성을 보여준다. 이러한 관계의 특성은 시편 51:11의 "면전"(presence)을 제의적인 현존으로 해석하는 것에 대한 반대의 근거로 사용되었다. 시편 139편에는 하나님의 전지성(omniscience)과 편재성(omnipresence), 그리고 전능성(omnipotence)에 대한 객관적인 논의가 포함되어 있지 않다. 대신에 시편 저자에 의해서 경험된 야웨와의 친밀한 교제에 대한 묵상이 있을 뿐이다. 이 본문들, 즉 시편 51편과 139편 모두는 야웨와 그의 피조물 사이의 아주 밀접한 관계성을 보여준다.

더 나아가 포로기 이후의 다른 개별 본문들에 대한 연구는 야웨와 분리된 영의 독립적인 행동에 대한 증거를 제공하지 않는다.

예를 들어 에스겔 1:12에서 영은 이 점에 있어서 우선 애매하게 보이기는 하지만, 사실은 야웨 자신의 의지, 즉 자유로운 결단력을 언급한다. 이 본문은 창조된 세계에 대한 명확한 언급 없이 영이 야웨와 내면적인 관계를 보여주는 구약에서 몇 안 되는 본문들 중 하나다. 이 본문에는 야웨와 그의 피조물 사이에 있는 인격화된 중재자에 대한 사상은 나타나지 않는다.

다시 한번, 에스겔에게 들어오고 또 그로 하여금 그의 발로 서도록 만든 영(겔 2:2)이 독립적인 행동에 대한 증거를 제공해줄지도 모른다.

구약의 성령론

그러나 비록 그 영이 에스겔 11:24에서 하나님의 영으로 밝혀지기는 하지만, 영의 작용에 대한 동일한 효과가 야웨의 손의 사역에 의해서도 일어나는 것으로 서술된다(참조. 겔 8:3과 40:1-2). 별도로 움직이는 야웨의 손을 상상하기 어려운 것처럼, 영의 행동도 독립적인 행동으로 고려되어서는 안 되며, 오히려 야웨 자신의 역사하심으로 간주되어야 한다.

역대상 12:18에서 야웨와 영을 연결시키는 말씀 없이도 영이 아마새에게 임한다. 그러나 다른 모든 역대기 본문들에서 이 영은 하나님의 영 또는 주님의 영으로 밝혀진다.

이사야 32:15의 "위에서부터 영을 우리에게 부어 주시리니"(원문은 수동태로 번역됨: "영이 우리에게 부어지리니"-역주)라는 구절도 역시 독립적으로 존재하는 영을 의미하고 있다고 말할 수 있다. 그러나 수동태 동사와 "위로부터"라는 문구는 영의 독립적인 활동과는 동떨어져 있다.

이사야 34:16의 "그의 영(his spirit)이 그것들을 모으셨음이라"는 타동사의 용법이 사용되고 있기 때문에 영의 독립적인 행동을 위한 증거가 될지도 모른다. 그러나 소유대명사는 영과 야웨를 매우 밀접하게 연결하고 있다. 더 나아가 한 연의 평행구인 "야웨의 입이 이를 명령하셨다"라는 표현은 독립적으로 행동하는 영이라는 생각을 배제시키는 것처럼 보인다.

실제로 거의 모든 포로기 이후의 본문들에서 영은 신의 이름 또는 소유대명사의 수식을 받는다. 또 그것은 스스로의 주권에 따라 행동하는 독립적인 존재로서의 해석을 배제하기라도 하듯이 야웨의 입, 손, 숨과 평행하게 놓여 있다. 이러한 점에서 초기, 즉 포로기 이전 시대의 본문들과 거의 차이가 나지 않는다.

III. 영의 주변 요소들

A. 동사(Verbs)

하나님의 영을 무조건 하나의 인격으로서 정의하는 동사는 결코 존재하지 않는다. 초기의 본문들인 사사기와 사무엘상에서(역대기의 가장 후대 본문에서 반복됨) "약동시켰다"(leaped upon,[4] 삿 14:6; 삼상 10:6, 10)와 "옷을 입혔다"(clothed, 삿 6:34; 대상 12:19)는 외적으로 드러나는 과격한 효과들을 묘사하기 위해 비유적으로 사용되었다. 그것들은 영 자체의 본성을 표현하려고 사용된 것이 아니다. 다른 특별한 말씀들의 경우에서, 예를 들어 "서 있다"(stand, 학 2:5)와 "쏟아내다"(pour out, 욜 2:28)는 모두 생명이 없는 개체들에 사용되는 동사들이다. 또한 그것들은 인격화를 위해 최소한의 힌트도 제공하지 않는 본문들에서 사용된다.

B. 형용사(Adjectives)

영을 수식하기 위해 사용된 형용사들은 오직 "거룩한"(사 63:10; 시 51:11)과 "선한"(느 9:20; 시 143:10)이다. 또한 이것들은 생명이 없는 물체들에도 적용된다. 그러나 그들 자체로는 인격화나 야웨로부터의 분리를 나타낼 수 없는 형용사들이다.

그러나 시편 143:10에서 "선한 영"은 몇몇 학자들로 하여금 페르시

---

4) 우리말 개역개정은 "찰라흐"(צלח) 동사를 "크게 임하다"로 번역한다. 게제니우스 히브리어 사전 18판은 사사기와 사무엘상에서 이 단어를 "밀고 들어가다, 뚫고 들어가다"(eindringen, duchdringen)로 번역한다. 이 단어가 나타내는 내용상의 의미는 "갑자기 밀려 들어와 사람을 요동 시킨다"이다ㅡ역주.

아 조로아스터교에서의 선한 영과 나쁜 영을 떠올리게 했다.[5] 일반적인 히브리어 문법 규칙[6]에 의하면 관사를 사용하여야 한다. 그러나 여기서 관사를 사용하지 않는 것은 아마도 페르시아 종교에서 나타난 선한 영과의 혼동과 인격화의 제안을 피하기 위하여 의도적으로 취한 방편인 것 같다.

C. 성(Gender)

루아흐의 성(gender)이 결정될 수 있는 본문에서 루아흐의 성은 인격화를 위한 결론을 보증하지 못한다. 가장 후대의 본문들에서 남성형은 결코 나타나지 않는다. 남성형은 기원전 593년 이후 시기 전체에서 오직 두 단락, 즉 이사야 34:16과 에스겔 1:12(에스겔서 본문은 아마도 4절의 바람[여성형]과 구별하기 위해)에서만 사용된다. 실제로 남성형은 늦은 포로기 이전의 본문들에서 가장 많이 발견된다. 그런데 이 본문들은 인격화 또는 야웨로부터 영의 분리를 나타내기 위해 사용되었다고는 거의 기대할 수 없다.

D. 관사(The Article)

관사는 어떤 시기에서도 거의 사용되지 않고, 가장 후대의 본문들에서도 결코 나타나지 않는다. 또한 에스겔 1:12을 제외하면 관사가 결코 남성형과 함께 사용된 적이 없다는 것을 주목해야 한다. 만약 관사가

---

5) 참조. H. -J. Kraus, *Psalmen*, 938은 페르시아의 배경을 언급하지만, 여기서는 그러한 언급을 부정한다.

6) 참조. E. Kautzsch, *Gesenius' Hebrew Grammar*, 408, §126u; C. A. Briggs, *Psalms*, 518이 생략에 대해 지적함.

사용되었다면 그 성은 여성이다. 그리고 남성형이 나타났을 때에는 관사가 생략된다.

IV. 영이 근심할 수 있는가?

주석가들에 의해 이사야 63:10이 인격화의 증거로서 제시되기 때문에 이 본문은 별도로 논의가 되어야 한다.

> 10 그들이 반역하여 주의 성령을 근심하게 하였으므로 그가 돌이켜 그들의 대적이 되사 친히 그들을 치셨더니

영이 근심하는 것으로 언급된다는 사실은 영이 한 인격임을 뜻하는 것으로 받아들여지기도 한다.[7]

"근심하게 하였다"로 번역되는 동사는 "이츠부"(עִצְּבוּ)이다. 그런데 이 동사가 영의 감정을 묘사하는 자동사가 아니라, 영의 행동을 나타내는 타동사라는 사실이 중요하다. 왜냐하면 사람들이 이것을 보통 자동사로 해석하기 때문이다. 이 동사의 칼(*qal*) 형태는 "아차브"(עָצַב)이다. 이 동사가 니팔형으로 쓰일 경우 다윗이 압살롬으로 인해 슬퍼하는 것처럼(삼하 19:2) "어떤 것으로 인해 비통해하다"는 의미를 갖거나,

---

7) 참조. J. Skinner, *Genesis*, 222, 그는 사 63:10의 본문이 "구약에서 가장 높은 차원의 인격화"(personification)를 보여준다고 주장한다; F. Delitzsch, *Isaiah*, 75, 그는 영이란 "느낄 수 있는 존재이고, 따라서 단순한 힘은 아닌 것"으로 이해한다.

구약의 성령론

또는 석공이 떨어져 날아온 돌에 맞았을 때 "느끼는" 물리적인 고통의 의미를 가질 수 있다(전 10:9). 그러나 칼, 피엘, 히필 어떤 형태도 구약에서 그러한 의미를 전달하는 경우는 없다. 그리고 이사야 63:10의 동사도 피엘형이다. 이 단어에 대한 구약의 용례를 근거로 보았을 때 이 동사의 타동사적 의미는 한 사람의 의지를 누군가에게 또는 무엇인가에게 부과하는 것을 의미하거나, 혹은 누군가의 의지에 대해 반대하는 의견을 제시하는 것이다. 예를 들어 열왕기상 1:6은 아도니야에 대하여 이렇게 말한다.

> 6 그의 아버지가 네가 어찌하여 그리 하였느냐고 하는 말로 한 번도 그를 섭섭하게 한 일이 없었더라(왕상 1:6).

즉 다윗은 결코 아도니야에게 반대하지 않았고, 그의 의지를 거스르지도 않았다. 역대상 4:10에서 야베스는 "이스라엘의 하나님께 아뢰어 이르되 '가로되 원컨대 주께서 내게 복에 복을 더하사 나의 지경을 넓히시고 주의 손으로 나를 도우사 나로 환난을 벗어나 근심(עָצְבִּי)이 없게 하옵소서'"라고 말했다. 그가 피하려고 애쓰는 것이 물리적인 고통이나 정신적인 슬픔이 아니었다. 문맥상 분명한 것은 그가 땅을 확장할 수 있는 기회들을 손상시킬 어떠한 반대로부터 보호받게 해달라고 간청하고 있다는 것이다. 심지어 시편 56:5은 더 명확하게 그것을 표현한다.

> 5 그들이 종일 내 말을 곡해하며(יְעַצֵּבוּ)
> 나를 치는 그들의 모든 생각은 사악이라(시 56:5).

시편 저자의 적들은 그를 반대하고, 그가 하려고 시도하는 모든 것에 있어서 그를 무너뜨리려고 애쓴다. 그리고 욥기 10:8 또는 예레미야 44:19에서처럼 순전히 "아차브"(עצב)가 물리적인 의미에서 사용되는 경우에조차도 그 근본적인 의미는 제작자의 뜻에 따라 물건을 만드는 것이다. 또한 이것은 이사야 63:10의 동사 및 목적어에도 적용되어야만 한다. 여기서 이 단어는 "슬퍼하는"으로 번역하는 대신에 "반대하는" 또는 "저항하는"으로 번역되어야만 한다. 저자는 영이 "슬퍼한다"고 말할 의도가 아니었고, 그는 이스라엘이 야웨의 이끄심에 대항하여 반역했을 때, 이스라엘이 야웨의 영을 반대해왔다는 사실을 말하려는 뜻이었다(10a절). 루아흐는 야웨의 거룩한 의지를 의미한다. 이러한 해석은 루아흐를 단순히 감정 혹은 성격으로 해석하려는 시도를 배제할 뿐만 아니라, 또한 이 본문에서 영이 두드러지게 인격화되고 있다는 믿음을 뒷받침해주는 어떠한 기반들도 배제한다.

최종 결론은 압도적으로 부정적이다. 구약의 경계 내에서 영의 인격화는 나타나지 않는다.

V. 결론

루아흐는 하나님의 영, 즉 능력(power), 분노(anger), 생명(life), 마음(mind), 의지(will) 및 현존(presence)으로 갈대바다에서 야웨의 권능 있는 구원행위에서 나타났다. 이것은 이스라엘의 초기 역사에서 장로들과 사사들과 지도자들 위에 수여되었고, 이스라엘의 반역의 날에 이스라엘을 인도했고, 포로기에 이스라엘을 심판하고 징벌했으며, 최종적

구약의 성령론

으로 사람들의 마음이 영에 의해 변화될 때 이르게 될 새로운 시대를 가리킨다.

정의가 광야에 거하며

공의가 아름다운 밭에 거하리니

공의의 열매는 화평이요

공의의 결과는 영원한 평안과 안전이라(사 32:16-17).

참고 문헌

A. 책

Alexander, J. A. *Isaiah Translated and Explained* (New York: John Wiley, 1851).

Barnes, W. E. *Haggai and Zechariah* (Cambridge: Cambridge University Press, 1917).

Baumgärtel, F. *Spirit of God* (London: A. and C. Black, 1960).

Brown, F./ Driver, S. R./ Briggs, C. A. *A Hebrew and English Lexicon of the Old Testament: With an Appendix Containing the Biblical Aramaic: Based on the Lexicon of William Gesenius as Translated by Edward Robinson* (Oxford: Clarendon Press, 1952).

Buber, M. *The Prophetic Faith* (New York: Harper and Row, 1949).

Burton, E. D. *Spirit, Soul and Flesh* (Chicago: University of Chicago Press, 1918).

Briggs, C. A./ Briggs, E. G. *A Critical and Exegetical Commentary on the Book of Psalms* (ICC; Edinburgh: T & T Clark, 1906).

Bright, J. *A History of Israel* (Philadelphia; Westminster, 1959).

Calvin, J. *Commentary on the Four Last Books of Moses* (Grand Rapids: Eerdmans, 1959).

Cassuto, U. *A Commentary on the Book of Genesis* (Jerusalem: Magnes Press, 1961).

Cheyne, T. K. *The Prophecies of Isaiah* (London: C. Kegan Paul, 1880).

Childs, B. S. *Myth and Reality in the Old Testament* (London: SCM Press, 1960).

Cooke, C. A. *The Book of Ezekiel* (Cambridge: Cambridge University Press, 1906).

Dalglish, E. R. *Psalm Fifty-One in the Light of Ancient Near Eastern Patternism* (Leiden: E. J. Brill, 1962).

Delitzsch, F. *Biblical Commentary on the Prophecies of Isaiah* (trans. James Martin; Edinburgh: T&T Clark, 1867).

Dentan, R. C. *I and II Kings, I and II Chronicles* (London: SCM Press, 1964).

Driver, G. R. *Canaanite Myths and Legends* (Edinburgh: T&T Clark, 1956).

Driver, S. R. *An Introduction to the Literature of the Old Testament* (New York: Meridian Library, 1956).

_____. *Joel and Amos* (Cambridge: Cambridge University Press, 1915).

_____. *Notes on the Hebrew Text of Samuel* (Oxford: Clarendon, 1913).

Eerdmans, B. D. *The Hebrew Book of Psalms* (Leiden: E.J. Brill, 1947).

Eichrodt, W. *Der Prophet Hesekiel, Kapitel 1-18* (ATD; Göttingen: Vandenhoeck und Ruprecht, 1959).

_____. *Theology of the Old Testament* (2 vols.; London: SCM Press, 1961).

Elliger, K. *Das Buch der zwölf kleinen Propheten* (ATD, Göttingen: Vandenhoeck und Ruprecht, 1951)

Elmslie, W. A. L. *Chronicles*, in G. A. Buttrick(ed.), The Interpreter's Bible (New York: Abingdon-Cokesbury Press, 1951).

Fohrer, G. *Das Buch Jesaja* (Zürich: Zwingli Verlag, 1962).

_____. *Überlieferung und Geschichte des Exodus* (Berlin: Alfred Töpelmann, 1964).

Galling, K. *Die Bücher der Chronik* (ATD; Göttingen: Vandenhoeck und Ruprecht, 1954).

Gray, G. B. *The Book of Isaiah* (New York: Charles Scribner's Sons, 1912).

Gunkel, H. *Die Wirkungen des heiligen Geistes* (Göttingen: Vandenhoeck und Ruprecht, 1888).

Herntrich, V. *Der Prophet Jesaja* (ATD, Göttingen: Vandenhoeck und Ruprecht, 1950).

Horst F. *Hiob* (BK, Neukirchen: Neukirebener Verlag, 1960).

_____. *Nahum bis Maleachi* (Tübingen: J.C.B. Mohr, 1954).

Hölscher, G. *Das Buch Hiob* (Handbuch zum Alten Testament; Tübingen: J. C. B. Mohr[P. Siebeck], 1952).

Jeffery, A. *The Book of Daniel*, in G. A. Buttrick(ed.), The Interpreter's Bible (New York: Abingdon-Cokesbury Press, 1951).

Jepsen, A. *Nabi* (München: C. H. Beck, 1934).

Johnson, A. R. *The Cultic Prophet in Ancient Israel* (Cardiff: University of Wales Press, 1962).

Kapelrud, A. S. *Joel Studies* (Uppsala: Almqvist Wiksells, 1948).

Gesenius, W./ Kautzsch, E./ Cowley, A. E. *Gesenius' Hebrew Grammar* (Oxford: The Clarendon Press, 2d English edn, 1910).

Keil, C. F. *Prophecies of Ezekiel* (Grand Rapids: Eerdmans, 1949).

_____. *The Twelve Minor Prophets* (Grand Rapids: Eerdmans 1949).

Koch, R. *Geist und Messias* (Wien: Verlag Herder, 1950).

Kraus, H. -J. *Psalmen* (Neukirchen: Neukirchener Verlag, 1960).

Leslie, E. *Isajah* (Nashville: Abingdon, 1963).

Lindblom, J. *Prophecy in Ancient Israel* (Philadelphia, Fortress Press, 1962).

_____. "Wisdom in the Old Testament Prophets," in M. Noth, D. Winton Thomas(eds.), *Wisdom in Israel and in The Ancienl Near East* (Leiden: E. J. Brill, 1955).

Linder, S. *Studier till Gamla Testamenlets Föreställningar om Anden* (Uppsala: Almqvist and Wiksell, 1926).

Lys, D. *Ruach, Le Souffle Dans L'Ancien Testament* (Paris: Presses Universi taires de France, 1962).

Maertens, T. *Le Souffle et L'Esprit De Dieu* (Bruges: Desclee De Brouwer, 1959).

Mauchline, J. *Isaiah 1-39* (London: SCM Press, 1962).

May, H. G., *Ezekiel*, in G. A. Buttrick(ed.), The Interpreter's Bible (New York: Abingdon-Cokesbury Press, 1951).

McKane, W. *Prophets and Wise Men* (London: SCM Press, 1965).

Montgomery, J. A. *The Book of Daniel* (NY: Charles Scribner's Sons, 1927).

Muilenburg, J. *Isaiah*, in G. A. Buttrick(ed.), The Interpreter's Bible (New York: Abingdon-Cokesbury Press, 1956).

Myers, J. M. *1 Chronicles* (AB; Garden City: Doubleday, 1965).

Néher, A. *L'Essence du Prophétisme* (Paris: Presses Universitaires de France, 1955).

Noth, M., *Exodus* (London: SCM Press, 1962).

Porteous, N. *Daniel* (Philadelphia: Westminster, 1965).

Ridderbos, N. H., "Genesis 1.1 und 2," in P. A. H. De Boer(ed.), *Oudtestamentische Studien* (Leiden: E. J. Brill, 1958).

Robinson, H. W. "Hebrew Psychology," in A. S. Peake(ed.), *The People and the Book* (Oxford: Clarendon Press, 1925), 353-382.

Scheepers, J. H. *Die Gees van God en die Gees van die mens in die Oud Testament* (Kampen: J. H. Kok, 1960).

Schmidt, W. H. *Die Schöpfungsgeschichte der Priesterschrift* (Neukirchen: Neukirchener Verlag, 1964).

Sethe, K. *Amun und die acht Urgötter von Hermopolis* (Berlin: Verlag der Akademie der Wissenschaften, 1929).

Simpson, C. A. *The Book of Genesis*, in G. A. Buttrick(ed.), The Interpreter's Bible (New York: Abingdon-Cokesbury Press, 1951).

Skinner, J. *A Critical and Exegetical Commentary on Genesis* (ICC; New York: Charles Scribner's Sons, 1917).

_____. *Isaiah* (Cambridge: Cambridge University Press, 1922).

Smart, J. *History and Theology in Second Isaiah* (Philadelphia: Westminster 1965).

Snaith, N. *Amos, Hosea, and Micah* (London: Epworth, 1956).

_____. *Distinctive Ideas of the Old Testament* (London: Epworth, 1944).

_____. *The First and Second Books of Kings*, in G. A. Buttrick(ed.), The Interpreter's Bible (New York: Abingdon-Cokesbury Press, 1951).

Speiser, E. A. *Genesis* (AB; Garden City: Doubleday, 1964).

Terrien, S. *Job* (Neuchâtel: Delachaux and Niestlé, 1963).

_____. *Job*, in G. A. Buttrick(ed.), The Interpreter's Bible (New York: AbingdonCokesbury Press, 1951).

Thompson, J. A. *Joel*, in G. A. Buttrick(ed.), The Interpreter's Bible (New York: Abingdon-Cokesbury Press, 1951).

Tur-Sinai, N. H. *The Book of Job: A New Commentary* (Jerusalem: Kiryath Sepher, 1957).

Volz, P. *Der Geist Gottes* (Tübingen: J. C. B. Mohr, 1910).

von Rad, G. "Die Ievitische Predigt in den Büchern der Chronik," in Albrecht Alt(ed.), *Festschrift Otto Procksch zum sechzigsten Geburtstag* (Leipzig: Deichert, 1934), 113-124.

_____. *Genesis* (London, SCM Press).

_____. *Gesammelte Studien* (München: Kaiser, 1958).

_____. *Old Testament Theology* (2 vols.; London: Oliver & Boyd, 1962).

Weiser, A. *Introduction to the Old Testament* (trans. Dorothea M. Barton; London: Darton, Longman & Todd, 1961).

_____. *The Psalms* (London: SCM Press, 1962).

Welch, A. C. *The Work of the Chronicler* (London: Oxford Press, 1939).

Wolfe, R. *Micah*, in G. A. Buttrck(ed.), The Interpreter's Bible (New York: Abingdon-Cokesbury Press, 1951).

Wolff, H. W. *Joel* (BK, Neukirchen: Neukirchener Verlag, 1963).

Wood, I. F. *The Sprit of God in Biblical Literature* (New York: A. C. Armstrong, 1904).

Zimmerli, W. *Ezechiel* (BK; Neukirchen: Neukirchener Verlag, 1969).

B. 정기간행물

Albright, W. F. "Zabul Yam and Thapit Nahar in the Combat between Baal and the Sea," *Journal of the Palestine Oriental Society* 16(1936), 17-20.

Armerding, C. "The Holy Spirit in the Old Testament," *Bibliotheca Sacra* 92(1935), 277-291, 433-441.

Blythin, I. "A Note on Genesis 1,2," *Vetus Testamentum* 12(1962), 120-121.

Briggs, C. A. "The use רוּחַ in the Old Testament," *Journal of Biblical Literature* 19(1900), 132-145

Caspari, W. "Der Geist des Herrn ist über mir," *Neue Kirchliche Zeitschrift* 13(1902), 321-347, 403-427.

Cripps, P. S. "The Holy Spirit in the Old Testament," Theology 24(1932), 272-280.

Cross, F. M. Jr., Freedman, David Noel. "The Song of Miriam," *JNES* 14(1955), 239-250.

Dussaud, R. "La néphesh et la rouah dans le 'Livre de Job'," Revue de l'Historie des Religions 129(1945), 17-30.

_____. "Les trois premiers versets de la Genese," *Revue de l'Historie des Religions* Tome C(1929), 137-139.

Galing, K. "Der Charakter der Chaosschilderung in Genesis 1,2," *Zeitschrift für Theologie und Kirche* 47(1950), 145-157.

Hehn, J. "Zum Problem des Geistes im alten Orient und im AT," *Zeitschrift für die Alttestamentliche Wissenschaft* 43(1925), 218-225.

Hummel, H. "Enclitic mem in Early Northwest Semitic, Especially Hebrew," *Journal of Biblical Literature* 76(1957), 85-107.

_____. "L'Esprit de Jahvé et l'alliance nouvelle dans l'AT," *Ephemerides Theologicae Lovanienses* 13(1936), 201-220.

_____. "L'Esprit de Jahvé, principe de vie morale dans l'AT," *Ephemerides Theologicae Lovanienses* 16(1939), 457-467.

_____. "L'Esprit de Jahvé, source de la piéte dans l'AT," *Bible et Vie*

구약의 성령론

Chretienne 6(1954), 17-30.

_____. "L'Esprit de Jahvé, source de vie dans l'AT," *Revue Biblique* 44(1935), 481-501.

_____. "Sagesse et Esprit dans l'AT," *Revue Biblique* 47(1938), 23-49.

Joüon, P. "Quelques remarques sur Gen. 1:2," *Recherches de Science Religieuse* 16(1926), 304-307.

Kilian, R. "Gen. 1,2 und die Urgötter von Hermopolis," *Vetus Testamentum* 16(1966), 420-438.

Köberle, J. "Gottesgeist und Menschengeist im AT," *Neue Kirchliche Zeitschrift* 13(1902), 321-347, 403-427.

May, H. "The Creation of Light in Genesis 1:3-5," *Journal of Biblical Literature* 43(1939).

McClellan, W. "The Meaning of rûach 'elohim in Genesis 1, 2," *Biblica* 15(1934), 517-527.

Moscati, S. "The Wind in Biblical and Phoenician Cosmogony," *Journal of Biblical Literature* 56(1947), 305-310.

Mowinckel, S. "The 'Spirit' and the 'Word' in the Pre-exilic Reforming Prophets," *Journal of Biblical Literature* 53(1934), 199-227; 56(1937), 261-265.

Muilenburg, J. "The Literary Character of Isaiah 34," *Journal of Biblical Literature* 59/3(1940), 339-365.

North, C. R. "The Religious Aspects of Hebrew Kingship," *Zeitschrift für die Alttestamentliche Wissenschaft* 50(1932), 8-38.

Orlinsky, H. "The Plain Meaning of ruach in Gen. 1:2," *The Jewish Quarterly Review* 48(1957/8), 174-182.

Peters, J. P. "The Wind of God," *Journal of Biblical Literature* 30(1911), 44-54; 33(1914), 81-86.

Procksch, O. "Die letzten Worte Davids," *Beiträge zur Wissenschaft vom Alten Testament* 13(1913), 112-125.

Schoemaker, W. R. "The Use of רוּחַ in the Old Testament and πνεῦμα in the New

Testament," *Journal of Biblical Literature* 23(1904), 13-67.

Smith, J. M. P. "The Syntax and Meaning of Genesis 1:1-3," *American Journal of Semitic Languages and Literatures* 44(1927-8), 111-114; 45(1928-29), 212-213.

_____. "The Use of Divine Names as Superlatives," *American Journal of Semitic Languages and Literatures* 45(1928-29), 212-213.

Smoronski, K. "Et spiritus Dei ferebatur super aquas," *Biblica* 6(1925), 140-156, 275-293, 361-395.

Thomas, O. W. "A Consideration of Some Unusual Ways of Expressing the Superlative in Hebrew," *Vetus Testamentum* 3(1953), 209-224.

van Imschoot, P. "L'Action de l'Esprit de Jahvé dans l'AT," *Revue des Sciences Philosophiques et Theologiques* 23(1934), 553-587.

Waterman, L. "Cosmogonic Affinities in Genesis 1:2," *American Journal of Semitic Literature and Literatures* 43(1927), 177-184.

Weinel, H. "משה und seine Derivate," *Zeitschrift für Alttestamentliche Wissenschaft* 18(1898), 55-56

Young, E. J. "The Interpretation of Genesis 1:2," *Westminster Theological Journal* 23(1960-1961), 151-178.

C. 미출판물

Terrien, S. "Old Testament Theology" (New York: Union Theological Seminary, unpublished classroom lectures).

Westphal, M. "La ruach dans l'Ancien Testament," Bachelor of Theology dissertation (The University of Geneva, Geneva, 1958).

루아흐의 용례 분류

▶ **루아흐(ruach)가**
바람(Wind)의
뜻으로 쓰인 본문들

창세기
3:8
8:1

출애굽기
10:13, 19
14:21

민수기
11:3, 12

사무엘상
22:11

열왕기상
18:45
19:11

열왕기하
3:17

이사야
7:2
17:13
26:18
27:8
32:2
40:7
41:16, 29
57:13
59:19
64:5

예레미야
2:24
4:11, 12
5:13
10:13
13:24
14:6
18:17
22:22
49:32, 36
51:1, 16
52:23

에스겔
1:4
5:2, 10, 12
12:14
13:11, 13
17:10, 21
19:12
27:26
37:9
42:16, 17, 18, 19, 20

호세아
4:19
8:7
12:2
13:15

아모스
4:13

요나
1:4
4:8

미가
2:11

하박국
1:11

스가랴
2:10
5:9
6:5

시편
1:4
11:6
18:11, 43
35:5
48:8
55:9
83:14
103:16
104:3, 4
107:25
135:7
148:8

욥기
1:19
4:15
6:26
8:2
15:2, 30
16:3
21:18
28:25
30:15, 22
37:21
41:8

잠언
11:29
25:14, 23
27:16
30:4

전도서
1:6, 14, 7
2:11, 17, 26
4:4, 6, 16
5:15
6:9
11:4, 5

다니엘
2:35
7:2
8:8
11:4

역대상
9:24

▼ 루아흐(ruach)가
사람의 영(Human Spirit)의
뜻으로 쓰인 본문들

창세기
6:3, 17
7:15, 22
26:35
41:8
45:27

출애굽기
6:9
35:21

민수기
5:14.30
14:24
16:22
27:16

신명기
2:30

여호수아
2:11
5:1

사사기
8:3
15:19

사무엘상
1:15
30:12

열왕기상
10:5
21:5

열왕기하
2:9, 15

이사야
11:4
19:3, 14
25:4
26:9
28:6

29:10, 24
33:11
38:16
42:5
54:6
57:15, 16
61:3
65:14
66:2

예레미야
10:14
51:11, 17

에스겔
3:14
11:5, 19
13:3
18:31
20:32
21:12
36:26
37:5, 6, 8, 9, 10

호세아
4:12
5:4

하박국
2:19

학개
1:14

스가랴
12:1, 10

말라기
2:15, 16

시편
31.6
32:2
34:19
51:12, 14, 19
76:13
77:4.7
78:8, 39
104:29
106:33
135:17
142:4
143:4, 7
146:4

욥기
6:4
7:7, 11
9:18
10:12
12:10
15:13
17:1
19:17
20:3
21:4
27:3
32:18

잠언
1:23
11:13
14:29
15:4, 13
16:2, 18, 19, 32
17:22, 27
18:14
25:28
29:11, 23

전도서
3:19, 21
7:8, 9
8:8
10:4
12:7

예레미야애가
4:2

다니엘
2:1, 3
5:12, 20
6:4
7:15

에스라
1:1, 5

역대상
5:26
28:12

역대하
9:4
21:16
36:22

▰ 루아흐(ruach)가
악한 영(an Evil Spirit)의
뜻으로 쓰인 본문들

사사기
9:23

사무엘상
16:14, 15, 16
18:10
19:9

열왕기상
22:21, 22, 23

열왕기하
19:7

이사야
37:7

스가랴
13:2

역대하
18:20, 21, 22

▛ 루아흐(ruach)가
하나님의 영(the Spirit of God)의
뜻으로 쓰인 본문들

창세기
1:2
41:38

출애굽기
15:8, 10
28:3
31:3
35:31

민수기
11:17, 25, 26, 29
24:2
27:18

신명기
34:9

사사기
3:10
6:34
11:29
13:25
14:6, 19
15:14

사무엘상
10:6, 10
11:6
16:13, 14

19:20, 23

사무엘하
22:16
23:2

열왕기상
18:12
22:24

열왕기하
2:16

이사야
4:4
11:2, 15
27:8
30:1, 28
31:3
32:15
34:16
40:13
42:1
44:3
48:16
59:21
61:1
63:10, 11, 14

에스겔
1:12, 20, 21
2:2
3:12, 14, 24
8:3

10:17
11:1, 5, 24
36:27
37:1, 14
39:29
43:5

호세아
9:7
13:15

요엘
2:28, 29

미가
2:7
3:8

학개
2:5

스가랴
4:6
6:8
7:12

시편
18:15
33:6
51:11
104:30
139:7
143:10
147:18

욥기
4:9
26:13
32:8
33:4
34:14

다니엘
4:5, 6, 15
5:11, 14

느헤미야
9:20, 30

역대상
12:18

역대하
15:1
18:23
20:14
24:20

THE SPIRIT OF GOD
IN THE OLD TESTAMENT

구약의 영(רוּחַ, 루아흐) 연구사[1]

한사무엘

_ 한세대학교, 여의도순복음교회 국제신학연구원

이 글은 필자의 박사학위논문(2014)을 바탕으로 발간된 다음의 책에서 연구사 부분을 번역하고 수정 및 확장한 내용임을 밝힌다: Samuel Han, *Der »Geist« in den Saul- und Davidgeschichten des 1. Samuelbuches* (Arbeiten zur Bibel und ihrer Geschichte 51; Leipzig: Evangelische Verlagsanstalt, 2015), 29-46.

1. 들어가는 말

구약의 영(רוּחַ,루아흐)에 대한 논의에서 항상 제기되는 불만은 이 주제
가 다른 주제들에 비해, 특히 신약의 영에 대한 논의에 비해 매우 드물
게 그리고 매우 협소하게 다루어져왔다는 사실이다.[1] 그렇기 때문에

---

1) J. Köberle, "Gottesgeist und Menschengeist im Alten Testament," *NKZ* 13
   (1902), 321; I. F. Wood, *The Spirit of God in Biblical Literature: A study in
   the history of religion* (New York: A. C. Armstrong & Son, 1904), 3; J. Hehn,
   "Zum Problem des Geistes im Alten Orient und im Alten Testament," *ZAW* 43
   (1925), 210; L. J. Wood, *The Holy Spirit in the Old Testament* (Grand Rapid:
   Zondernan, 1976), 7; M. Dreytza, *Der theologische Gebrauch von Ruaḥ im
   Alten Testament* (Basel/Gieben: Brunnen Verlag, 1990), 39; R. Koch, *Der Geist
   Gottes im Alten Testament* (Frankfurt a. M.: Peter Lang, 1991), 9; H. Schüngel-
   Straumann, *Ruaḥ bewegt die Welt* (SBS 151: Stuttgart: Verl Kath, Bibelwerk,
   1992), 7; W. Hildebrandt, *An Old Testament Theology of the spirit of God*
   (Peabody: Hendrickson Publishers, 1995), XVI; D. I. Block, "Empowered by
   the Spirit of God: The Holy Spirit in the Historiographic Writings of the Old
   Testament," *SBJT* 1 (1997), 42; J. M. Ragsdale, *ruah YHWH, ruah 'elohim,*
   (Marquette University, 2007), 14; D. G. Firth, P. D. Wegner, *Presence, Power
   and Promise: The Role of the Spirit of God in the Old Testament* (Downer
   Grove: IVP Academic, 2011), 15; T. J. Burke, K. Warrington(Ed.), *A Biblical*

이제까지의 구약의 영에 대한 연구 역사는 여전히 부족하다고 볼 수 있다. 그럼에도 불구하고 영에 대한 다양한 측면이 연구되어온 것 또한 사실이기 때문에, 지나온 연구의 역사를 다루는 것도 의미 있는 작업이 될 것이다.

루아흐에 대한 연구의 역사는 이미 1990년 드라이챠(M. Dreytza)[2]에 의해 자세히 다루어진 바 있다. 그는 자신의 학위논문에서 최근까지의 중요한 논문들을 요약 소개했다. 그의 광범위한 연구서는 여전히 유효하기 때문에 이를 여기에서 다시 반복하는 것은 불필요한 일이 될 것이다. 그러나 그의 논문이 세상에 나온 지 벌써 27년이란 세월이 지났기 때문에 새로운 연구물들에 대한 추가가 불가피한 상황이다. 이에 필자는 우선적으로 지난 연구들을 방법론에 따라 새롭게 분류 정리하고, 동시에 지난 연구들의 부족한 부분이 무엇이었는지 지적해 보고, 종결부에서 짧게나마 구약의 영에 대한 국내의 연구 상황에 대해 언급함으로써 향후의 연구를 위한 길을 제시해보고자 한다.

2. 종교사적인 시도들

1) 루아흐의 원래 의미

종교사적인 시도들 중 첫 번째로 언급할 것은 루아흐의 원래 의미를 밝히려는 시도들이다. 우선 이 범주에 속한 연구들은 루아흐의 뜻이 원래

Theology of the Holy Spirit (London: SPCK, 2014).

2) M. Dreytza, 윗글. 39-116.

무엇이었는지에 관심을 가졌는데, 이 연구 방법들의 공통된 특징은 이 들이 루아흐의 기본 의미를 자연적인 현상들 속에서 발견하려고 했다는 점이다. 그 결과 한쪽에서는 루아흐의 원래 의미를 "바람"(Wind)이라고 주장하였고,[3] 다른 한쪽에서는 "호흡"(Atem)이라고 주장하였다.[4] 그러나 어떤 뜻이 더 오래된 것인지는 판단하기 불가능하다. 왜냐하면 원래의 뜻은 본디 추정에 의해서만 얻어지는 것이기 때문이다. 그래서 슝엘-슈트라우만(H. Schüngel-Straumann)은 어떤 하나의 의미를 다른 하나의 의미보다 우위에 두려고 하는 것은 비논리적인 추론이라고 적절한 비판을 제기하였다.[5]

결론적으로 종교사적인 시도에 의하면 루아흐는 원래 하나의 감

---

3) F. Giesebrecht, *Die Berufsbegabung der alttestamentlichen Propheten* (Göttingen: Vandenhoeck & Ruprecht, 1897), 124; J. Köberle, "Gottesgeist und Menschengeist im Alten Testament," 334-335; W. R. Schoemaker, "The Use of רוּחַ in the Old Testament and of πνεῦμα in the New Testament: A Lexicographical Study," *JBL* 23 (1904), 13; A. Jepsen, *Nabi: Soziologische Studien zur alttestamentlichen Literatur und Religionsgeschichte* (München: C. H. Beck'sche verlagsbuchhandlung, 1934), 13; L. R. Neve, *The Spirit of God in the Old Testament* (Tokyo: Seibunsha, 1972), 1.

4) A. B. Davidson, "The Spirit of God in the Old Testament," *Expository Times* 11 (1899), 21; D. Hill, *Greek words and hebrew meanings: Studies in the semantics of soteriological terms* (Cambridge: Cambridge University Press, 1965), 206; P. van Imschoot, *Theology of the Old Testament* (New York: Desclee Co., 1965), 173.

5) H. Schüngel-Straumann, "Rûaḥ und Gender-Frage am Beispiel der Visionen beim Propheten Ezechiel," in B. Becking/ M. Dijkstra(ed.), *On Reading Prophetic Texts: Gender-Specific and Related Studies in Memory of Fokkelien van Dijk-Hemmes* (Leiden: E. J. Brill, 1996), 202.

각적인 경험을 나타내던 것이었는데, 그 의미가 후대에 이르러 하나
님과 연결된 것이라는 식의 결론에 이르게 되었다.[6] 예를 들면 폭풍
(Sturmwind)이나 호흡(Atem)이 종교사적으로 시간이 지나면서 하나님
의 입김 또는 하나님의 숨으로 확장 전이된 것으로 이해되었다. 이러
한 종교사적인 연구 결과에서 눈여겨볼 점은 구약의 루아흐가 원래는
종교적인 의미를 갖고 있지 않았음을 지적한 것이다.[7]

2) 루아흐 개념의 태동

종교사적인 시도의 두 번째 관심은 어떠한 상황 속에서 루아흐 개념이
태동하게 되었고, 어떠한 종교적 맥락 속에서 사용되었는지를 밝혀내는
것이었다. 이들 연구자들은 고대인들이 그들의 삶에서 나타나는 설명하
기 힘든 기이한 현상들을 신의 영역으로 소급했다고 생각하기 때문에
루아흐도 이러한 과정을 거쳤다고 보았다. 다시 말해서 루아흐와 관련
된 설명할 수 없는 엄청난 자연현상이 발생했을 때[8] 루아흐는 자연스럽
게 하나님의 영역으로 소급됐다는 것이다.[9] 예를 들면 황홀경과 같은
특이한 현상들은 하나님의 영이 인간을 사로잡은 것으로 이해되었다.

---

6) F. Giesebrecht, 윗글, 125.

7) H. H. Schmid, "Ekstatische und charismatische Geistwirkungen im Alten
   Testament," in C. Heitmann/ H. Mühlen(Hg.), *Erfahrung und Theologie des
   Heiligen Geistes* (Paderborn: Agentur des Rauhen Hauses, 1974), 84.

8) I. F. Wood, The Spirit of God in Biblical Literature: A study in the history of
   religion (New York: A. C. Armstrong & Son, 1904), 25.

9) I. F. Wood, 윗글, 8-9; F. Giesebrecht, 윗글, 129-130.

구약의 성령론

3) 루아흐 의미의 발전 역사

종교사적인 연구의 세 번째 질문은 의미의 발전 역사와 연결된다. 폴츠(P. Volz)가 자신의 저서 『구약과 그 이후 유대교 내에서의 하나님의 영과 그와 연관된 현상들』에서 이 문제를 다루었다.[10] 폴츠는 종교사를 종교적인 개념의 발전 역사라고 이해했기 때문에, 루아흐에 대한 개념의 기원과 그 의미의 발전을 밝히는 것을 연구의 목표로 삼았다. 그는 전체적인 발전사를 기술하기 위해 자신의 연구범위를 구약 전체와 신구약 중간기를 넘어서 신약의 유대교까지 확장했다. 그는 이 광범위한 시간의 흐름 속에서 영에 대한 이해가 어떻게 발전하였는지를 보여주려 했다. 그는 5단계로 의미의 발전을 설명한다.

1) 귀신으로서의 루아흐(Ruḥ als Dämon)

2) 영적인 존재로서의 루아흐(Ruḥ als Geistwesen)

3) 원소나 기(氣)로서의 루아흐(Ruḥ als Element, Fluidum)

4) 종교적-윤리적인 대상이요 야웨의 능력으로서의 루아흐
   (Ruḥ als religiös-sittliche Größe und Kraft Jahwes)

5) 정령으로서의 루아흐(Ruḥ als Geisthypostase).

폴츠에 의하면 사무엘서에서 발견되는 루아흐는 주로 1단계의 귀신과 2단계의 영적 존재에 속한다. 따라서 폴츠는 사무엘서의 내용들을 루아흐 개념의 초기 단계로 보았다. 그에 의하면 이 단계의 루아흐

---

10) P. Volz, *Der Geist Gottes und die verwandten Erscheinungen im Alten Testament und im anschließenden Judentum* (Tübingen: Paul Siebeck, 1910).

는 낯선 대상으로서 다양한 초자연적 현상들의 원인이며,[11] 야웨와 전혀 연관되지 않는다.[12] 그렇기에 이 단계의 루아흐는 부정적으로 평가되었고, 영에 의해 유발된 황홀경(Ekstase)도 부정적이었다. 그러나 시간이 흐르면서 루아흐가 유일신론적인 영향으로 야웨께 귀속되거나 야웨와 연결되면서 조금씩 긍정적인 의미를 얻게 되었다고 보았다.[13]

이와는 달리 힐(D. Hill)은 루아흐 의미의 발전을 4단계로 구분하였다.[14]

1) 하나님에 의해 창조되고 통제받는 바람인 루아흐
2) 카리스마적인 의미로 사람들 속에서 특별한 능력의 원천인 루아흐(루아흐 야웨/루아흐 엘로힘)
3) 존재와 생명의 원리인 루아흐
4) 인간의 심리적 삶의 충동인 루아흐.

힐은 "호흡"을 루아흐의 기본 의미로 보았고 이러한 의미의 기원을 포로기 이후로 설정하는 것은 거부했다.[15] 왜냐하면 히브리 단어 루아

---

11) P. Volz, 윗글, 201.
12) P. Volz, 윗글, 1. 5. 6. 22. 52. 62.
13) P. Volz, 윗글, 52.
14) D. Hill, 윗글, 205-217.
15) W. R. Schoemaker, 윗글, 13; E. de Witt Burton, *Spirit, Soul and Flesh* (Chicago: The University of Chicago Press, 1918), 61; J. Hempel, *Gott und Mensch im Alten Testament: Studie zur Geschichte der Frömmigkeit* (BWANT 38; Stuttgart: Verlag W. Kohlhammer, ²1936), 105; H. W. Robinson, "Hebrew psychology," in A. S. Peake(Ed.), *The People and the Book: Essays on the Old Testament* (Oxford: Clarendon Press, 1925), 360; H. W. Robinson, *Inspiration and Revelation in the Old Testament* (Oxford: Clarendon Press, 1967), 75.

흐(ריּה)에 상응하는 우가리트어 단어인 rḥ가 랴스-샤므라-텍스트에서 "호흡"으로 사용되었고,[16] 포로기 이전의 것으로 보이는 구약의 본문들 속에서도 루아흐가 이 의미로 사용되었기 때문이었다(출 15:8; 삼하 22:16=시 18:16; 호 13:5; 사 11:4; 30:28). 또한 그는 "바람"도 하나님의 호흡으로 이해하면서 그 의미가 확장되었다고 보았다.

힐은 루아흐 의미의 두 번째 단계로 초기 예언자들과 영웅이나 사사들을 감화시켰던 "영"(Geist)을 꼽았다. 그는 이 시기에 황홀경과 신탁(Orakel)이 하나님의 루아흐와 연결되었다고 보았다. 이것들은 원칙적으로 일시적인 은사였는데, 나중에 가면서 하나님의 현존을 나타내는 표현 수단과 세상 속에서 활동하시는 하나님의 표현 수단으로(the means of expressing God's presence to, and action within the world)[17] 이해되었다고 보았다.

세 번째 단계로 힐은 포로기-포로기 이후 시기에 루아흐가 "생명의 원리"(the principle of life)로까지 발전했다고 보았다. 그런데 종종 이 생명의 원리는 "네샤마"(נְשָׁמָה, 사 42:5; 57:16; 욥 4:9; 33:4; 34:14) 또는 "네페쉬"(נֶפֶשׁ, 사 26:9; 욥 7:11; 12:10)로 표현되기도 했다. 그는 루아흐가 "하나님의 호흡" 또는 "생명의 원리"의 의미로 혼용되는 에스겔 37장이 바로 이 단계에 속한다고 보았다.[18]

---

16) C. Virolleaud, "La desse 'anat. Poeme de ras shamra (Deuxieme article, ou V AB, B)," *Syria* 18 (1937), 86.

17) D. Hill, 윗글, 212)은 A. R. Johnson이 제안한 야웨의 인격의 확장이라는 정의를 받아들인다. R. A. Johnson, *The One and the Many in the Israelite conception of God* (Cardiff: University of Wales Press, 1942, ²1961), 36.

18) D. Hill, 윗글, 213.

그리고 마지막 네 번째 단계로 힐은 심리적인 의미의 단계를 말한다. 그는 이 단계에서 루아흐가 인간 안에서 통제하는 요소로, 인간 자신의 일부로 이해되었다고 보았다. 혼(Soul)과 영(spirit)은 구분되지 않았으며 이 두 개념이 결코 상반된 개념이 아니라 평행되는 개념으로 사용되었기 때문이다.

4) 비교종교학적인 시도

종교사적인 시도의 마지막은 비교종교학적인 방법론이다. 성서의 현상들을 종교사적으로 접근하는 사람들은 그 개념이 어디에서 발전했는지에 관심을 갖는다. 다시 말해 영의 개념이 이스라엘 자체에서 생성된 것인지 아니면 다른 곳으로부터 넘겨받은 것인지가 그들의 관심사이다. 이러한 질문에 답하기 위해 사람들은 종교사 연구에서 중요한 방법인 주변 종교들과의 비교법을 사용했다.[19]

이러한 방법론을 채택한 대표적인 사람으로는 독일의 신학자 헨(J. Hehn)이 있다.[20] 그는 고대 중동의 종교들과의 비교를 통해서 구약의 영 개념의 기원을 찾으려 하였다. 그는 많은 학자들이 상호적인 영향을 증명할 수 있는지 정확히 조사하지도 않고 성급하게 표면적으로 연관된 사상이나 표현들을 연결했다고 비판했다.[21] 한 나쁜 예로 프라이

---

19) "비교 종교"(Comparative Religion)란 명칭은 독일어권에서는 "종교사"(Religions-geschichte)란 용어로도 표현된다. B. Maier, "Religionsgeschichte(Disziplin)," *Theologische Realenzyklopädie* 28 (1997), 577.

20) J. Hehn, "Zum Problem des Geistes im Alten Orient und im Alten Testament," 210-225.

21) J. Hehn, 윗글, 210.

구약의 성령론

시히케(F. Preisigke)를 꼽았다.[22] 왜냐하면 그는 단지 기(氣, Fluidum), 영 (Pneuma) 그리고 하나님의 힘(Gotteskraft) 등을 서로 구별하지도 않았 고, 반드시 필요한 시간적, 공간적, 그리고 내부적인 의미에 따른 개념 도 구별하지 않았기 때문이다. 뿐만 아니라 한 종교로의 귀속성도 완 전히 결여시켜놓았다.[23]

이에 반하여 헨은 고대 중동의 영에 대한 이해들이 생겨났던 그 배 경 자체를 찾기 위해 노력했다. 그에게 있어서 중요한 질문은 어떻게 신과 인간 사이의 관계가 만들어졌고, 어떻게 신이 사람에게 영향을 행 사하는가였다.[24] 그는 신과 인간 사이의 관계에 대한 단서를 "숨"에서 찾았다. 왜냐하면 이것은 "생명의 표시" 또는 "생명의 상징"이기 때문이 다. 그는 고대인들은 신들이 인간에게 보이지 않는 생명력을 부여했고, 인간은 그 원동력이 인간 안에 존재하는 날까지 생존한다고 생각했고, 그 원동력을 호흡에서 감지했다고 보았다.

그다음으로 헨은 고대 중동의 호흡에 대한 인식방식의 배경을 조사 하였다. 그는 다음과 같이 질문한다.

이러한 사고가 대체 어디에서 탄생하게 된 것인가? 그리고 어떻게 고대 중동 전역에 퍼지게 된 것일까?[25]

---

22) F. Preisigke, *Vom göttlichen Fluidum nach ägyptischer Anschauung* (Berlin & Leipzig: Vereinigung Wissenschaftlicher Verlager, 1920).
23) J. Hehn, 윗글, 210.
24) J. Hehn, 윗글, 212.
25) J. Hehn, 윗글, 216.

헨은 이 사고의 근원을 이집트에서 찾았다. 왜냐하면 이집트 종교에는 생명의 숨에 대한 요구가 매우 강하게 나타나고, 그것이 본질적인 요소들을 형성하기 때문이었다.[26] 헨은 왕을 "우리의 콧김"(רוּחַ אַפֵּינוּ)이라고 말하는 구약의 표현(애 4:20)과 왕을 "나의 숨"이라고 부르는 아마르나 서신의 표현이 서로 연관된다고 보았다.[27] 그러나 그는 이 두 개념이 내용적으로 동일하다는 결론을 성급하게 내려서는 안 된다고 말한다. 왜냐하면 아마르나 서신에서의 표현은 파라오를 신으로 찬양하기 위해 사용한 것이지만, 예레미야애가에서는 결코 왕을 신성시하지 않기 때문이다.[28]

헨은 이집트와의 비교에서 멈추지 않고, 아카드와의 비교까지 나아간다. 그 결과 이스라엘의 영 이해의 독특성은 이집트의 것과 차별될 뿐만 아니라, 아카드의 인식과도 구별된다는 결론을 얻었다. 헨은 그 증거로 히브리어 루아흐는 바람과 영 모두를 의미하지만, 아카드어에는 루아흐와 상응할 만한 단어가 없다고 말한다. 왜냐하면 비록 아카드어에도 바람을 뜻하는 *šāru*라는 단어가 있지만, 이 단어는 단지 자연 현상의 바람을 의미할 뿐, 영과는 아무런 관련이 없기 때문이다.[29]

그는 구약성서의 종교를 자연에 매여 있는 이집트나 바빌론 종교들

---

26) J. Hehn, 윗글,

27) J. A. Knudtzon, *Die El-Amarna-Tafeln* (Aalen: O. Zeller, 1964), 141,2,6,10,13. 37,43; 143,9. 15,17; 144,2,6-8; 281,3. J. Hehn, 윗글, 218.

28) J. Hehn, 윗글, 218.

29) J. Hehn, 윗글, 213. 아카드어 šāru에 대한 다양한 번역이 있기도 했지만, 헨은 그중에서도 생명의 숨(Lebensodem), 생명의 호흡(Lebenshauch)이 가장 좋은 번역이라고 보았다.

구약의 성령론

보다 상위의 것으로 이해하였다.[30] 헨은 비록 이스라엘 종교의 뿌리가 고대 중동이라는 공통된 환경을 기반으로 하고 있기는 하지만, 구약은 사실상 자신만의 길을 걸어갔다고 보았다.[31] 이러한 점에서 헨의 연구는 이스라엘 종교와 주변 종교와의 유사성보다는 이스라엘 종교의 독특성을 강조하는 연구였다고 볼 수 있다.

이상에서 기술된 종교사학적인 연구방법은 다양한 종류의 현상들을 이스라엘과 이웃한 나라들과 연관시키거나 비교연구 하였다. 비록 종교사학적인 연구가 영의 특성과 의미의 발전 역사를 밝히려고 노력한 점은 정당한 평가를 받아야 할 부분이지만 이 연구 방법이 다양한 영의 현상들을 단지 연대기적으로만 배열함으로써 성서 본문의 다양한 층과 그 경향들은 적절하게 고려하지 못한 점 또한 지적되어야 한다. 그 결과 성서 본문의 문학적인 층들을 구분하지 못했고, 더 나아가 각각의 의미를 적절하게 규정하지도 못했다. 문학적인 분석이 없으면 현상들에 대한 역사적인 설명은 시대착오적인 것이 될 수밖에 없다.

실례로 폴츠는 영의 역사를 재구성함에 있어서 오직 "영-진화 모델"(geistig-evolutives Muster)이라는 하나의 발전 모델만을 의지하였다.[32] 그런데 이러한 방식은 종교사학적인 방법론의 대표적인 약점이

---

30) J. Hehn, 윗글, 220.

31) J. Hehn, 윗글, 225.

32) 이 "영-진화 모델"(geistig-evolutives Muster)은 규정이 안 된 어떤 존재가 처음에는 귀신(Dämon)으로서 인식되다가 나중에는 기(氣)(Fluidum) 또는 힘(Kraft)으로 인식되고, 또 시간이 지남에 따라 인격화의 과정(Personifizierung)을 거친 후에 최종적으로는 어떤 존재가 필요하지 않은 고차원적인 예언자적 의식으로 발전했다고 가정한다. M. Dreytza, 윗글, 112.

기도 하다. 왜냐하면 본문에 대한 문학적인 관찰 없이 진행된 각각의 재구성은 모순에 빠질 수밖에 없기 때문이다. 예를 들어 첫 번째 단계의 귀신(Dämon)과 두 번째 단계의 영적 존재(Geistwesen)는 서로 구분하기가 불가능할 정도로 밀접하게 연관된 개념이고, 사울 이야기에서 두 의미의 발전을 이야기하기에는 사울 이야기의 시간적인 거리가 너무 짧다. 또한 발전의 순서도 연대기적으로 맞지 않는다. 왜냐하면 사울은 두 번째 단계에 속하는 영적 존재(Geistwesen)로서의 루아흐에게 먼저 사로잡히고(삼상 10:5-6; 11:6), 나중에 가서야 첫 번째 단계인 귀신(Dämon)으로서의 루아흐에게 사로잡히기 때문이다(삼상 16:14 이하; 18:10). 결국 폴츠의 방법론은 시작부터 한계가 있었던 것이다.

결론적으로 종교사학적인 시도들은 영의 개념을 성서 본문 자체의 특성들을 고려해서 재구성하기보다는, 자신들이 인위적으로 만들어놓은 하나의 발전 모델에 따라 재구성함으로써 성서 자체의 진술과 동떨어진 결과를 양산했다는 비판을 피할 수 없다.

3. 언어학적인 시도

언어학적인 시도는 단어 사용에 대한 것들을 다룬다는 제한된 목표를 가지고 있다. 따라서 종교사학적인 관심, 즉 사상의 기원과 발전을 추적하는 것에는 별 관심이 없다고 볼 수 있다. 그리고 종교사학적인 접근 방법과 비교하였을 때, 가장 큰 차이점은 언어학적인 접근의 주 연구 대상이 바로 성서 본문이라는 것이다.

브릭스(C. A. Briggs)와 슈메이커(W. R. Schoemaker)가 이러한 방법

구약의 성령론

론의 대표자들이다. 브릭스는 자신의 논문에서 어원적인 설명 없이 문학적인 용법에 대해서 개략적인 서술을 제공하였다.[33] 그는 모든 해당 구절들(378번)을 조사하여 다음과 같은 9가지 의미의 영역으로 내용을 정리하였다.

1) 루아흐(רוּחַ)=입의 숨(33회)

2) 바람(117회)

3) 생명력을 빠르고 강하게 부여하는 영(Spirit)=기질(temper), 특성(76회)

4) 사람이나 동물의 살(בָּשָׂר, 바사르) 속에 거주하는 살아 있는, 숨 쉬는 존재로서의 영(Spirit)//네페쉬(נֶפֶשׁ)

5) 감정과 열정의 자리로서의 영(Spirit)=네페쉬(נֶפֶשׁ)

6) 정신적 행동의 자리와 기관으로서의 루아흐(רוּחַ)=레브(לֵב)

7) 경향, 결정, 의지의 결단으로서의 루아흐(רוּחַ)=레브(לֵב)

8) 윤리적인 특성으로서의 루아흐(רוּחַ)=레브(לֵב)

9) 하나님의 영으로서의 루아흐(רוּחַ)(94회).

브릭스는 범주들을 단어의 의미나 기능으로만 분류했기 때문에 본문의 시간적인 차이를 유념하지 못한 반면, 슈메이커는 이러한 점을 보완하려 하였다. 그래서 슈메이커는 단어 용례들과 개념의 역사를 연결한다.[34] 이를 위해서 그는 모든 구약의 본문들을 구분하였고, 거기서

---

33) C. A. Briggs, "The Use of רוּחַ in the Old Testament," *Journal of Biblical Literature* 19 (1900), 132.

34) W. R. Schoemaker, 윗글, 13-67.

의미의 발전들을 뽑아냈다. 비록 그가 종교사학파처럼 영 개념의 기원과 발전 역사를 다루었지만, 그의 연구는 본문을 토대로 하고 있었기 때문에 종교사학적인 시도들과 분명히 차별된다. 그는 루아흐 의미의 역사를 다음과 같은 4가지 연대기적인 단계로 구분했다.

1) 구약의 가장 오래된 문서에서의 루아흐(기원전 900-700)
2) 신명기 시대의 루아흐(기원전 700-550)
3) 바빌론과 초기 페르시아 시대의 루아흐(기원전 550-400)
4) 후기 페르시아와 그리스 시대의 루아흐(기원전 400-마카비 시대).

슈메이커의 연구는 루아흐 의미의 역사를 본문을 근거로 재구성했다는 점에서 기존의 연구들에 비해 한 단계 발전된 것이다. 그러나 그의 방법론엔 태생적으로 한계점이 존재했다. 이는 구약의 본문들을 다루는 연구에서 동일하게 부딪히는 어려움으로, 많은 경우 본문의 연대를 정확하게 추산하기 어렵다는 점이다. 따라서 본문들의 정확한 연대 추정이 불가능한 상태에서 재구성된 본문의 역사가 얼마나 신빙성이 있을지 의문이 제기될 수밖에 없다.[35] 또한 그의 연구가 본문들을 연대기적으로만 배열했을 뿐, 각 본문의 특수성은 고려하지 않았다는 점도 지적되어야 할 것이다.

리스(D. Lys)의 연구도 이러한 약점을 가지고 있다.[36] 그는 모든 루아흐 본문들을 연대기적으로 분석하여 다음의 3단계로 분류하였고, 추

---

35) M. Dreytza, 윗글, 76.
36) D. Lys, 윗글, 15-18, 330 이하.

가로 문학적 양식을 두 단계로 세분화했다.

연대기적으로:	문학적인 양식으로:
1. 포로기 이전(103회) 2. 포로기(73회) 3. 포로기 이후(98)	4. 시문학(40회) 5. 지혜문학(75회)

그는 각 시대와 문학적 양식을 3가지 의미의 양상으로 분석하였다.

1) 공기(Vent)

2) 하나님(Dieu)

3) 사람(Homme)

그는 루아흐의 원래 의미를 인류학적인 용례에서 찾으려 했다. 왜
냐하면 그는 기본 의미를 호흡과 연관된 공기라고 생각했기 때문이다.
이러한 그의 견해는 자신의 책 제목인 『루아흐: 구약의 숨』(*Ruach. Le
souffle dans l'Ancien Testament*)에서도 드러난다.

위에서 이미 언급한 바와 같이 본문의 연대 설정을 근거로 하는 작
업은 근본적으로 문제가 있음에도 불구하고 니브(L. R. Neve)[37]는 이러
한 방법론을 재차 채용하여 본문들을 분류하고, 본문을 시대별로 구분
했다. 사실상 니브의 연구는 리스의 방법론을 그대로 답습한 것에 불
과했다.[38] 다만 니브가 모든 본문들을 조사하는 대신, 하나님과 그의 행

---

37) L. R. Neve, 윗글, 140-141.

38) M. Dreytza, 윗글, 85; W. Ma, *Until the Spirit Comes: The Spirit of God in the
Book of Isaiah* (JSOTS 271; Sheffield: Sheffield Academic Press, 1999), 22.

위를 나타내는 본문만을 선택하여 다룬다는 점에서만 리스와 차별될 뿐이었다. 니브는 이스라엘이 하나님의 루아흐라는 개념을 가지고 있다는 점에서 고대 중동과 차이가 난다고 보았다. 왜냐하면 이스라엘 밖 어디에서도 자신들의 신이 루아흐를 가지고 있다는 사상은 발견되지 않기 때문이다. 그래서 니브는 이러한 이스라엘의 특별함을 조명하기 원했다.

또한 그는 구약의 저자들이 하나님의 루아흐를 언급할 때 그들이 정말로 말하려고 했던 것이 무엇이었는지에 관심을 기울였다. 그는 비록 바람이라는 의미가 그 뒷면에 깔려 있다 하더라도, 성서의 저자들이 하나님에 대해 진술하기 위해 이러한 표현을 사용했다고 보았다. 왜냐하면 하나님에게 사용될 때 루아흐는 영이란 의미가 안성맞춤이라고 생각했기 때문이다. 계속해서 그는 이러한 하나님의 영 개념이 어디까지 소급될 수 있는지 질문했다. 그는 우드(I. F. Wood)와 같이 루아흐의 전통적 삶의 자리를 예언에서 찾았다.[39] 그의 연구는 무엇보다도 하나님과 관련된 루아흐를 조명하였고, 그 삶의 자리를 이스라엘 자체 내에서 찾으려 하였으며, 그 의미의 기원을 예언자적인 전통에서 찾으려 했다는 데 가치가 있다. 그러나 그의 연구 또한 본문의 연대 설정 문제를 피해갈 수는 없었다.

다른 한편으로 연대 설정의 문제 때문에 언어학적인 방법론을 추구하는 몇몇 연구자들은 통시적인 의미의 발전사 연구를 포기하기도 했다.[40] 앞으로도 개념의 역사를 언어학적으로 재구성하고자 하는 사람들은 의미 본질의 재구성이 명확한 본문의 연대 설정 없이도 가능한가

---

39) L. R. Neve, 윗글, 111.

에 대해서 고려해야만 할 것이다.

또 다른 언어학적인 접근 방법의 하나로 사전적인 의미론 분석을 꼽을 수 있다. 이러한 언어학적인 연구로는 드라이챠(M. Dreytza)의 책을 언급하지 않을 수 없다. 왜냐하면 그의 책『구약성서 안에서 루아흐에 대한 신학적인 용법: 단어-문장 의미론적 연구』는 이 분야에서 하나의 이정표와 같은 역할을 하고 있기 때문이다. 그는 본래의 의미를 찾기 위해 북서 셈어(예를 들면 우가리트어, 에블라어, 아람어, 페니키아어 등등)를 조사하였다. 그러나 그의 언어연구는 어떠한 결정적인 결론을 도출하지는 못했고, 단지 간접적인 증거만을 제시했다.

그는 특이하게 구약에서 루아흐가 사람이나 장소의 이름에서 발견되는지 찾아내려 했다. 그러나 그는 아무것도 찾지 못했다. 그래서 그는 루아흐가 사람의 이름과 연결되어 사용되지 않는 것은 아마도 루아흐의 기본적인 의미가 파괴, 심판, 무의미와 같은 부정적인 이미지를 내포하고 있었기 때문이라고 해석했다.[41] 결과적으로 그의 연구의 최대 강점은 루아흐가 신학적인 용법으로 사용된 본문들을 분석했다는 점이다. 그는 루아흐의 작용을 다음의 7가지 신학적인 방식으로 구분하였다.

R-1 인간을 통한 힘들(Krafttaten durch Menschen)[42]

---

40) E. de Witt Burton, 윗글, 53; H. Saake, "Art. πνεῦμα," in *Paulys Realencyclopädie der classischen Altertumswissenschaft*, Suppl. 14, 1974, 387-412.

41) M. Dreytza, 윗글, 36.

42) 삿 3:10; 6:34; 11:29; 13:25; 14:6, 19; 15:14; 삼상 11:6; 16:14; 왕하 2:15.

R-2 사람에 대한 힘의 작용(Kraftwirkungen an Menschen)[43]

R-3 황홀경적인 작용(Ekstatische Wirkungen)[44]

R-4 지혜적인 재능(Weisheitliche Begabungen)[45]

R-5 예언자의 말(Prophetische Rede)[46]

R-6 새롭게 하는 또는 세우는 행동(Erneuerndes oder richtendes Handeln)[47]

R-7 야웨 자신(Jahwe selbst)[48]

드라이챠가 제시한 7단계를 일직선적인 의미의 발전으로 이해해서는 안 된다. 왜냐하면 드라이챠는 통시적인(diachron) 의미의 역사를 배제했기 때문이다.

이상에서 묘사된 언어학적인 접근 방식들은 한 가지 공통된 특징을 가지고 있다. 그것은 그들이 루아흐의 의미를 각각의 본문 속에서 조사하였고, 각각의 본문들을 그 의미와 작용에 따라 분류했다는 것이다. 이러한 방법론적 접근들은 종교적 개념의 역사에 집중하는 종교

---

43) 왕상 18:12; 왕하 2:16; 겔 2:2; 3:12, 14, 24; 8:3; 11:1, 5, 24; 37:1; 43:5.

44) 민 11:25b*, 26, 29; 삼상 10:6, 10; 19:20, 23.

45) 창 41:38; 출 28:3; 31:3; 35:31; 민 11:17, 29; 27:18; 신 34:9; 삼상 16:13; 왕하 2:9; 사 11:2; 28:6; 42:1; 48:16; 61:1; 63:11; 단 4:5, 6, 15; 5:11, 12, 14; 시 51:13; 대상 28:12.

46) 민 24:2; 삼하 23:2; 왕상 22:24=대하 18:23; 사 59:21; 호 9:7; 욜 2:28-29; 미 3:8; 슥 7:12; 느 9:20, 30; 대상 12:19; 대하 15:1; 20:14; 24:20.

47) 사 4:4; 32:15; 34:16; 40:7; 44:3; 59:19; 63:10,14; 겔 11:19; 36:27; 37:14; 39:29; 학 2:5; 슥 4:6; 6:8; 12:10; 시 104:30; 143:10.

48) 사 30:1; 31:3; 40:13; 시 139:7.

사학적인 접근법과는 달리 본문 본연의 의미에 관심을 보였다. 그러나 이러한 접근 방법도 성취하지 못한 것이 있다. 바로 본문 뒤에 깔린 저자의 의도를 감지하지 못했다는 것이다. 사실 언어학적인 접근 방법은 처음부터 저자의 의도에는 관심이 없기 때문이다.

4. 신학적인 접근 방법

이제까지의 접근 방법들이 종교사적인 측면과 언어학적인 측면에 주의를 기울였다면, 신학적인 접근 방법은 루아흐의 신학적인 의미를 드러내는 데 심혈을 기울인다. 이전의 연구가 루아흐의 의미를 광범위하게 다룬 반면, 신학적인 접근은 오직 선별된 본문들에만 집중하는 경향을 보인다. 사실 신학적인 접근 방법은 단지 순수한 신학적인 작업에서만 이루어진 것이 아니라, 의미에 관한 연구에서도 발견된다.[49]

우선 이 방법론을 사용한 사람들은 루아흐가 영, 하나님의 영 또는 성령이라는 의미를 전제한다고 생각한다.[50] 그러나 이는 한쪽으로 기울어진 견해로 자의적인 해석을 양산할 위험이 있다. 예를 들면 페츠

---

49) M. Dreytza, 윗글, 115.

50) A. B. Davidson, "The Spirit of God in the Old Testament," 21-24; I. F. Wood, *The Spirit of God in Biblical Literature*; L. R. Neve, *The Spirit of God in the Old Testament*; L. J. Wood, *The Holy Spirit in the Old Testament*; R. Koch, *Geist und Messias: Beitrag zur biblischen Theologie des Alten Testaments* (Wien: Herder, 1950); R. Koch, *Der Geist Gottes im Alten Testament*; A. Pezhumkattil, "The Spirit as the Power of God in the Old Testament," *Bible Bhashyam: An Indian biblical quarterly* 19 (1993), 283-299.

홈카틸(A. Pezhumkattil)은 자신의 소논문 "구약에 나타난 하나님의 힘으로서의 영"에서 기상학적으로 이해되어야 할 본문들(창 8:1; 출 14:21; 15:8,10; 삼하 22:16)을 하나님의 영의 활동으로 분류해버렸다.[51] 그러나 이러한 신학적인 접근 방법의 근본적 가치는 이 접근 방법이 가지고 있는 질문의 내용에 있다.

하나님의 영에 대하여 구약은 대체 무엇이라고 말하고 있는가? 또한 어디에서 그 활동이 인식되는가?

하나님의 영이 독립적인 존재인가에 대한 존재론적 질문이 몇몇 논문에서 다루어지기는 했지만, 구약의 기반 위에서는 답변이 이루어질 수 없다는 결론에 이르거나,[52] 신약을 통해서 답변이 이루어지곤 했다.[53] 하나님의 영의 위격(Hypostase)이 포로기 이후의 시대에서 발견될 수 있기는 하지만, 그 진술이 정말로 그렇게 이해될 수 있다고 확실히 말할 수 있는지 또는 위격이 오직 야웨로부터 투영된 형태를 의미하는지가 항상 문제되어왔다.[54] 따라서 구약에서 하나님의 영이 독립적인 실존으로서 확인되는지는 결론이 나지 않았다. 그렇지만 만일 영이 하나님으로부터 분리된다고 하여도, 쉽게 분리의 기원을 말할 수는 없다. 왜냐하면 신학적인 접근 방법은 너무나도 자주 역사적-비평적 질문들을 무시하기 때문이다.

---

51) A. Pezhumkattil, 윗글, 285-287; L. R. Neve, 윗글, 14, 23, 46, 각주 14.
52) A. B. Davidson, 윗글, 24.
53) L. J. Wood, 윗글, 14-16.
54) P. Volz, 윗글, 145f.

구약의 성령론

본문의 생성과 사고의 생성이 오래된 시간의 공간 속에서 이루어 졌다는 것을 무시한 작품의 예로는 힐데브란트(W. Hildebrandt)[55]가 있다. 그는 하나님의 영의 활동을 창조, 하나님의 백성, 이스라엘의 지도자 그리고 예언 속에서 찾으려 하였다. 그러나 그는 문학적인 양식들과 다양한 시간의 단계 그리고 역사적인 맥락들을 거의 완전히 무시했다. 왜냐하면 그에게 있어서 본문의 연대 설정이나 문맥적인 상관관계는 거의 의미가 없는 것들이었기 때문이다. 신학적인 질문들이 구약 안에서의 성령론을 부각하려 했다는 점은 높이 평가되지만, 반면 그들이 본문의 문맥은 전혀 살피지 못한 점은 비판받아야 할 점이다.

신학적인 그리고 선택적인 접근 방법의 대표자로는 코흐(R. Koch)를 꼽을 수 있다. 그는 종말론적 또는 메시아적 구원의 시대에서의 하나님의 영의 역할에 대한 책을 저술했다.[56] 그는 책의 앞부분에서 루아흐의 기본적인 의미와 세상 속에서의 루아흐 야웨의 활동에 대해서 다룬 후에 뒷부분에서는 종말의 때에 다가오게 될 영의 기름 부음을 받은 이상적인 이미지로서의 주님의 영과 메시아의 영 사이의 관계에 대해 연구하였다. 그에게 있어서 주님의 영은 메시아적인 구원의 시대를 다른 시대와 구별한다. 왜냐하면 주님의 영은 지금 더 이상 그 이전의 시대에서와 같이 개인들(사사들, 예언자들, 왕들 등등)에게 주어지는 것이 아니라, 구원 공동체에 부어지는 것이기 때문이다(사 32:15; 44:3; 슥 12:10; 욜 2:28).[57]

---

55) W. Hildebrandt, *An Old Testament Theology of the Spirit of God* (Peabody: Hendrickson Publishers, 1995).

56) R. Koch, *Geist und Messias*.

57) R. Koch, *Der Geist Gottes im Alten Testament*, 82.

구원의 시대가 가지는 눈에 띄는 특징은 영 부으심(Geistbegabung) 이 지속적이라는 것이다. 왜냐하면 그 이전의 영 부으심은 선택된 자에게 임시로 임했기 때문이다.[58] 코흐는 구약성서가 어떠한 인격적인 하나님의 영을 알지 못하고 있으며, 구약에서는 야웨의 영이 결코 인격(Person)으로 이해되지는 않았다고 주장한다.

그에게 있어서 메시아 시대의 주된 특성은 공동체적인 영의 체험과 지속적인 영의 작용이다. 코흐는 하나님의 영의 의미를 하나의 특수한 상황, 즉 종말론적인 상황에서 이해했다고 말할 수 있다. 이러한 점에서 그의 연구 방법은 과거의 것들과 차별화된다. 비록 코흐는 루아흐의 한 측면만을 강조했지만, 주석적으로 문맥을 살피지 않고 루아흐의 의미를 다루었던 과거 옛 연구들의 부족함을 보완했다는 점에서는 높이 평가할 만하다. 왜냐하면 코흐의 연구는 루아흐를 특정한 본문의 맥락 속에서 분석하는 방법을 처음으로 시도했기 때문이다.

5. 최근의 접근 방법들

이제까지 루아흐에 대한 연구는 루아흐에 대한 각각의 특별한 이해를 품고 있는 다양한 자료들을 고려하지 않거나, 루아흐 개념이 발전해왔던 광범위한 시간의 범위를 고려하지 않아서 비판의 빌미가 되었고, 자연히 이러한 방법론에 기초한 그들의 대략적인 통계나 연구방법론

---

58) R. Koch, 윗글, 85.

들도 비판의 대상이 되어왔다.[59] 최근에는 과거의 연구 방법론들에 대한 반발이 새로운 연구 경향의 대세를 이루고 있다.[60] 즉 최근의 연구 방법들은 루아흐를 좁고 제한된 시공간 속이나(예를 들면 포로기 혹은 포로기 이후), 어느 특정한 본문(예를 들면 이사야, 에스겔, 신명기 역사서) 속에서 연구한다.[61] 특별히 포로기에 생성된 것으로 보이는 성서의 본문에 관심이 쏠리고 있다. 최근에 루아흐와 관련하여 예언자 에스겔에 대한 연구가 많이 이루어지는 것도 바로 이러한 경향 때문이다.

우선 슝엘-슈트라우만(H. Schüngel-Straumann)을 언급해야 할 것 같

---

59) R. Albertz/ C. Westermann, "Art. רוּחַ rûaḥ Geist," *Theologisches Handwörterbuch zum Alten Testament* II (Gütersloh: Gutersloh Verlag, 20046), 728.

60) R. J. B. Sklba, "Until the Spirit from on high is poured out on us(Isa 32:15): Reflections on the Role of the Spirit in the Exile," *Catholic Biblical Quarterly* 46 (1984), 1-17; H. Schüngel-Straumann, "Ruah(Geistin)," in M. Kassel(Hg.), *Feministische Theologie. Perspektiven zur Orientierung* (Stuttgart: Kreuz-Verlag, 1988), 59-73; J. Scharbert, "Der 'Geist' und die Schriftpropheten," in R. Mosis, A. Deissler(Hg.), *Der Weg zum Menschen* (Freiburg: Herder, 1989), 82-97; D. I. Block, "The prophet of the spirit: the use of rwh in the book of Ezekiel," *Journal of the Evangelical Theological Society* 32 (1989), 27-49; W. Ma, "The Spirit(ruah) of God in Isaiah 1-39," *Asia Journal of Theology* 3 (1989), 582-596; J. Woodhouse, "The 'Spirit' in the book of Ezekiel," in B. G. Webb(ed.), *Spirit of the living God: Part One Explorations* 5 (Homebush West: Lancer, 1991), 1-22; H. Schüngel-Straumann, *Rûaḥ bewegt die Welt*; D. I. Block, "Empowered by the Spirit of God: The Holy Spirit in the Historiographic Writings of the Old Testament," *SBJT 1* (1997), 42-61; W. Ma, *Until the Spirit Comes*; H. E. Hosch, "Ruah in the Book of Ezekiel," *Journal of Translation and Textlinguistics* 14 (2002), 77-125; J. Robson, *Word and Spirit in Ezekiel*, (JSOT.S 447; New York: T & T Clark, 2006).

61) 이러한 종류의 최근의 연구서로는 다음을 들 수 있다. T. J. Burke, K. Warrington(Ed.), *A Biblical Theology of the Holy Spirit* (London: SPCK, 2014).

다. 그녀는 루아흐 개념이 증가하고 있는 포로기-포로기 이후 시대에 관심을 가졌다. 자연스럽게 그녀는 에스겔서 본문에 집중한다. 그녀의 주된 질문은 다음과 같다.

신학적인 용법에서 여성형인 루아흐가 왜 빈번하게 남성형인 야웨와 함께 등장하는가?[62]

그녀는 무엇보다도 바빌론 포로기와 같은 위기의 시대에 창조적이고 생명 친화적이며 역동적인 힘이 전면에 등장하는데, 루아흐가 자주 창조의 용어로 사용되고 있다는 사실에 주목했다.[63] 그녀의 분석에 의하면 폭력적인 표현이 등장하는 곳에서는 루아흐가 항상 남성으로 나타나고, 반대로 창조적이고 생명 친화적이며 생명을 불어넣는 행위를 나타내는 본문에서는 예외 없이 루아흐가 여성형이라는 것이다.[64] 그녀는 그 이유를 생명 친화적이고 생명을 불어넣는 루아흐의 측면이 여성적-모성적 특성과 잘 어울리기 때문이라고 설명하였다.

슝엘-슈트라우만의 연구는 매우 중요하다. 왜냐하면 이제까지 어떠한 연구들도 루아흐의 성별(Genus)과 연관해서 명확하게 설명한 적이 없기 때문이다. 이전에 이미 알브레히트(K. Albrecht)[65]와 드라이차[66]가 루아흐의 문법적인 성별에 대해 다루기는 했지만, 그때는 어떠한 해결

---

62) H. Schüngel-Straumann, *Rûaḥ bewegt die Welt*, 21.

63) H. Schüngel-Straumann, 윗글, 65. 96.

64) H. Schüngel-Straumann, 윗글, 70.

구약의 성령론

책도 제시하지 못했다. 다만 여성적인 용법이 두드러졌고, 인간학적 그리고 신학적인 용법에서 여성적인 용법이 두드러진다는 사실만 확인해주었을 뿐이다.[67]

그러나 그녀의 결론은 폰 소덴(W. von Soden)[68]과 가스(E. Gaß)[69]에 의해 비판을 받았다. 남성형 루아흐는 파괴적인 내용과 연결되고, 여성형은 창조적이고 생명을 만들어내는 내용과 연결된다는 슈엘-슈트라우만의 논제가 그 비판 대상이다. 왜냐하면 슈엘-슈트라우만은 과도하게 여성형의 긍정적인 측면만을 강조하였기 때문이다. 그녀의 의견은 삼상 16:16과 19:9a에서 수정되어야 한다. 왜냐하면 이 두 본문에서 악한 영을 의미하는 루아흐는 분명 여성형이기 때문이다. 따라서 가스는 다음과 같이 말한다.

긍정적이냐 부정적이냐의 구분은 각각의 문맥에 의존하는 것이지, 성별에 의해서 이루어지는 것이 아니다.[70]

---

65) K. Albrecht, "Das Geschlecht der hebräischen Hauptwörter," *ZAW* 15 (1895), 313-325; K. Albrecht, "Das Geschlecht der hebräischen Hauptwörter(Fortsetzung)," *ZAW* 16 (1896), 41-121.

66) M. Dreytza, 윗글, 186-187.

67) K. Albrecht, "Das Geschlecht der hebräischen Hauptwörter(Fortsetzung)," 44.

68) W. von Soden, "Der Genuswechsel bei rûaḥ und das grammatische Geschlecht in den semitischen Sprachen," *ZAH* 5 (1992), 57-63.

69) E. Gaß, "Genus und Semantik am Beispiel von 'theologischem' rûaḥ," *Biblische Notizen* 109 (2001), 45-55.

70) E. Gaß, 윗글, 48.

최근에 언급할 가치가 있는 단행본으로는 롭슨(J. Robson)의 연구서인 『에스겔서에 나타난 말씀과 영』이 있다.[71] 롭슨은 에스겔서에 나타난 루아흐를 다루었는데, 그의 논제는 다음과 같다.

> 에스겔서에서 야웨의 말씀과 야웨의 루아흐 사이의 관계는 예언자의 영감(Inspiration)이나 예언자의 권위인증(authentication)과는 관계가 없고, 오히려 메시지의 수취인들(Addressee)의 변화와 관련이 있다.[72]

에스겔서에서 루아흐는 더 이상 예언자를 인증해주는 수단이 아니고, 하나님의 말씀에 대한 순종을 가능하게 하는 도구로서 삶의 갱신을 유발하게 한다는 것이다. 롭슨은 루아흐가 독자들의 생명을 갱신시키기 위해 하나님의 말씀에 대한 순종을 유발한다고 보았다. 이 논문은 공시적인 연구방법론의 결과로서 루아흐의 의미와 기능을 하나님의 말씀과 새로운 삶에 연관 지어 조명한 연구라고 말할 수 있다.

또 다른 논의의 주제로는 이사야서가 있다. 마원석은 다양한 시대에서 유래한 본문들로 구성된 이사야를 통하여 루아흐 의미의 발전을 보여주려 하였다.[73] 이를 위해 그는 이사야서의 본문을 4개의 본문 층으로 나눈다.

1) 포로기 이전

---

71) J. Robson, *Word and Spirit in Ezekiel* (JSOT.S 447; New York: T & T Clark, 2006).

72) J. Robson, 윗글, 24.

73) W. Ma, *Until the Spirit Comes*.

2) 포로기

3) 포로기 이후

4) 정경적인 층

우선 그는 각각의 문서 층에서 루아흐에 대한 이해를 분석한다. 그는 지도자 안에서의 루아흐, 예언 안에서의 루아흐, 창조/생명을 주는 것 안에서의 루아흐, 그리고 하나님 또는 그의 특징으로서의 루아흐를 서로 비교한다. 이러한 작업을 통하여 그는 포로기 이전에는 전혀 강조되지 않았던 영적이고 윤리적이고 민주적이며 종말론적인 루아흐의 측면이 역사의 과정에서 점점 고조되고 있음을 발견한다.[74] 그리고 종말론적인 부흥이 이사야 전통의 최종적인 목적이라고 확인한다.[75] 마원석은 이사야서에서 루아흐 개념의 발전 과정을 제시하고, 포로기-포로기 이후 개념의 경향을 성공적으로 부각시켰다.

이제까지의 연구가 주로 예언자 본문을 중심으로 이루어진 반면 최근에는 새롭게 역사적인 본문, 즉 신명기 역사서에 대한 관심이 증가하고 있다.[76] 이러한 연구방법은 루아흐에 대한 이해가 역사서에서는 어떻게 발전하였는지를 조사한다. 예를 들면, 블록(D. I. Block)은 루아흐의 용법을 의미론적으로 배열함과 동시에 기상학적인, 인간학적인, 그리고 신학적인 영역으로 구분한다.

---

74) W. Ma, 윗글, 16-17.

75) W. Ma, 윗글, 208.

76) D. I. Block, "Empowered by the Spirit of God," 42-61; D. Wagner, *Geist und Tora* (Leipzig: Evangelische Verlagsanstalt, 2005); J. M. Ragsdale, *ruah YHWH, ruah 'elohim*.

또한 바그너(D. Wagner)는 특별히 사무엘상에서 루아흐의 기능을 조사하였다. 그는 자신의 책에서 영의 개념을 통치권에 대한 하나님의 합법화(Legitimation)와 비합법화(Delegitimation)의 지평에서 이해하려 하였다. 그에게 있어서 사무엘서의 루아흐는 사울의 합법화 또는 사울의 비합법화를 위한 도구로 이해되었다. 왜냐하면 한편으로 루아흐는 통치자로서 선발된 사람을 변화시키고 또 그 일을 할 수 있도록 무장시키는 역할을 한다고 보았기 때문이고,[77] 다른 한편으로 루아흐는 사울의 폐위와 몰락에 대한 증거로 사용되고 있다고 보았기 때문이다(삼상 16:14-23).[78] 그의 분석은 다음과 같은 결론을 가능하게 했다. 곧 사무엘서의 저자는 영의 개념을 자신의 신학적인 개념을 위해 사용하였다. 바그너의 연구가 가지는 의의는 그가 단지 루아흐를 의미론적으로만 설명하는 것으로 멈추지 않고 더 나아가 고대의 루아흐 전통을 자신의 목적에 맞게 변형시킨 성서 저자의 신학적-정치적인 의도까지 다루었다는 사실이다. 그러나 그의 연구는 매우 정교하게 구성된 본문들을 분석적으로 해체하지 못했다는 한계를 가지고 있다. 예를 들면 루아흐와 연결된 하나님의 명칭, 즉 "루아흐 엘로힘"(רוּחַ־אֱלֹהִים, 하나님의 영)과 "루아흐 야웨"(רוּחַ יְהוָה, 야웨의 영) 교차의 의미를 고려하지 못했다.

최근에 이러한 하나님의 명칭 교차의 의미를 연구한 사람으로는 렉스데일(J. M. Ragsdale)이 있다. 그는 사무엘상에만 관심을 기울인 것이 아니고, 신명기 역사서 전반에 관심을 기울였다. 그의 연구가 바그너의

---

77) D. Wagner, 윗글, 389-390.
78) D. Wagner, 윗글, 252-253.

연구와 차이가 나는 부분은 분석의 목적에 있다. 바그너가 사무엘서 저자의 의도를 조사하기 위해 노력했다면, 렉스데일은 신명기 사가의 루아흐 사용의 특성을 조사하고자 하였다.

우선 그는 하나님의 루아흐를 오경, 예언서 그리고 성문서에서 살피고, 그 결과로 그는 구약이 하나님의 영을 매우 다양하게 표현하고 있다고 결론 내린다.[79] 또 그는 신명기 사가의 루아흐 사용법을 조사했다. 그의 연구의 강점은 "루아흐 엘로힘"과 "루아흐 야웨" 두 용어를 구분하였다는 점이다. 그의 분석에 의하면 신명기 역사서 내에서 "루아흐 엘로힘"은 오직 야웨에 맞서는 불성실한 사울과만 연결되어 나타난다는 것이다.[80] 기존의 연구들이 "루아흐 엘로힘"과 "루아흐 야웨"를 그저 동의어로만 취급해왔던 것과는 달리, 이 신명이 경향성을 가지고 사용되었다는 점을 지적한 것은 높이 평가받을 만하다. 그러나 그의 연구 결과가 여전히 만족스럽지 못한 것은 그가 "루아흐 엘로힘"과 "루아흐 야웨"가 교차하고 있는 정교한 본문을 제대로 풀어내지 못했기 때문이다. 그의 연구는 왜 이 두 신명이 교차하여 사용되고 있는지를 철저하게 해명하지 못했다.

그런데 최근에 바그너와 렉스데일의 연구의 부족한 부분에 대한 대안적 연구가 출간되었다.[81] 이 연구는 루아흐를 하나의 특정한 본문, 즉 사무엘상의 사울과 다윗 이야기라는 문맥 안에서 누가 무엇 때문에 루

---

79) J. M. Ragsdale, *ruah YHWH, ruah 'elohim*, 80-81.

80) J. M. Ragsdale, 윗글, 163-165.

81) Samuel Han, *Der »Geist« in den Saul-und Davidgeschichten des 1. Samuelbuches* (Arbeiten zur Bibel und ihrer Geschichte 51; Leipzig: Evangelische Verlagsanstalt, 2015).

아흐 개념을 사용하였으며, 루아흐와 왕정 사이에는 어떠한 정치 공학적 관계가 있었는지, 그리고 루아흐가 사울과 다윗 사이에서 어떤 경향성을 보이고 있는지를 분석하였다. 결론적으로 이 연구는 사무엘서에서 교차 등장하는 "야웨의 영"(루아흐 야웨)과 "하나님의 영"(루아흐 엘로힘)이라는 표현이 오늘날 우리의 관점에서는 별 차이가 없어 보이지만 사실은 사울을 대항하여 다윗 왕권의 정당성을 확보하고자 했던 다윗과 추종자들의 필요에 의해 사용된 정치적 프로파간다(Propaganda)로서 다윗 등극기 해석을 위한 해석학적 장치였음을 주장한다.[82]

6. 구약의 영에 관한 국내의 연구

구약의 영(רוח/루아흐)에 대한 세계적인 논의에서 연구의 빈약성이 항상 제기되었던 상황과는 달리 국내 학자들의 연구는 최근 들어 활기를 띠고 있다. 비록 국내 학자들도 구약의 영에 대한 연구가 질과 양 모두에 있어서 부족함을 토로해왔지만 반갑게도 연구의 빈도와 연구의 영역이 넓어지고 있는 점은 구약의 영 연구 분야에 있어서는 국내의 연구가 국외의 연구를 앞서고 있다고 생각된다.

그간의 많은 기고문 중에서 구약의 영을 직접 다루는 것으로서 눈여겨볼 만한 최근의 논문은 「구약논단」에 기고된 이사야의 "야웨 임재

---

82) 이 연구의 핵심적인 내용의 이해를 위해서는 다음을 참조하라. 한사무엘, "사무엘서에 나타난 야웨의 영과 하나님의 영의 의미," 「구약논단」 22집 (2016년 9월), 137-166

의 상징과 영"[83] 그리고 차준희의 "구약에 나타난 창조의 영"[84]이다. 이전의 연구에서 유의미한 저작으로 평가할 수 있는 연구는 구약 전반에 걸친 영에 관한 정보를 정리하고, 국내의 연구들까지도 소상히 정리하고 소개했던 차준희의 "구약의 영 이해"[85]와 철저한 분석으로 나름의 독창적인 논지를 주창했던 차준희의 "예언과 영: '문서 예언서'에 나타난 '예언'과 '하나님의 영'의 관계"[86]이다. 이후로 2000년대에 들어서면서 구약의 영에 대한 국내 학자들의 관심은 계속 이어져오고 있다.[87]

---

83) 이사야, "야웨 임재의 상징과 영," 「구약논단」 30집 (2008년 12월), 185-198.

84) 차준희, "구약에 나타난 창조의 영," 「구약논단」 55집 (2015년 3월), 185-211. 구약의 영(루아흐)에 관한 이전의 연구들을 위해서는 차준희, "예언과 영: '문서 예언서'에 나타난 '예언'과 '하나님의 영'의 관계", 「한국기독교신학논총」 15집 (1998), 53, 각주 11을 참조하라.

85) 차준희, "구약의 영(루아흐)이해", 『구약사상 이해』 (서울: 대한기독교서회, 1996, 2011), 55-96.

86) 차준희, "예언과 영: '문서 예언서'에 나타난 '예언'과 '하나님의 영'의 관계", 「한국기독교신학논총」 15 (1998), 52-83.

87) 1998년 이후에 발표된 구약의 영(루아흐)에 대해서는 다음의 연구들을 참조하라: 김정우, "이사야서의 성령론," 「신학지남」 통권 제262호(2000), 117-145; 이학재, "에스겔 37:1-14에 나타난 루아흐의 수사학적 신학적 해석," 「성서사랑방」 12 (2000년 여름), 58-73; 강성열, "예언서에 나타난 하나님 나라와 성령," 「구약성서의 신앙과 세계」 (서울: 한들출판사, 2001), 88-108; 조명기, "ruah(ruah)의 창조적 활동성을 통해 본 구약의 리더십," 「유관순 연구」 제12호 (2007년 12월), 189-124; 김진섭, "사사기에 나타난 성령님," 「사사기/룻기: 어떻게 설교할 것인가?」 (서울: 두란노, 2009), 159-179; 김진섭, "성령님의 창조사역에 나타난 지혜," 「구약논집」 6집 (2010), 79-118; 김혜윤, "구약성서의 '루아흐'(ruah): 의미론적 고찰과 개념상의 진화 연구," 「가톨릭신학과사상」 제68호 (2011, 겨울), 9-49; 한동구, "카리스마적 지도자, 영의 민주화 및 생명운동: 루아흐(rûah)를 중심으로 한 구약성서의 성령론," 「역사서 해석과 역사 이해」 (서울: 동연, 2012), 114-135; 안근조, "에스겔 37:1-14에 나타난 영과 땅의 의미를 통한 자아정체성의 문제," 「기독교교육정보」 제43집 (2014년 12월), 209-234.

7. 결론

구약의 영(רוּחַ, 루아흐)에 대한 연구 초기에는 종교사적인 접근이 우세하였다. 종교사적인 연구의 목적은 단어의 기원 그리고 의미의 발전과정을 역사적으로 추적하는 것이었다. 그러나 이 종교사적인 접근 방법은 자신의 논증을 주로 성서 외적인 자료들을 근거로 내세웠다는 것과 이미 결정된 역사적 세계관에 의존하여 역사를 재구성했다는 점에서 비판받아야 했다. 왜냐하면 그들이 재구성한 결과가 자주 성서 내의 증언들과 조화를 이룰 수 없었기 때문이다.

종교사적인 방법 이외의 방법으로는 언어학적인 접근이 있었다. 언어학적인 접근은 루아흐라는 단어의 의미를 성서 본문 속에서 설명하려 했던 시도이다. 비록 이들은 각각의 본문들을 조사하였지만 성서 저자들의 의도는 고려하지 못했다는 점이 비판의 대상이 된다.

또 하나의 접근 방법으로는 신학적인 접근으로 성령론으로서의 영에 대한 신학을 구성하려는 방법론이 있었다. 하지만 이 방법론은 처음부터 문맥을 고려하지 않았다는 허점이 있다. 그러나 역설적으로 이 연구 방법으로 말미암아 하나의 가능성이 열리게 된다. 신학적인 접근 방법이 루아흐를 하나의 특정한 상황 속에서 볼 수 있도록 만들어 주었기 때문이다.

최근에는 루아흐를 하나의 특정한 시공간에서 이해하려는 시도가 이루어지고 있음을 앞에서 살펴보았다. 이러한 방법론은 루아흐의 의미가 항상 본문의 문맥 속에서 이해되어야만 한다는 것을 확실히 보여주었다. 자연히 최근에는 각 문맥 속에서 루아흐를 언급했던 저자의 의도가 중요한 연구의 대상으로 떠오르게 되었다. 또 하나의 새로운 경향으로서 역사서에 나타난 루아흐가 연구의 대상이 되고 있다는 점도 살펴보았다. 그러나 역사서에서 저자의 의도를 파악하기 위해서는 세밀한 주의가 필요하다. 왜냐하면 본문들이 매우 정교하게 배치되어 있기 때문이다.

이상으로 과거로부터 최근까지의 루아흐에 대한 연구 경향을 조명해보았다. 부디 이 소고가 구약의 루아흐 연구에 작은 보탬이 되기를 소망한다.

강성열. "예언서에 나타난 하나님 나라와 성령", 「구약성서의 신앙과 세계」(서울: 한들 출판사, 2001), 88-108.

김정우. "이사야서의 성령론", 「신학지남」통권 제262호(2000), 117-145.

김진섭. "성령님의 창조사역에 나타난 지혜", 「구약논집」6집 (2010), 79-118.

_____. "사사기에 나타 난 성령님", 「사사기/룻기: 어떻게 설교할 것인가?」(서울: 두란노, 2009), 159-179.

김혜윤. "구약성서의 '루아흐'(רוח): 의미론적 고찰과 개념상의 진화 연구", 「가톨릭신학 과사상」제68호 (2011, 겨울), 9-49.

안근조. "에스겔 37:1-14에 나타난 영과 땅의 의미를 통한 자아정체성의 문제", 「기독교 교육정보」제43집 (2014년 12월), 209-234.

이사야. "야웨 임재의 상징과 영", 「구약논단」30집 (2008년 12월), 185-198.

이학재. "에스겔 37:1-14에 나타난 루아흐의 수사학적 신학적 해석", 「성서사랑방」12 (2000년 여름), 58-73.

조명기. "רוח(ruah)의 창조적 활동성을 통해 본 구약의 리더십", 「유관순 연구」제12호 (2007년 12월), 189-124.

차준희. "예언과 영: '문서 예언서'에 나타난 '예언'과 '하나님의 영'의 관계", 「한국기독교 신학논총」15 (1998), 52-83.

_____. "구약의 영(루아흐)이해", 『구약사상 이해』, 서울: 대한기독교서회, [1996]2011, 55-96.

_____. "구약에 나타난 창조의 영", 「구약논단」55집 (2015년 3월), 185-211.

한동구. "카리스마적 지도자, 영의 민주화 및 생명운동: 루아흐(rûah)를 중심으로 한 구약성서의 성령론." 「역사서 해석과 역사 이해」 (서울: 동연, 2012), 114-135.

한사무엘. "사무엘서에 나타난 야웨의 영과 하나님의 영의 의미," 「구약논단」 22집 (2016년 9월), 137-166.

Albertz, R./ Westermann, C. "Art. רוּחַ rûah Geist," *THAT* II, Gütersloh [6]2004, 726-753.

Albrecht, K. "Das Geschlecht der hebräischen Hauptwörter," *ZAW* 15 (1895), 313-325.

_____. "Das Geschlecht der hebräischen Hauptwörter(Fortsetzung)," *ZAW* 16 (1896), 41-121.

Block, D. I. "Empowered by the Spirit of God," *Southern Baptist Journal of Theology* 1 (1997), 42-61.

Block, D. I. "The prophet of the spirit: the use of rwh in the book of Ezekiel," *Journal of the Evangelical Theological Society* 32 (1989), 27-49.

Briggs, C. A. "The Use of רוּחַ in the Old Testament," *Journal of Biblical Literature* 19(1900), 132-145.

Burke, T. J./ Warrington, K.(Ed.), *A Biblical Theology of the Holy Spirit*, London: SPCK, 2014.

Burton, E. de Witt. *Spirit, Soul and Flesh*, Chicago: The University of Chicago Press, 1918,

Davidson, A. B. "The Spirit of God in the Old Testament," *Expository Times* 11 (1899), 21-24.

Dreytza, M. *Der theologische Gebrauch von Ruaḥ im Alten Testament*, Basel: Brunnen Verlag, 1990.

Firth, D. G./ Wegner, P. D. *Presence, Power, and Promise: The Role of the Spirit of God in the Old Testament*, Downers Grove: IVP Academic, 2011.

Gaß, E. "Genus und Semantik am Beispiel von theologischem 'rûah'," *Biblische Notizen* 109 (2001), 45-55.

구약의 성령론

Giesebrecht, F. *Die Berufsbegabung der alttestamentlichen Propheten*, Göttingen: Vandenhoeck & Ruprecht, 1897.

Han, Samuel. *Der »Geist« in den Saul- und Davidgeschichten des 1. Samuelbuches*, Arbeiten zur Bibel und ihrer Geschichte 51; Leipzig: Evangelische Verlagsanstalt, 2015.

Hehn, J. "Zum Problem des Geistes im Alten Orient und im Alten Testament," *ZAW* 43 (1925), 210-225.

Hempel, J. *Gott und Mensch im Alten Testament: Studie zur Geschichte der Frömmigkeit*, BWANT 38; Stuttgart: W. Kohlhammer, ²1936.

Hildebrandt, W. *An Old Testament Theology of the Spirit of God*, Peabody: Hendrickson Publishers, 1995.

Hill, D. *Greek words and hebrew meanings: Studies in the semantics of soteriological terms*, Cambridge: Cambridge University Press, 1965.

Hosch, H. E. "Ruah in the Book of Ezekiel," *Journal of Translation and Textlinguistics* 14 (2002), 77-125.

Jepsen, A. *Nabi: Soziologische Studien zur alttestamentlichen Literatur und Religionsgeschichte*, München: C. H. Beck'sche verlagsbuchhandlung, 1934.

Johnson, R. A. *The One and the Many in the Israelite conception of God*, Cardiff: University of Wales Press, 1942, ²1961.

Knudtzon, J. A. *Die El-Amarna-Tafeln*, Aalen: O. Zeller, 1964.

Köberle, J. "Gottesgeist und Menschengeist im Alten Testament," *NKZ* 13 (1902), 321-347. 403-427.

Koch, R. *Der Geist Gottes im Alten Testament*, Frankfurt am Main: Peter Lang, 1991.

_____. *Geist und Messias: Beitrag zur biblischen Theologie des Alten Testaments*, Wien: Herder, 1950.

Ma, W. "The Spirit (ruah) of God in Isaiah 1-39," *Asia Journal of Theology* 3 (1989), 582-596.

_____. *Until the Spirit Comes: The Spirit of God in the Book of Isaiah*, JSOTS

271; Sheffield: Sheffield Academic Press, 1999.

Maier, B. "Religionsgeschichte(Disziplin)," in *TRE* 28 (1997), 577.

Neve, L. R. *The Spirit of God in the Old Testament*, Tokyo: Seibunsha, 1972.

Pezhumkattil, A. "The Spirit as the Power of God in the Old Testament," *Bible Bhashyam: An Indian Biblical Quarterly* 19 (1993), 283-299.

Preisigke, F. *Vom göttlichen Fluidum nach ögyptischer Anschauung*, Berlin/ Leipzig, 1920.

Ragsdale, J. M. *ruah YHWH, ruah 'elohim*, Milwaukee: Marquette University, 2007.

Robinson, H. W. *Inspiration and Revelation in the Old Testament*, Oxford: Clarendon Press, 1967.

Robinson, H. W. "Hebrew Psychology," in A. S. Peake(Ed.), *The People and the Book: Essays on the Old Testament*, Oxford: Clarendon Press, 1925.

Robson, J. *Word and Spirit in Ezekiel*, JSOT.S 447; New York: T & T Clark, 2006.

Saake, H. "Art. πνεῦμα," in *Paulys Realencyclopädie der classischen Altertumswissenschaft*, Suppl. 14, 1974, 387-412.

Scharbert, J. "Der 'Geist' und die Schriftpropheten," in R. Mosis, A. Deissler(Hg.), *Der Weg zum Menschen, Freiburg:* Herder, 1989, 82-97.

Schmid, H. H. "Ekstatische und charismatische Geistwirkungen im Alten Testament," in C. Heitmann, H. Mühlen(Hg.), *Erfahrung und Theologie des Heiligen Geistes*, Paderborn: Agentur des Rauhen Hauses, 1974, 83-100.

Schoemaker, W. R. "The Use of רוּחַ in the Old Testament and of πνεῦμα in the New Testament: A Lexicographical Study," *JBL* 23 (1904), 13-67.

Schüngel-Straumann, H. "Rûaḥ und Gender-Frage am Beispiel der Visionen beim Propheten Ezechiel," in B. Becking, M. Dijkstra(ed.), *On Reading Prophetic Texts: Gender-Specific and Related Studies in Memory of Fokkelien van Dijk-Hemmes*, Leiden: E. J. Brill, 1996, 202-215.

_____. "Ruah(Geistin)," in M. Kassel(Hg.), *Feministische Theologie*. Perspektiven zur Orientierung, Stuttgart: Kreuz-Verlag, 1988, 59-73.

구약의 성령론

_____. *Rûaḥ bewegt die Welt*, Stuttgart: Verlag Katholisches Bibelwerk, 1992.

Sklba, R. J. B. "Until the Spirit from on high is poured out on us(Isa 32:15): Reflections on the Role of the Spirit in the Exile," *Catholic Biblical Quarterly* 46 (1984), 1-17.

van Imschoot, P. *Theology of the Old Testament*, New York: Desclee Co., 1965.

Virolleaud, C. "La desse 'anat. Poeme de ras shamra(Deuxieme article, ou V AB, B)," *Syria* 18 (1937), 85-102.

Volz, P. *Der Geist Gottes und die verwandten Erscheinungen im Alten Testament und im anschließenden Judentum*, Tübingen: Paul Siebeck, 1910.

von Soden, W. "Der Genuswechsel bei rûah und das grammatische Geschlecht in den semitischen Sprachen," *ZAH* 5 (1992), 57-63.

Wagner, D. *Geist und Tora*, Leipzig: Evangelische Verlagsanstalt, 2005.

Wood, I. F. *The Spirit of God in Biblical Literature: A study in the history of religion*, New York: A. C. Armstrong & Son, 1904.

Wood, L. J. *The Holy Spirit in the Old Testament*, Grand Rapids: Zondervan Publishing House, 1976.

Woodhouse, J. "The 'Spirit' in the book of Ezekiel," in B. G. Webb(ed.), *Spirit of the living God: Part One*, Explorations 5; Homebush West: Lancer, 1991.

THE SPIRIT OF GOD
IN THE OLD TESTAMENT

구약에 나타난 창조의 영[1]

차준희

_ 한세대학교 구약학

이 글은 「구약논단」 55집 (2015년 3월), 185-211에 실린
것을 약간 수정한 것임을 밝힌다.

1. 들어가는 말

구약성서에서 "루아흐"(רוּחַ)라는 용어는 히브리어로는 378회 나오고, 아람어로는 다니엘서에서만 나타나는데 여기서 총 11회 언급된다.[1] 구약성서에서 "루아흐"는 15종류로 세분된다.[2] 이렇게 다양한 의미로 번역될 수 있는 "루아흐"는 전통적으로 크게 세 가지로 분류된다. 첫째, 바람/폭풍으로서의 "루아흐", 둘째, 사람의 "루아흐"(숨, 영, 생명력), 셋째, 하나님의 "루아흐"(영, 생명력)로 나뉜다.[3] "루아흐"가 이 세 가지 가운데 어떤 의미로 사용되었는지는 문맥이 결정한다. 그런데 문맥에 따

---

1) A. Even-Shoshan (ed.), *A New Concordance of the Old Testament: Using the Hebrew and Aramaic Text* (Jerusalem: Kiryat Sefer Ltd, 1993), 1063-1066; R. Albertz/C. Westermann, רוּחַ ruaḥ Geist, *THAT* Ⅱ, ³1984, 726-753, 특히 727; S. Tengström/H.-J. Fabry, רוּחַ *ThWAT* 7, 1993, 385-425, 특히 393.

2) J. J. Stamm/ Z. Ben-Hayyim/ B. Hartmann/ Ph. H. Reymond, *Hebräisches und Aramäisches Lexicon zum Alten Testament*, Lieferung Ⅳ (Leiden: E. J. Brill, 1990), 1117-1121.

3) 민영진, "구약성서의 영(rûach) 이해," 「신학사상」 31집, 1980, 617-637, 특히 622; H. Schüngel-Straumann, *Rûach bewegt die Welt: Gottes schöpferische Lebenskraft in der Krisenzeit des Exils*, Stuttgarter Bibelstudien 151 (Stuttgart: Verlag Katholisches Bibelwerk, 1992), 27; 차준희, 『구약사상 이해』 (서울: 대한기독교서회, 2011), 55-96, 특히 61-62.

라서는 "루아흐"의 의미가 불분명한 경우가 종종 등장한다. 여기서 학자들의 본문이해는 서로 다른 길로 향하게 된다.

이 연구는 "루아흐"가 사용된 본문 중에서 하나님의 영을 의미하는 본문에 집중한다. 또한 하나님의 영의 활동 중에서도 하나님의 창조에 국한하여 분석을 하려고 한다. 이 주제에 관하여는 몇몇 선행연구가 있기는 하지만,[4] 이들 연구는 관련 본문을 지나치게 많이 다루다 보니 논리적인 빈틈이 드러나곤 한다.[5] 여기서는 창조의 영으로 간주될 수 있는 대표적인 본문만을 선택하여 그 의미를 분석하고자 한다.

2. 처음 창조(creatio prima)에 나타난 영

1) 창세기 1:2

그 땅은 혼돈하고 공허하며 어둠이 깊음 위에 있었다. 그러나 하나님의 영은 그 물 위에서 비행하고 있었다(사역).

---

4) 김정우, "창조에 나타난 성령의 사역: 창조의 영," 「신학지남」 239, 1994(봄호), 11-30; W. Hildebrandt, *An Old Testament Theology of the Spirit of God* (Peabody, Massachusetts: Handrickson Publishers, 1995); C. J. H. Wright, *Knowing the Holy Spirit through the Old Testament* (Oxford, UK: Monarch Books, 2006).

5) 김정우는 창 1:2; 시 33:6-7; 사 40:12-14; 창 2:7; 시 104:27-30; 사 34:16-17을 다루고, W. Hildebrandt는 창 1:2; 사 40:13; 시 33:6; 잠 1:23; 욥 26:13; 창 1:26-27; 시 104:30; 욥 27:3-4; 33:4; 34:14; 창 2:7을 분석하며, C. J. H. Wright는 창 1:1-2; 시 33:6-9; 욥 26:12-14; 시 104:27-30; 욥 34:14-15; 시 104:27-30; 욥 34:14-15; 창 2:7; 욥 32:8; 33:4; 창 6:3; 전 12:7을 관련 본문으로 선택하여 주석하고 있다.

구약성서에서 창세기 1:2은 "루아흐"라는 단어를 최초로 사용하는 구절이다. 여기서 "루아흐"의 의미를 어떻게 이해해야 하는지는 아직도 끝나지 않는 논쟁거리로 남아 있다.[6] 창세기 1:2의 "루아흐 엘로힘"(אֱלֹהִים)은 "하나님의 폭풍" 혹은 "하나님의 생명력" 혹은 "하나님의 영"으로 해석되고 있으며, 단어의 용례로만 본다면 세 가지 해석이 모두 가능하기에 이 가운데 어느 한쪽을 선택하기란 쉽지 않다.[7] 기존의 연구에서는 이 구절의 "루아흐"는 대체적으로 "바람" 혹은 "영"으로 해석되고 있다. 현대 영어 번역본들도 나뉘어 있다. NRS, JPS, RSV는 "바람"으로, KJV, NIV, NAS는 "영"으로 번역하고 있다.

그런데 이 구절의 "루아흐"를 "하나님의 호흡"이라고 보아야 한다고 주장하는 학자도 있다. 예를 들어, 슈텍(O. H. Steck)은 여기서 "루아흐 엘로힘"은 "강한 바람" 혹은 "하나님의 바람"으로 이해될 수 없으며, 오히려 하나님의 생동성과 권능을 표시하는 "하나님의 호흡"으로 이해하는 것이 사실에 가깝다고 주장한다.

> 루아흐가 하나님과 관련하여서도 이러한 의미(하나님의 숨, 호흡―역주)를 갖는다는 것은 의문의 여지가 없다. 여기서 의미하는 것은 당연히 그 자체로 이미 생동적이고 활동적인 하나님의 호흡이나 숨은 아니다.…오히려 말할 때 나타나는 현상과 유사한 하나님의 호흡이다. 이 하나님의 호흡은 그 자체로서는 아직 질서를 형성하는 창조적인 선언이 되는 창조의 활동은 아니다. 아와 같은 창조적인 활동은 3절의 창조사건에 와서야

---

6) S. Tengström / H. -J. Fabry, 윗글, 405.

7) H. Schüngel-Straumann, 윗글, 30.

비로소 시작된다.[8]

슈텍은 이 구절을 구체적인 창조의 행위가 시작되는 창세기 1:3에 앞서서 창조를 준비하기 위한 "하나님의 숨고르기"로 이해하는 듯하다. 그러나 위대한 창조의 시점에서 하나님이 숨고르기를 했다고 보는 것은 좀 어색해 보인다.[9] 또한 호흡이라는 번역은 능동 분사로서 중요한 움직임을 의미하는 2b절의 "메라헤페트"(מְרַחֶפֶת, "운행하다")와 호흡의 관계를 설명하기가 어렵다.[10] 이러한 주장은 이후 연구에서 큰 반향을 일으키지 못했으며 지지자도 미미한 상태로 머물러있다.

보다 강력한 주장은 "루아흐"를 "바람"으로 이해하는 것이다.[11] 적지 않은 학자들이 이 대열에 서 있다. 폰 라트(G. von Rad)는 그의 유명한 창세기 주석에서 "루아흐 엘로힘"을 하나님이 일으키시는 바람으로 해석한다.

> "루아흐 엘로힘"은 "하나님의 폭풍"(Gottesstrum) 즉 두려움을 일으키는 폭풍(참조. "하나님의 산", "하나님의 땅", "하나님의 은(銀)"은 단지 최상급의 의미로 쓰이고 있음)으로 번역하는 것이 더 적절하다. 이 진술은 혼돈의 기술에 속하고 있으며, 아직 창조 활동에 이르지 않고 있다. 실제로 창조

---

8) O. H. Steck, *Der Schöpfungsbericht der Priesterschrift. Studien zur literarkritischen und überlieferungsgeschichtlichen Problematik von Genesis 1,1-2,4a*, FRLANT (Göttingen: Vandenhoeck, 21981), 235-236.

9) 김정우, "창조에 나타난 성령의 사역: 창조의 영," 15-16.

10) W. Hildebrandt, 윗글, 35.

11) H. Rechenmacher, "Gott und das Chaos: Ein Beitrag zum Verständnis von Gen 1,1-3," *ZAW* 114, 2002, 1-20, 특히 13.

에서 하나님의 영은 아무 역할도 하지 않는다. 그런 우주적인 의미를 갖는 하나님의 영의 개념은 구약성서 전체에 걸쳐서 낯선 개념이다.[12]

여기서 "엘로힘"은 형용사의 최상급으로 이해된다.[13] 창세기 연구에 관한 한 최고의 주석가로 평가되는 베스터만(C. Westermann)도 스미스(J. M. P. Smith)의 연구[14]에 의존하여 "엘로힘"을 최상급으로 이해하며, "루아흐"를 바람으로 해석한다. 베스터만은 많은 우주기원론들에서 바람이 중요한 역할을 하고 있다는 사실을 또 하나의 근거로 끌어들인다.[15] 슈미트(W. H. Schmidt) 역시 오경의 아람어 역본인 옹켈로스 타르굼(Targum Onkelos)이 "루아흐"를 바람으로 해석하고 있음을 근거로 이러한 해석에 힘을 보탠다.[16] 이들에 의하면, 태초의 세계는 강하고

---

12) G. von Rad, *Das erste Buch Mose: Genesis*, Das Alte Testament Deutsch (Göttingen: Vandenhoeck & Ruprecht, [12]1987), 30.

13) 구약성서에서 "엘로힘"이 최상급으로 사용되는 경우가 종종 나타난다. 예를 들면, 창 23:6의 "하나님의 방백"은 "아주 높으신 방백", 삼상 14:15의 "하나님의 떨림"은 "아주 큰 떨림", 시 36:6의 "하나님의 산"은 "장엄한 산", 사 51:3의 "하나님의 동산"은 "빼어난 동산", 욘 3:3의 "하나님 앞에 큰 도시"는 "아주 큰 도시"를 가리킨다. B. K. Waltke/ M. O'Connor, *An Introduction to Biblical Hebrew Syntax* (Winona Lake: Eisenbraun, 1990), 268.

14) J. M. P. Smith, *The Use of Divine Name as Superlatives*, (AJSL 45, 1928/29), 212-220; C. Westermann, *Genesis 1-11*, Biblischer Kommentar Altes Testament (Neukirchen-Vluyn: Neukirchener Verlag, [3]1983), 149에서 재인용.

15) 예를 들면, S. Moscati, "The Wind in Biblical and Phoenician Cosmogony," *JBL* 66 (1947), 305-310; C. Westermann, *Genesis 1-11*, 149.

16) W. H. Schmidt, *Die Schöpfungsgeschichte der Priesterschrift: Zur Überlieferungsgeschichte von Genesis 1,1-2,4a* WMANT 17 (Neukirchen-Vluyn: Neukirchener Verlag, [3]1973), 83.

거센 바람이 불고 있던 "원시적 혼돈의 상태"에 있었다. 따라서 2절은 하나님의 능력 있는 창조 사역을 통해 질서와 조화의 세계가 창조되기 이전에 황량하고 공허한 원시적인 무질서와 혼돈의 세계가 존재하고 있었음을 말하고 있다고 본다.[17]

그러나 이러한 해석에는 적어도 두 가지 문제가 있다. 첫째, 여기서 "루아흐 엘로힘"의 "엘로힘"을 최상급으로 해석하는 것은 문법적으로는 가능할지 모르나 문맥상 적절하지 못하다. 창세기 1-2장의 창조 기사에서 엘로힘은 예외 없이 하나님 자신을 가리키는 고유명사로만 사용되고 있다.[18] 이 점은 웬함(G. J. Wenham)도 이미 올바르게 지적한 바 있다. "성서의 다른 어느 곳에서도 "루아흐 엘로힘" 또는 "루아흐 야웨"라는 구절이 결코 "거대한 바람"(great wind)을 의미하지는 않는다."[19]

둘째, 창세기의 원역사(창 1-11장)에서 "루아흐"가 원시적 혼돈의 상태를 유발하거나 가리키는 경우는 전혀 없다. 창세기 1:2의 "루아흐"를 바람으로 해석하는 학자들은 2b절의 "베루아흐 엘로힘 메라헤페트 알-페네 하마임"(וְרוּחַ אֱלֹהִים מְרַחֶפֶת עַל-פְּנֵי הַמָּיִם, "하나님의 영은 수면 위에 운행하시니라")이라는 표현은 2a절("땅이 혼돈하고 공허하며 흑암이 깊음 위에 있고")의 혼돈의 상황을 연속적인 사건으로 묘사한 것으로 본다. 즉 창 1:2의 "루아흐"는 혼돈의 상태를 발생하거나 강화하는 바람으로 이

---

17) 이희학, 『인간의 죄악과 하나님의 구원행동: 창세기 1-11장의 신학』 (서울: 대한기독 교서회, 2003), 52-53.

18) A. Schüle, *Die Urgeschichte(Gen 1-11)*, Zürcher Bibelkommentare (Zürich: Theologischer Verlag, 2009), 35.

19) G. J. Wenham, *Genesis 1-15*, Word Biblical Commentary, (Waco, Texas: Word Books, 1987), 17.

구약의 성령론

해하는 것이다. 그런데 원역사 부분에서 "루아흐"는 창세기 1:2, 3:8, 6:3, 17, 7:15, 22, 8:1에서 총 7회 언급된다. 이 가운데 창세기 1:2를 제외하면 다음의 두 구절에서만 "루아흐"는 분명히 바람을 가리키고 있는 것으로 판단된다.

> 그들이 그날 "바람"(רוח)이 불 때 동산에 거니시는 여호와 하나님의 소리를 듣고 아담과 그의 아내가 여호와 하나님의 낯을 피하여 동산 나무 사이에 숨은지라(창 3:8).

> 하나님이 노아와 그와 함께 방주에 있는 모든 들짐승과 가축을 기억하사 하나님이 "바람"(רוח)을 땅 위에 불게 하시매 물이 줄어들었고(창 8:1).

여기서 창세기 3:8은 자연적인 바람을 가리키고, 8:1은 하나님이 일으키신 바람을 나타낸다. 이 가운데 우리의 논의와 관계된 본문은 후자이다. 창세기 8:1의 "루아흐"는 조절되지 않는 혼돈의 세력에 속한 것이 아니라, 이와는 반대로 혼돈을 몰아내고 질서를 잡아주기 위해 물의 양을 조절한다.[20] 원역사에서 "루아흐"가 바람으로 쓰일 경우, 혼돈의 상황과는 무관하고 오히려 혼돈을 몰아내는 역할을 하고 있다. 따라서 창세기 1:2b의 "루아흐"를 바람으로 해석하는 것은 이 구절의 맥락에서 볼 때 설득력이 없다.[21]

그렇다면 창세기 1:2의 "루아흐 엘로힘"은 마지막 남은 선택지인

---

20) A. Schüle, 윗글, 35.
21) H. Schüngel-Straumann, 윗글, 80-81.

"하나님의 영"으로 보는 것이 가장 적절하다.[22] 단어의 개념 정의는 사전적 의미보다 문맥적 의미가 더 중요하다. "루아흐 엘로힘"과 연결된 동사 표현과 관련하여 이 맥락에서의 의미를 파악하는 것이 최우선이다. 여기서 "루아흐 엘로힘"은 "운행하다"(מְרַחֶפֶת, 메라헤페트)라는 단어와 연결된다. 이 단어의 어근 "라하프"(רחף)는 구약 전체에서 단 3번만 등장한다(창 1:2; 신 32:11; 렘 23:9). 창세기 1:2에서 이 동사는 피엘(*piel*) 형으로 사용된다. 신명기 32:11은 이와 동일한 형태로 쓰인 유일한 본문이다.

> 마치 독수리가 자기의 보금자리를 어지럽게 하며 자기의 새끼 위에 너풀거리며(יְרַחֵף) 그의 날개를 펴서 새끼를 받으며 그의 날개 위에 그것을 업는 것 같이(신 32:11)

이 본문에서 야웨는 자신의 새끼 위를 맴도는 어미 독수리로 비유된다. 이에 따르면 "라하프" 동사는 생명을 보호하고 보존하는 기능을 담당하고 있다.[23] 창세기 1:2에서 "라하프" 동사 어근이 분사형으로 사

---

22) L. R. Neve, *The Spirit of God in the Old Testament*, (Tokyo: Seibunsha, 1972), 70; M. Görg, "Religionsgeschichtliche Beobachtungen zur Rede vom 'Geist Gottes'," *Wissenschaft und Weisheit* 43, 1980, 129-148, 특히 140-141; L. Ruppert, *Genesis: Ein kritischer und theologischer Kommentar. 1. Teilband: Gen 1,1-11,26*, Forschung zur Bibel 70, (Würzburg: Echter Verlag, 1992), 67; 김정우, "창조에 나타난 성령의 사역: 창조의 영," 17; H. Schüngel-Straumann, 윗글, 83-84; W. Hildebrandt, 윗글, 35; C. J. H. Wright, 윗글, 14; 윤형, "하나님의 창조사역에 대한 재고찰: 창세기 1장 1절-2장 4절을 중심으로," 「구약논단」 50집, 2013, 117-143, 특히 122.

용되고, 또한 주어 "루아흐"에 상응하여 여성형으로 나온다. 이 또한 신명기 32:11의 새끼를 품고 있는 "어미" 새와 잘 어울린다. 이렇게 자기 새끼의 생명을 보호하는 본능을 보여주는 "메라헤페트"는 비인격적이고 차가운 이미지인 바람과는 거리가 멀고, 오히려 생명 친화적인 하나님의 영의 활동에 더 가깝다.[24]

하나님의 창조는 어둠과 무형체와 혼돈으로부터 우주(cosmos)를 형성하는 것이다(creatio ex chaos). 신명기 32:10-12에서 어미 독수리에 비유된 야웨께서 "자기 손의 작품"인 어린아이 같은 이스라엘을 돌보시는 것처럼, 야웨는 혼돈, 어둠 그리고 무형체로부터 아직은 형성되지 않았던 우주를 직접 자신의 역동적인 영으로 둘러싸고 있으면서 변화시키신다.[25] 즉 창세기 1:2에서 하나님의 영은 현재의 땅이 수면 위로 나타나 인간이 거주할 수 있는 곳이 될 때까지, 혼돈과 공허로 뒤덮인 땅, 깊음과 어둠이 뒤덮인 땅을 지속적으로 지키고 조절하고 있음이 암시적으로 묘사된다.[26]

창세기 1장의 창조 기사는 창조의 삼중원리를 보여준다.[27] 첫째, 하나님의 "루아흐"는 혼돈의 물을 적절히 통제하고 있다(창 1:2b). 둘째, 그 이후 창조적인 말씀(דָּבָר, 다바르)이 선포된다(וַיֹּאמֶר אֱלֹהִים יְהִי אוֹר, "바요메르 엘로힘 예히 오르", "그리고 하나님이 이르시되 빛이 있으라", 창 1:3a). 셋째, 마침내 빛(אוֹר, 오르)이 모습을 드러낸다(וַיְהִי אוֹר, "바예히-오르", "그리고 빛

---

23) H. Schüngel-Straumann, 윗글, 82.

24) L. Ruppert, 윗글, 67.

25) L. R. Neve, 윗글, 70.

26) 김정우, "창조에 나타난 성령의 사역: 창조의 영," 17-18.

27) S. Tengström/ H.-J. Fabry, 윗글, 407.

이 있었다", 창 1:3b). 이들은 논리적으로 연결된다. "루아흐"(רוּחַ)-"다바르"(דָּבָר)-"오르"(אוֹר), 영-말씀-현실, 창조적인 영-창조적인 말씀-창조의 현실은 하나님의 창조역사의 과정을 잘 보여준다. 즉 "루아흐"와 "다바르"가 만나자 "오르"가 등장한 것이다.

하나님의 창조는 비가시적이고 창조적인 에너지를 가진 신비한 창조의 영으로 시작되고, 하나님의 강력한 창조적인 말씀은 이 창조적인 에너지를 통하여 실제가 된다. 그 결과 태초의 빛이 탄생하게 된다. 하나님의 영은 생명을 공급하는 창조의 영으로, 하나님은 이를 통하여 창조를 실행하신다. 하나님의 영은 하나님의 말씀과 동역하여 세계를 창조한다. 하나님의 영과 하나님의 말씀의 동역이 창조의 원동력이다. 눈에 보이지 않던 것이 창조적으로 활동하는 하나님의 영과 하나님의 말씀을 통하여 물질적이고 물리적인 세상이 된 것이다.[28] 하나님의 영은 창조 사역에 밀접하게 관여하며, 온 우주에 질서와 아름다움을 만든다. 혼돈과 공허에서 질서를 이루며 현재 인간이 살 수 있는 땅을 만든 것은 "말씀 사역"과 더불어 "영 사역"의 결과이다.[29] 하나님의 창조는 말씀과 영의 공동사역에서 비롯된 것이다. 영은 말씀의 동역자이다.

2) 시편 33:6

야웨의 말씀으로 하늘이 만들어졌고
그의 입의 루아흐(רוּחַ)로 모든 것들(천체)이(사역)

---

28) W. Hildebrandt, 윗글, 35.
29) 김정우, "창조에 나타난 성령의 사역: 창조의 영", 19.

구약의 성령론

시편 33편은 특히 창조주이신 야웨를 강조하는 찬양시이다. 이 시편의 창조에 대한 강조는 상당히 독특하다.[30] 이 시는 "시편 전체 가운데 유일하게 말씀에 의한 하나님의 창조를 언급하고 있기"[31] 때문이다. 이 가운데 특히 시편 33:6-9이 창세기 1:1-2:4a에 의존하고 있다는 사실은 익히 알려진 사실이다.[32] 시편 33:6-9은 창세기 1-2장을 시적으로 다시 표현하고 있으며, 특히 하나님의 말씀 창조를 강조한다(4절, 6절, 9절).

시편 33:6은 창세기 1-2장과 동일하게 하나님의 말씀에 의한 창조를 말한다. 시편 33:9("그가 말씀하시매 이루어졌으며 명령하시매 견고히 섰도다")은 마치 창세기 1-2장의 말씀 창조사건을 한마디로 요약하고 있는 것으로 보인다. 또한 시편 33:6-9은 거대한 피조세계를 창세기 1장과 같은 순서인 하늘(6절)-바다(7절)-땅(8절)으로 연결시킴으로써 위대한 창조 이야기를 되풀이해서 들려준다.[33] 게다가 시편 33:6의 "만상"(萬象, כָּל-צְבָאָם, 콜 체바암)이라는 단어는 창세기 1-2장의 창조 기사의 마

30) N. deClaissé-Walford/ R. A. Jacobson/ B. L. Tanner, *The Book of Psalms*, The New International Commentary on the Old Testament (Grand Rapids, Michigan: William B. Eerdmans Publishing Company, 2014), 310.

31) D. Jacobson, "Psalm 33 and the Creation Rhetoric of a Torah Psalm," in R. L. Foster/ D. M. Howard, Jr.(eds.), *My Words Are Lovely* (LHB/OTS 467; New York: T. & T. Clark, 2008), 107-120, 특히 107.

32) A. A. Anderson, *The Book of Psalms Volume 1(1-72)*, The New Century Bible Commentary (Grand Rapids, Michigan: W. B. Eerdmans Publishing Company, 1992), 262; L. R. Neve, 윗글, 71; F. -L. Hossfeld/ E. Zenger, *Die Psalmen I: Psalm 1-50*, Die Neue Echter Bibel (Würzburg: Echter Verlag, 1993), 206; M. Oeming, *Das Buch der Psalmen: Psalm 1-41*, Neuer Stuttgarter Kommentar Altes Testament (Stuttgart: Verlag Katholisches Bibelwerk, 2000), 192.

33) C. J. H. Wright, 윗글, 16.

지막 부분인 2:1에서 언급된 단어를 다시 언급한 것이다.[34] 창세기 2:1 의 우리말 개역개정의 번역은 약간 불명료하다. "콜 체바암"(כל־צְבָאָם) 이라는 단어가 명확하게 드러나지 않기 때문이다.

וַיְכֻלּוּ הַשָּׁמַיִם וְהָאָרֶץ וְכָל־צְבָאָם (창 2:1)

그 하늘과 그 땅과 그들의 모든 것들이 완성되었다(창 2:1, 사역).

천지와 만물이 다 이루어지니라(창 2:1, 개역개정).

하나님은 하늘과 땅과 그 가운데 있는 모든 것을 다 이루셨다(창 2:1, 새번역).

따라서 시편 33:6-9을 포함하여 한 단위를 이루고 있는 시편 33:4-9과 창세기 1:1-2:4의 직접적인 관련성은 명백해 보인다. 그렇 다면 두 본문에서 동일한 맥락에서 언급된 "루아흐"를 동일한 의미로 받아들이는 것이 가장 자연스러운 것이 아닐까. 즉 창세기 1:2에서 사 용된 "루아흐 엘로힘"이 "하나님의 영"으로 쓰였다면, 시편 33:6의 "루 아흐 피브"도 "그의 입의 영"으로 사용된 것으로 보아도 크게 잘못된 것은 아닌 것으로 보인다.[35]

---

34) H. Schüngel-Straumann, 윗글, 76 각주 222.

35) 시 33:6의 "루아흐"를 "하나님의 영"으로 보는 학자들은 다음과 같다: W. Eichrodt, 『구약성서신학 II』, 박문재 역 (서울: 크리스챤 다이제스트, 1994), 57; L. R. Neve, 윗글, 71; 김정우, "창조에 나타난 성령의 사역: 창조의 영," 21-22; W. Hildebrandt, 윗글, 41-42; C. J. H. Wright, 윗글, 16 등. A. A. Anderson 같은 학자는 명시적으

구약의 성령론

여기서는 6a절의 "야웨의 말씀"(דְּבַר יְהוָה, 드바르 야웨)과 6b절의 "그의 입의 루아흐"(רוּחַ פִּיו, 루아흐 피브)는 동의 평행법을 이루고 있다.[36] 6a절의 "하늘"(שָׁמַיִם, 샤마임)과 6b절의 "만상"(כָּל־צְבָאָם, 콜 체바암)도 동의 평행법을 이루고 있다. 여기서 "만상"은 천체, 별들을 가리킨다(창 1:14-18; 2:1; 시 8:3; 147:4-5; 욥 38:31-32; 사 40:26).[37]

그런데 6절에서 사용된 동의 평행법은 단순히 앞 소절을 다른 용어로 다시 한번 표현한 것으로만 보아서는 안 된다. "하늘"과 "모든 별들"("모든 것들")은 뒤 소절("모든 별들")이 앞 소절("하늘")과 연관되어 있으면서 뭔가 새로운 뉘앙스(확장 혹은 구체성)를 첨부하고 있는 것으로 보인다. 이와 마찬가지로 뒤 소절의 "그의 입의 루아흐"도 앞 소절의 "야웨의 말씀"과 연결되면서 새로운 요소를 담아내고 있는 것으로 보인다.[38] "야웨의 말씀"은 "그의 입"이라는 개념으로 이어서 표현하고, 보다 구체적으로 야웨의 말씀 창조에 "영"(루아흐)이 개입되었음을 밝히고 있다. 여기서 영은 "창조적인 말씀의 권능"(die schöpferische Wortmacht)을 가리키며, 창조를 가능하게 하는 생명의 힘(die schöpferische Lebenskraft)이다.[39]

시편 33편의 시인은 말씀의 현실화 과정에 깊은 관심을 보여주는

로 시 33:6의 "루아흐 피브"는 "그의 입의 영"(the spirit of his mouth)으로 이해해서는 안 된다고 주장한다. 그는 이를 "그의 입의 숨"(the breath of his mouth)으로 번역한다. A. A. Anderson, 윗글, 263.

36) H. -J. Kraus, *Psalmen 1-59*, Biblischer Kommentar Altes Testament (Neukirchen-Vluyn: Neukirchener Verlag, [6]1989), 410.

37) F. -L. Hossfeld/ E. Zenger, *Die Psalmen* Ⅰ : *Psalm 1-50*, 209.

38) 김정우, "창조에 나타난 성령의 사역: 창조의 영," 21.

39) H.-J. Kraus, 윗글, 410.

것으로 판단된다. 4절과 6절에서 이 점이 포착된다.

> 4 야웨의 말씀(דְּבַר יְהוָה, 드바르-야웨)은 정직하며
>
> 그의 모든 행동(מַעֲשֵׂהוּ, 마아세후)은 신실하다
>
> …
>
> 6 야웨의 말씀(דְּבַר יְהוָה, 드바르 야웨)으로 하늘이 만들어졌고
>
> 그의 입의 루아흐(רוּחַ פִּיו, 루아흐 피브)로 모든 것들(천체)이(사역).

4절에서 "야웨의 말씀"(Wort)과 "그의 모든 행동"(Werk)이 평행을 이룬다. 이에 따르면 말씀이 행동을 통하여 현실이 되었다. 6절은 말씀이 현실이 되는 과정을 보다 구체적으로 진술한 것으로 보인다. "야웨의 말씀"이 "그의 입의 루아흐"를 통하여, 즉 "말씀선포"(Sprechen)가 하나님의 영의 개입으로 "현실"(Wirken)이 되었다.[40]

시편 33:6은 창세기 1:2에서 암시적으로 나타나는 것을 명확히 드러낸다.[41] 창세기 1장에 나타난 본래적인 창조는 2절의 영에 의한 창조라기보다는 3절의 하나님의 말씀선포를 통한 것이다. 창조는 말씀이 일으킨 사건이다(창 1:6, 14; 시 147편 등).[42] 시인은 여기서 말씀이 본질적으로 창조적이라는 점을 명백하게 드러내면서, 더 나아가 말씀의 창조

---

40) "말씀"(Wort)과 "행동"(Werk), 그리고 "말씀선포"(Sprechen)와 "현실"(Wirken)이라는 용어는 K. Koch에게서 빌려온 것이다. K. Koch, "Wort und Einheit des Schöpfergottes in Memphis und Jerusalem: Zur Einzigartigkeit Israels," *ZThK* 62, 1965, 251-293, 특히 273.

41) L. R. Neve, 윗글, 71.

42) L. Ruppert, 윗글, 67.

성을 현실화시키는 역할이 "루아흐"임을 밝히고 있다. 여기서 "루아흐"는 그 말씀의 효력을 가능하게 해주는 역동적인 힘을 표현한다.[43]

3. 계속되는 창조(creatio continua)에 나타난 영

1) 시편 104:29-30

> 29 당신께서 당신의 얼굴을 숨기시면
>
> 그들은 무서워합니다.
>
> 당신께서 그들의 호흡을 거두시면
>
> 그들은 그들의 티끌로 돌아갑니다.
>
> 30 당신께서 당신의 영(רוּחַ)을 보내시면
>
> 그들은 창조됩니다.
>
> 당신께서 지면을 새롭게 하십니다(사역).

시편 104:27-30은 이 시편의 신학적인, 정확하게 말하면 신(神) 중심적인(theozentrisch) 절정에 해당된다. 이 단락이 창조주에 대한 피조물들의 완전한 의존을 확언하고 있기 때문이다.[44] 시편 104:27("이것들은 다 주께서 때를 따라 먹을 것을 주시기를 바라나이다")에 따르면 야웨는 선한

---

43) H. Schüngel-Straumann, 윗글, 77.
44) F. -L. Hossfeld/ E. Zenger, *Die Psalmen III: Psalm 101-150*, Die Neue Echter Bibel (Würzburg: Echter Verlag, 2012), 594.

아버지와 같이 창조된 세계를 돌보신다(참조. 시 145:15-16). 모든 생물들은 하나님의 공급으로 산다("주께서 주신즉 그들이 받으며 주께서 손을 펴신즉 그들이 좋은 것으로 만족하다가", 28절).

29a절에서 "하나님의 얼굴"은 하나님의 현존을 상징한다. 하나님의 부재는 모든 생명들을 죽음에 이르게 한다. 29a절의 "주께서 그들의 호흡을 거두신 즉"에서 호흡은 "루아흐"의 번역으로, 여기서는 "루아흐"가 "인간의 숨 혹은 호흡"을 의미한다는 점에는 학자들 간에 별 이견이 없다.[45] 야웨는 생명의 주인이시다. 모든 피조물들은 창조주에 대한 절대적인 의존 상태에서만 존재한다.[46] 29b절("그들은 죽어 먼지로 돌아가나이다")은 욥기 34:15b("사람은 흙[עָפָר, 아파르]으로 돌아가리라")에서와 같이 생명의 허무한 면을 강조한다(참조. 시 90:3).[47]

30절에 사용된 "루아흐"의 번역은 학자들 간에 불일치를 보인다. 대체적으로 "호흡/숨" 아니면 "하나님의 영"으로 번역하곤 한다. 크라우스(H. -J. Kraus)는 29절의 "루아흐"를 "숨"(Odem)으로, 30절에서는 "호흡"(Hauch)으로 번역한다. 즉 "루아흐"는 "생명의 숨"이나 "호흡"으로 간주된다.[48] 알버츠(R. Albertz)와 베스터만(C. Westermann)도 이 "루아흐"를 "생명의 숨"(Lebensodem)으로 해석한다.[49] 슙엘-슈트라우만(H.

---

45) H. -J. Kraus, Biblischer Kommentar Altes Testament (Neukirchen-Vluyn: Neukirchener Verlag, ⁶1989), 878; N. deClaissé-Walford/ R. A. Jacobson/ B. L. Tanner, 윗글, 778.

46) H. -J. Kraus, Psalmen 60-150, 885-886.

47) F. -L. Hossfeld/ E. Zenger, Die Psalmen III: Psalm 101-150, 594.

48) H. -J. Kraus, Psalmen 60-150, 878.

49) R. Albertz/ C. Westermann, 윗글, 737.

구약의 성령론

Schüngel-Straumann)도 두 구절의 "루아흐"를 "생명력"(Lebenskraft)으로 번역하면서 동일한 의미로 본다.[50]

그러나 이러한 번역들은 문제가 있다. 니브(L. R. Neve)가 정확하게 관찰하고 있듯이, 29절의 "그들의 루아흐"(רוחם)와 30절의 "당신의 루아흐"(רוחך)는 구분되어야 한다. 시편 104편의 시인은 인칭대명사를 통하여 전자는 "그들의 숨"(their breath)으로, 후자는 "당신의 영"(thy spirit)으로 분명하게 구분하고 있는 것으로 보인다. 여기서 인칭대명사의 의미를 간과해서는 안 된다. 시인은 이를 통하여 "인간 안에 있는 생명의 숨"(the life-breath in man)과 "유일한 생명을 주는 하나님의 영"(the unique life-giving spirit of God)을 구분하고 있다.[51] 따라서 전자는 "생명의 숨"으로, 후자는 "하나님의 영"으로 보아야 한다.

슈픽커만(H. Spieckermann)의 연구에 따르면, 30b절("지면을 새롭게 하시나이다")의 진술은 "구약성서에서 더 이상 찾아볼 수 없는 표현이다."[52] 이 구절을 해석하는 데 결정적인 단서는 "새롭게 하다"라는 뜻을 가진 동사 "하다쉬"(חדש)이다. 여기서 이 동사는 생명의 갱신을 포괄적으로 다룬다. 즉 하나님에 의해서 항구적으로 보존되고 있는 창조세계에 존재하는 동물세계와 식물세계의 갱신을 다루고 있다.[53]

30절의 "하나님의 루아흐"는 본질적으로 창조적인 영을 말한다. 이는 뒤이어 나오는 동사 "바라"(ברא)에 의해서 표현된다. 이 동사는 오

---

50) H. Schüngel-Straumann, 윗글, 73.

51) L. Neve, 윗글, 73.

52) H. Spieckermann, *Heilsgegenwart: Eine Theologie der Psalmen*, FRLANT 148 (Göttingen: Vandenhoeck & Ruprecht, 1989), 21-49, 특히 45 각주 60.

53) F. -L. Hossfeld/ E. Zenger, *Die Psalmen III: Psalm 101-150*, 594-595.

직 하나님만 주어로 사용되는 신적인 창조행위만을 가리키는 전문용어(*terminus technicus*)이다.[54] 이 구절은 "바라"와 "루아흐"가 동시에 언급된 창세기 1:1-3의 본문과 매우 밀접해 보인다. 30절의 창조는 창세기 1장의 창조와 유사하지만, 문맥상 과거의 유일회적인 창조사건을 재론하는 것이 아니라 야웨의 지속적인 활동을 묘사한다.[55] 즉 이 구절은 "태초의 창조"(*creatio prima*, the original creation)가 아니라 "계속적인 창조"(*creatio continua*, the continuing creation)를 가리킨다.[56] 여기서 하나님의 루아흐는 "생명을 창조하는 힘"(life-creating power)이다. 즉 이 땅의 모든 생명을 갱신한다. 하나님의 창조사역은 일회적인 사건이 아니라 오늘도 지속되고 있는 연속적인 사건이다.[57] 이 시편은 지속적인 창조의 보존(*conservatio*)과 관리(*gubernatio*)를 드러내고 있다.[58]

시편 104편 전체는 영의 수여를 다루고 있다. 이 시편에서는 "루아흐"가 기상학적인 의미인 "바람"으로, 인간학적인 의미인 "인간의 호흡/숨"으로, 그리고 신학적인 의미인 "하나님의 영"으로 각기 사용되고 있다. 즉 4절("바람"[루아흐]을 자기 사신으로 삼으시고 불꽃으로 자기 사역자를 삼으시며")은 "바람의 우주적 현상"을 말하고, 29절("주께서 그들의 호흡"[루아흐]을 거두신 즉 그들은 죽어 먼지로 돌아가나이다")은 피조물(인간과 동물)의 "생명의 숨"을 묘사하고, 30절("주의 영"[루아흐]을 보내어 그

---

54) H. Schüngel-Straumann, 윗글, 73.

55) H. -J. Kraus, *Psalmen 60-150*, 886.

56) L. R. Neve, 윗글, 74; N. deClaissé-Walford/ R. A. Jacobson/ B. L. Tanner, 윗글, 779.

57) S. Tengström/ H.-J. Fabry, 윗글, 407.

58) F. -L. Hossfeld/ E. Zenger, *Die Psalmen III: Psalm 101-150*, 588.

구약의 성령론

들을 창조하사 지면을 새롭게 하시나이다")은 생기를 주고 창조하는 "하나님의 영"을 언급한다. 이 과정의 변화는 물 흐르듯 자연스럽고 세 가지 모든 현상들이 야웨와 확고하게 연결되어 있다. 이 점에서 시편 104편은 호스펠트(F. -L. Hossfeld)의 표현을 빌리자면 "성서적 성령론(Pneumatologie)의 기초석"이라 할 수 있다.[59]

이 세상의 크고 작은 모든 생명체(인간을 포함한 동물세계와 식물세계)는 야웨께 의존하고 있다.[60] 시편 저자는 야웨께서 이 세상 모든 생명체의 보존자라는 주제를 27-30절에서 더욱 명확하게 발전시켜나간다. 하나님은 이 세상 모든 생명체의 아버지시며, 그들은 그분의 가족 구성원이다.[61] 새로운 세대들은 이 땅 위의 모든 생명체를 계속적으로 존속시키시는 야웨의 지속적인 창조 사역의 증거다.[62] 하나님은 당신의 창조의 영을 통하여 이 땅의 모든 생명체들을 지속적으로 창조하시면서 지금도 돌보시고 보존하신다.

2) 이사야 32:15

마침내 영(רוּחַ)이 높은 곳으로부터
우리 위에 쏟아질 것이다.
그리고 광야가 그 과수원이 되며

---

59) F. -L. Hossfeld/ E. Zenger, *Die Psalmen III: Psalm 101-150*, 589.

60) F. -L. Hossfeld/ E. Zenger, *Die Psalmen III: Psalm 101-150*, 595.

61) L. C. Allen, *Psalms 101-150*, Word Biblical Commentary (Waco, Texas; Word Books, 1983), 34.

62) L. C. Allen, 윗글, 34.

그 과수원이 그 숲이 되리라(사역).

이사야 32장은 1-8절, 9-14절, 그리고 15-20절로 나누어진다. 1-8절
은 공의와 정의의 통치, 9-14절은 안일한 여인에 대한 경고, 15-20절
은 영의 선물로 주어지는 하나님의 구원에 관하여 묘사한다. 9-14절
에 나타난 심판의 위협과는 대조적으로 15-20절은 드라마틱하게 구
원과 갱신의 새로운 시대로 이동한다.[63]

구원과 갱신의 새로운 시대는 하나님으로부터 오는 영의 부어짐으
로부터 시작된다(15절). "루아흐 밈마롬"(רוּחַ מִמָּרוֹם, "위로부터의 영")은 "루
아흐 야웨"를 우회적으로 표현한 것이다. "마롬"(מָרוֹם) 곧 높이 솟아 있
는 곳은 일반적으로 높은 장소 곧 "하늘"을 가리킨다(참조. 사 24:21). 여
기서는 특히 하나님의 거주지로서의 하늘을 가리킨다(참조. 삼하 22:17;
시 144:7; 사 33:5; 렘 25:30 등).[64] "루아흐 밈마롬"이라는 표현구는 야웨를
이 땅의 사건에 직접적으로 끌어들이는 것을 피하려는 의도를 가진 것
으로 보인다.[65] 이와 동시에 "위로부터 주어진다"는 표현은 현재의 상
황을 변화시키는 것이 인간 자신의 의지와 행동이 아니라 영의 수여로
만 가능하다는 확신을 보여준다.[66] 위로부터 부어지는 영의 행위는 오

---

63) B. S. Childs, *Isaiah*, The Old Testament Library (Louisville, Kentucky:
Westminster John Knox Press, 2001), 241.

64) O. Kaiser, *Der Prophet Jesaja*. Kapitel 13-39, Das Alte Testament Deutsch
(Göttingen: Vandenhoeck & Ruprecht, ³1983), 265.

65) H. Wildberger, *Jesaja. 3. Teilband. Jesaja 28-39*, Biblischer Kommentar Altes
Testament (Neukirchen-Vluyn: Neukirchener Verlag, 1982), 1278.

66) R. Kilian, *Jesaja II 13-39*, Die Neue Echter Bibel (Würzburg: Echter Verlag,
1993), 188.

구약의 성령론

직 하나님으로부터만 주어지는 은혜의 선물이다. 인간이 노력해서 벌 수 있거나 받아낼 수 있는 어떤 것이 아니다.[67]

여기서 저자는 에스겔과 같이 "새로운 영"(겔 36:26) 혹은 제2이사 야와 요엘과 같이 "나의 영"(사 42:1; 욜 2:28)이라 하지 않고 단순히 "영" 이라고만 말한다. 그리고 동사 "부어지다"라는 용어도 보다 많이 쓰이 는 "샤파크"(שָׁפַךְ, "붓다, 쏟다, 쏟아 비우다") 혹은 "야차크"(יָצַק, "쏟아 내다, 붓 다, 흘러나오다")가 아니라 상대적으로 드물게 사용되는 "아라"(ערה, "드러 내다, 비우다, 쏟아 내다")이다. 이 용어는 아직 확고히 굳어진 표현도 아니 고, 여기서 말하는 영의 부으심은 종말론적인 사건의 첫 번째 국면을 가리키는 것도 아니다. 이 구절은 "아드"(עַד, until)라는 단어에 의하여 종말론적인 변혁을 말하는 것으로 보기도 하지만, 아직은 전형적인 종 말론적 개념은 나오지 않는다. 그리고 여기서는 묵시문학적 세계상이 나 역사상도 찾아볼 수 없다. 이 영은 단순히 사건을 일으키는 힘을 가 리킨다.[68]

또한 여기서 "아라"(ערה) 동사는 영이 마치 물과 같은 물질이라도 되는 것처럼 영의 본성(nature)을 가리키는 의미로 쓰인 것도 아니다. 이는 고난 받는 종이 "그의 생명을 죽기까지 모두 쏟아내다"(הֶעֱרָה לַמָּוֶת נַפְשׁוֹ, 사 53:12)라는 구절과 연관된다. 이것은 하나님이 자신의 힘을 당 신의 백성(나라) 위에 다 비울 정도로 남김없이 쏟아 붓는 것과 같이 영 이 충만하고 충분하게 주어지는 것을 의미한다.[69] 그 어떤 세력도 하나

---

67) G. V. Smith, *Isaiah 1-39*, The New American Commentary (Nashville, Tennessee; Publishing Group, 2007), 546.

68) H. Wildberger, 윗글, 1277.

69) L. R. Neve, 윗글, 76-77.

님의 영의 무조건적인 부으심을 막을 수 없다.[70] 야웨의 영이 백성 위로 거침없이, 남김없이 넘치도록 쏟아진다.

이 영은 에스겔 37:6과 이사야 44:3에서와 같이 특별히 "생명을 부여하는 힘"이다. 예언자는 영이 "우리 위에" 부어진다고 말하지만 에스겔서와 요엘서에서와는 다르게 우선 백성에게는 아무런 영향을 끼치지 않는다. 이사야 32:15은 "마음의 갱신"에 대해서도, 또한 시편 51:10, 12의 의미("정직한 영", "자원하는 영")에 대해서도 전혀 언급하고 있지 않다. 변화되는 것은 인간 자체가 아니라 인간의 주변상태이다.[71] 이 점은 이어지는 16절 이하에서 자세히 묘사된다.

16절 이하는 하나님의 영의 부어짐으로 시작된 미래의 구원을 강조한다. 새로운 시대는 자연 세계와 인간 사회가 변화되는 결과로 주어진다. 정의(מִשְׁפָּט), 공의(צְדָקָה)가 하나님이 주신 변화의 특징이다. 이 용어들은 이사야서 전체에서 메시야 시대를 표현하는 친숙한 어휘들이다. 그 강조점은 특히 새로운 시대의 평화, 안전, 그리고 자유에 주어진다(참조. 사 30:23 이하). 자연과 사회 두 영역에서의 급격한 변화는 하나님이 통치하시는 새로운 시대에 대한 이사야의 비전에서 자주 나오는 특징이기도 하다(사 2:1 이하).[72]

자연은 갱신될 것이다. 이것은 단지 생산력의 증가뿐만 아니라 광야가 기름진 땅으로 완전히 변화됨을 통하여 주어진다.[73] 모든 피조물

---

70) W. Ma, *Until the Spirit Comes: The Spirit of God in the Book of Isaiah*, JSOTS Series 271 (Sheffield: Sheffield Academic Press, 1999), 80-81.

71) H. Wildberger, 윗글, 1277-1278.

72) B. S. Childs, 윗글, 241.

73) W. Ma, 윗글, 81.

구약의 성령론

이 태초에 하나님의 영을 통하여 하나님으로부터 생명의 선물을 받았 듯이, 그리고 자연이 인간의 죄로 인하여 인간과 더불어 고난을 당해 야 하듯이(사 32:10-14), 여기서 자연은 다시금 영의 부어짐으로 초래되 는 창조의 갱신을 공유하게 된다.

그런데 이것은 영적인 갱신으로만 제한되지 않는다. 이 단락은 사 실 국가의 갱신에 초점이 맞추어져 있다. 이스라엘 사회의 갱신의 결과 들은 공평(공의), 의(정의), 평화, 영원한 평안과 안전이다(16-18절). 이것 은 파라다이스로 되돌아가는 것을 말한다.[74] 즉 보시기에 심히 좋았던 처음 창조의 세상(창 1:31)으로 되돌아가는 것이요, 처음 세상을 회복하 는 것이다. 이를 가능하게 해주는 것이 하나님의 영이다. 하나님의 영 으로 시작된 세상이 하나님의 영으로 다시금 본래의 세상을 회복한다.

15b절과 16절은 황폐된 영역이 기름진 땅으로 변형되는 것과 공평 과 의가 확립되는 것은 모두 영의 작용이라는 메시지를 확고히 한다.[75] 여기서 영은 "이스라엘 역사를 새롭게 하는 능력(transforming power)" 으로 나타난다.[76]

여기서 물질적인 생명과 영적인 생명이 엄격하게 구분되지 않는다 는 점이 주목되어야 한다. 생명의 수여자인 하나님의 영은 물질적인 갱신과 영적인 갱신을 나누지 않고 함께 부여하신다. 이 점은 특히 정 의와 광야, 그리고 공의와 아름다운 밭이 연결되는 16절에서 잘 드러 난다. 이 단락은 영에 의해서 영감된 새로운 생명이 물질적인 것과 영

---

74) L. R. Neve, 윗글, 76.

75) W. A. M. Beuken, *Isaiah* Ⅱ. *Volume 2: Isaiah 28-39*, Historical Commentary on the Old Testament (Leuven: Peeters, 2000), 234.

76) W. Ma, 윗글, 81.

적인 것으로 혹은 사람과 자연으로 날카롭게 구분될 수 없다는 사실을 보여준다. 모든 생명은 사람의 생명이든 자연의 생명이든 모두 영으로부터 비롯된다. 하나님의 영은 유일한 생명의 수여자로서 이사야 32:9-14에서 언급된 파괴와 죽음 이후 모든 영역에서 새로운 생명을 선사한다.[77] 하나님의 영은 인간에게만 작용하는 것이 아니라(겔 36:26-27; 욜 2:28-29) 자연계에도 작용하신다. 하나님이 쏟아 부어주는 영은 "땅의 회복"(16절)과 "사회 정의의 회복"으로 나타난다(17절).[78] 이는 이상적인 파라다이스의 세상을 회복하는 것이다. 즉 하나님의 영은 보시기에 심히 좋았던 처음 세상을 회복하는 영이다.

4. 나오는 말

구약성서에서 "루아흐"가 창조의 영으로 사용된 본문으로 간주할 수 있는 대표적인 것은 창세기 1:2, 시편 33:6, 104:29-30, 이사야 32:15이다. 앞의 두 본문은 "처음 창조"에 나타난 영(루아흐)에 대하여 다루고, 뒤의 두 본문은 "계속되는 창조"에 나타난 영(루아흐)을 언급하고 있다.

창세기 1:2에서 하나님의 영은 하나님의 말씀과 동역하여 세계를 창조하는 "창조의 영"으로 암시적으로 묘사된다. 창조의 영은 창조적인 말씀의 동역자이다. 즉 영은 말씀의 동역자이다. 시편 33:6은 창세

---

77) L. R. Neve, 윗글, 76.
78) 김정우, "이사야서의 성령론," 「신학지남」 262, 2000(봄호), 117-145, 특히 133-134.

기 1:2에서 암시적으로 묘사된 것을 명시적으로 드러낸다. 시인은 여기서 말씀의 창조성을 구체적으로 현실화시키는 것이 영임을 밝힌다. 여기서 영은 말씀의 효력을 가능하게 해주는 역동적인 힘이다. 영은 추상적인 말씀을 실제적인 사건으로 현실화한다. 영은 말씀을 사건으로 만드는 힘이다.

시편 104:29-30에서 하나님의 영은 창조의 영으로서 이 땅의 모든 생명체들을 지속적으로 창조하시면서 지금도 돌보시고 보존하신다. 하나님의 영은 생명을 창조하는 힘으로 이 땅의 모든 생명을 지속적으로 창조하며 갱신한다. 즉 영은 지속적으로 생명을 창조하는 영이다. 이사야 32:15에서 하나님의 영은 인간뿐만 아니라 자연계에도 작용한다. 하나님의 영은 땅을 회복하고 사회정의를 회복시킨다. 하나님의 영은 역사를 새롭게 하는 능력이며, 보시기에 심히 좋았던 처음 세상을 회복하는 권능이다.

구약에 나타난 창조의 영은 처음 창조에서는 창조적인 말씀의 동역자이며(창 1:2), 말씀을 사건으로 만드는 힘이다(시 33:6). 또한 이러한 창조의 영은 계속되는 창조에서는 지속적으로 생명을 창조하며(시 104:29-30), 역사를 새롭게 함으로써 처음 세상을 회복하게 하는 능력이다(사 32:15).

김정우. "창조에 나타난 성령의 사역: 창조의 영," 「신학지남」 239, 1994(봄호), 11-30.

_____ . "이사야서의 성령론," 「신학지남」 262, 2000(봄호), 117-145.

민영진. "구약성서의 영(rûach) 이해," 「신학사상」 31집, 1980, 617-637.

윤형. "성서의 원역사에 나타난 노동과 주권(창 1-11장)," 「구약논단」 41집, 2011, 136-157.

_____ . "하나님의 창조사역에 대한 재고찰: 창세기 1장 1절-2장 4절을 중심으로," 「구약논단」 50집, 2013, 117-143.

이은우. "창세기 1장 1절-2장 4a절의 수사학 구조에 나타난 생태윤리," 「구약논단」 44집, 2012, 10-34.

이희학. 『인간의 죄악과 하나님의 구원행동: 창세기 1-11장의 신학』. 서울: 대한기독교서회, 2003.

차준희. 『구약사상 이해』. 서울: 대한기독교서회, 2011.

Eichrodt, W. 『구약성서신학 Ⅱ』, 박문재 역. 서울: 크리스챤 다이제스트, 1994.

Albertz, R./ Westermann, C. רוּחַ ruaḥ Geist, THAT Ⅱ, 1984, 726-753.

Allen, L. C. *Psalms 101-150*, Word Biblical Commentary, Waco, Texas; Word Books, 1983.

Anderson, A. A. *The Book of Psalms Volume 1(1-72)*, The New Century Bible Commentary, Grand Rapids, Michigan: William B. Eerdmans Publishing

Company, 1992.

Beuken, W. A. M. *Isaiah II. Volume 2: Isaiah 28-39*, Historical Commentary on the Old Testament, Leuven: Peeters, 2000.

Childs, B. S. *Isaiah*, The Old Testament Library, Louisville, Kentucky: Westminster John Knox Press, 2001.

deClaiss Walford, N./ Jacobson, R. A./ Tanner, B. L. *The Book of Psalms*, The New International Commentary on the Old Testament, Grand Rapids, Michigan: William B. Eerdmans Publishing Company, 2014.

Even-Shoshan, A.(ed.). *A New Concordance of the Old Testament: Using the Hebrew and Aramaic Text*, Jerusalem: Kiryat Sefer Ltd, 1993.

Görg, M. "Religionsgeschichtliche Beobachtungen zur Rede vom 'Geist Gottes'," *Wissenschaft und Weisheit* 43, 1980, 129-148.

Hildebrandt, W. *An Old Testament Theology of the Spirit of God*, Peabody, Massachusetts: Handrickson Publishers, 1995.

Hossfeld, F. -L./ Zenger, E. *Die Psalmen I: Psalm 1-50*, Die Neue Echter Bibel, Würzburg: Echter Verlag, 1993.

_____ . *Die Psalmen III: Psalm 101-150*, Die Neue Echter Bibel, Würzburg: Echter Verlag, 2012.

Jacobson, D. "Psalm 33 and the Creation Rhetoric of a Torah Psalm," in: R. L. Foster/ D. M. Howard, Jr.(eds.), *My Words Are Lovely*, LHB/OTS 467; New York: T. & T. Clark, 2008, 107-120.

Kaiser, O. *Der Prophet Jesaja. Kapitel 13-39*, Das Alte Testament Deutsch, Göttingen: Vandenhoeck & Ruprecht, 31983.

Kilian, R. *Jesaja II 13-39*, Die Neue Echter Bibel, Würzburg: Echter Verlag, 1993.

Koch, K. "Wort und Einheit des Schöpfergottes in Memphis und Jerusalem: Zur Einzigartigkeit Israels," *ZThK* 62, 1965, 251-293.

Kraus, H. -J. *Psalmen 1-59*, Biblischer Kommentar Altes Testament, Neukirchen-Vluyn: Neukirchener Verlag, 61989.

_____ . *Psalmen 60-150*, Biblischer Kommentar Altes Testament, Neukirchen-

Vluyn: Neukirchener Verlag, ⁶1989.

Ma, Wonsuk. *Until the Spirit Comes: The Spirit of God in the Book of Isaiah*, JSOTS Series 271, Sheffield: Sheffield Academic Press, 1999.

Moscati, S. "The Wind in Biblical and Phoenician Cosmogony," *JBL* 66 (1947), 305-310.

Neve, L. R. *The Spirit of God in the Old Testament*, Tokyo: Seibunsha, 1972.

Oeming, M. *Das Buch der Psalmen: Psalm 1-41*, Neuer Stuttgarter Kommentar Altes Testament, Stuttgart: Verlag Katholisches Bibelwerk, 2000.

Rechenmacher, H. "Gott und das Chaos: Ein Beitrag zum Verständnis von Gen 1,1-3," *ZAW* 114, 2002, 1-20.

Ruppert, L. *Genesis: Ein kritischer und theologischer Kommentar. 1. Teilband: Gen 1,1-11,26*, Forschung zur Bibel 70, Würzburg: Echter Verlag, 1992.

Schmidt, W. H. *Die Schöpfungsgeschichte der Priesterschrift: Zur überlieferungsgeschichte von Genesis 1,1-2,4a* WMANT 17, Neukirchen-Vluyn: Neukirchener Verlag, ³1973.

Schüngel-Straumann, H. *Ruach bewegt die Welt: Gottes schöpferische Lebenskraft in der Krisenzeit des Exils*, Stuttgarter Bibelstudien 151, Stuttgart: Verlag Katholisches Bibelwerk, 1992.

Schüle, A. *Die Urgeschichte(Gen 1-11)*, Zürcher Bibelkommentare, Zürich: Theologischer Verlag, 2009.

Smith, G. V. *Isaiah 1-39*, The New American Commentary, Nashville, Tennessee: Publishing Group, 2007.

Smith, J. M. P. *The Use of Divine Name as Superlatives*, AJSL 45, 1928/29.

Spieckermann, H. *Heilsgegenwart: Eine Theologie der Psalmen*, FRLANT 148, Göttingen: Vandenhoeck & Ruprecht, 1989.

Stamm, J. J./ Ben-Hayyim, Z./ Hartmann, B./Reymond, Ph. H. *Hebräisches und Aramäisches Lexicon zum Alten Testament, Lieferung* Ⅳ, Leiden: E. J. Brill, 1990, 1117-1121.

Steck, O. H. *Der Schöpfungsbericht der Priesterschrift*. Studien zur literarkritischen und überlieferungsgeschichtlichen Problematik von Genesis 1,1-2,4a, FRLANT, Göttingen: Vandenhoeck, ²1981.

Tengström, S./ Fabry, H.-J. רוּחַ *ThWAT* 7, 1993, 385-425.

von Rad, G. *Das erste Buch Mose: Genesis, Das Alte Testament Deutsch*, Göttingen: Vandenhoeck & Ruprecht, 121987.

Waltke, B. K./ O'Connor, M. *An Introduction to Biblical Hebrew Syntax*, Winona Lake: Eisenbraun, 1990.

Wenham, G. J. *Genesis 1-15*, Word Biblical Commentary, Waco, Texas: Word Books, 1987.

Westermann, C. *Genesis 1-11*, Biblischer Kommentar Altes Testament, Neukirchen-Vluyn: Neukirchener Verlag, ³1983.

Wildberger, H. *Jesaja. 3. Teilband. Jesaja 28-39*, Biblischer Kommentar Altes Testament, Neukirchen-Vluyn: Neukirchener Verlag, 1982.

Wright, C. J. H. *Knowing the Holy Spirit through the Old Testament*, Oxford, UK: Monarch Books, 2006.

구약의 성령론

한국구약학연구소 총서 003

구약의 성령론

Copyright ⓒ 새물결플러스 2017

1쇄발행_ 2017년 8월 31일

지은이_ 로이드 R. 니브
옮긴이_ 차준희·한사무엘
펴낸이_ 김요한
펴낸곳_ 새물결플러스
편 집_ 왕희광·정인철·최율리·박규준·노재현·한바울·유진·신준호·정혜인·김태윤
디자인_ 송미현·이지훈·이재희·김민영
마케팅_ 임성배·박성민
총 무_ 김명화·이성순
영 상_ 최정호·조용석·곽상원

아카데미_ 유영성·최경환·이윤범

홈페이지 www.hwpbooks.com
이메일 hwpbooks@hwpbooks.com
출판등록 2008년 8월 21일 제2008-24호
주소 (우) 07214 서울특별시 영등포구 양평로11, 4층(당산동5가)
전화 02) 2652-3161
팩스 02) 2652-3191

ISBN 979-11-6129-029-4 93230

책값은 뒤표지에 있습니다.

이 도서의 국립중앙도서관 출판예정도서목록(CIP)은 서지정보유통지원시스템 홈페이지
(http://seoji.nl.go.kr)와 국가자료공동목록시스템(http://www.nl.go.kr/kolisnet)에서
이용하실 수 있습니다(CIP제어번호: CIP2017020204).